W0083959

Roman Braun

NLP für Chefs
und alle,
die es werden wollen

UEBERREUTER

Die Deutsche Bibliothek – CIP-Einheitsaufnahme

Braun, Roman:
NLP für Chefs und alle, die es werden wollen : das magische Dreieck /
Roman Braun. - Wien/Frankfurt : Wirtschaftsverlag Ueberreuter, 2000
  ISBN 3-7064-0706-X

Unsere Web-Adressen:
http://www.ueberreuter.at
http://www.ueberreuter.de

S 0587   1 2 3 / 2002 2001 2000

Alle Rechte vorbehalten
Umschlag: INIT, Büro für Gestaltung
Copyright © 2000 by Wirtschaftsverlag Carl Ueberreuter, Wien/Frankfurt
Druck: Ueberreuter Print und Digimedia, 2100 Korneuburg
Printed in Austria

Für meinen Vater
Karl Braun

Inhalt

Vorwort
oder: Erfolg folgt!

In diesem Buch geht es um Ihren persönlichen und beruflichen Erfolg. Erfolgreiche, nach Ihren Erfolgsrezepten gefragt, meinen: Wenn wir uns auf die richtigen Dinge konzentrieren, stellt er sich wie von alleine ein – Erfolg folgt!

Erfolg folgt, wenn man lernt, um sich zu verändern anstatt andere.

Erfolg folgt, wenn man zu dem steht, was einem wichtig ist, ohne andere zu verletzen.

Erfolg folgt, wenn man lernt aufzubauen statt zu zerstören.

Erfolg folgt, wenn wir nicht nur das Lernen lernen, sondern auch das Vergessen.

Erfolg folgt, wenn einem das Lernen zu wichtig ist, um es ernst zu nehmen.

Erfolg folgt, wenn man berücksichtigt, dass eine Landkarte nicht das Gebiet ist.

Erfolg folgt, wenn man fragt: „Was kommt danach?" statt „Ist es recht?"

Erfolg folgt, wenn man bei seiner Lebensqualität aufhört, Mittelmäßigkeit zu akzeptieren.

Erfolg folgt, wenn man einmal öfter aufsteht, als man hinfällt.

Erfolg folgt, wenn man lernt, um bessere Fragen zu finden statt endgültige Antworten.

Erfolg folgt, wenn man bleibt, wer man ist, während man wird, was man sein kann.

Erfolg folgt, wenn man sich durch ihn nicht täuschen lässt.

Erfolg folgt, wenn man sich einer Sache so sehr widmet, dass man sogar Bücher darüber liest – und Sie haben mehrere Möglichkeiten, dieses Buch zu lesen. Sie können es als NLP-Nachschlagwerk verwenden, als NLP-Lehrbuch, als NLP-Einführung, als einen Begleiter in Ihrem Berufsalltag. Es erzählt gleichzeitig die Geschichte eines NLP-Führungskräfte-Seminars. Dabei schauen Sie Alfred, einem Teilnehmer, über die Schulter. Seinen Namen hat Alfred von dem Schöpfer der „Neuro-Linguistik", Alfred Korzybski, der 1933 in seinem Buch „Science and Sanity" die für das NLP so grundlegenden Worte „A map is not the territory!" geschrieben hat.

Alle Textstellen dieses Formats sind Rahmenhandlung, betreffen unseren Helden Alfred.

Die Experimente geben Ihnen die Möglichkeit einer unmittelbaren persönlichen Erfahrung. Wenn Sie das Buch linear, von der ersten bis zur letzten Seite lesen und alle Experimente wirklich durchführen, werden Sie in der Lage sein, Unterscheidungen zu treffen, die Sie jetzt noch nicht treffen können. Unterscheidungen, die Ihnen im Berufsalltag als nützliche Fähigkeiten den Weg erleichtern werden ...

... und Ihr Erfolg wird erfolgen!

Die Lernende Organisation

Tag eins: Fünf Affen werden in einen Käfig gesperrt. In einer Ecke hängt eine Staude verlockender Bananen. Von der letzten Ebene einer dreistufigen Pyramide sind sie für alle erreichbar. Nachdem die Affen einander „begrüßt", ihre Rangordnung geklärt haben, entdeckt einer die Bananenstaude. Er macht sich daran, die Pyramide zu erklettern. Sobald er die zweite Ebene der Pyramide erklimmt, ergießt sich ein Schauer eiskalten Wassers über alle im Käfig. Schreiend und in Panik, versuchen sie sich vergeblich in Sicherheit zu bringen. Kurz darauf ist dieser Schock vergessen. Wieder lockt der süße Duft der Bananen. Doch jedes Mal, wenn einer die zweite Ebene der Pyramide erreicht, gibt es die gefürchtete kalte Dusche für alle. Überraschend schnell ist dieser Zusammenhang gelernt und wirkt auf die „Käfigkultur": Sobald einer die erste Stufe auch nur erklettern möchte, wird er von den anderen verprügelt. Allerdings wird ab der ersten Verprügelung der Duschmechanismus abgedreht. Die Bananen wären für alle ohne Dusche zu haben.

Tag zwei: Einer der fünf wird aus dem Käfig genommen und durch einen neuen ersetzt. Nachdem sich der Neuling mit den vier „Uraffen" bekannt gemacht hat, nimmt er die verlockende Bananenstaude wahr, wundert sich über die Zurückhaltung seiner Kollegen und versucht, die Pyramide zu erklettern. Sofort stürzen sich die anderen vier Affen auf ihn und verprügeln ihn. Nach dem dritten Versuch hat er es begriffen: „Kein Pyramidenklettern, keine Bananen, sonst – Prügel!"

Tag drei: Ein weiterer „Uraffe" wird durch einen Neuling ersetzt. Das Spiel wiederholt sich: Der unwissende Neue wird beim Berühren der Pyramide von den Kollegen verprügelt. Allerdings auch vom Newcomer des Vortages. Von diesem sogar am härtesten.

Der tägliche Austausch der „Uraffen" gegen Neulinge geht weiter bis am Tag sechs der fünfte und letzte der kalt geduschten „Uraffen" gegen einen Neuen ausgetauscht wird. Nunmehr weiß keiner der Anwesenden von der historischen Kaltwasser-Bestrafung. Und trotzdem, oder gerade deshalb: Bei seinem ersten Kontakt mit der Pyramide wird der Neue von seinen vier Kollegen auf das heftigste verprügelt.

Ad infinitum.

Gelernt ist eben gelernt.

DIE AUFGABE
„Irrtum Information"

„Manager zu sein ist ein unmöglicher Beruf!
Ein Manager soll knallhart seine Ziele verfolgen, die Mitarbeiter möglichst
schonen und trotz mangelnder Informationen immer die richtige Entschei-
dung treffen."
Und dabei war Alfred ein guter Manager. Einer, der von seinen Vorgesetz-
ten geschätzt und von seinen Mitarbeitern respektiert wurde. Doch es gibt
eben Tage, an denen einfach alles zusammenkommt und man an seinen
Fähigkeiten zweifelt. Alfred war als Direktor eines großen Unternehmens
für den Vertrieb verantwortlich. Und er nahm seine Aufgabe sehr ernst.
Die Geschäftsleitung lobte ihn als klugen, engagierten, überlegt und um-
sichtig handelnden Manager. Alfred machte sich über seine Aufgabe viele
Gedanken. Er stellte sich häufig die Frage: Was macht jemanden zu ei-
nem exzellenten Manager?
Der Personaldirektor seines Unternehmens unterschied bei der Personal-
aufnahme sehr klar zwischen den Hardfacts, also dem Sachwissen, und
den Softfacts, also der sozialen und emotionalen Kompetenz. Und er tat
einmal den Ausspruch: „Die so genannten Softfacts sind für mich die ei-
gentlichen Hardfacts. Denn die Hebelwirkung der Emotionen und sozialen
Kompetenz ist auf Dauer weit höher als die von Sachinhalten. Fachwissen
ist eine wichtige Voraussetzung. Doch ein Mitarbeiter, der als Fachmann
hervorragend ist, wird erfolglos bleiben, solange er sich im Kreis seiner
Kollegen nicht zurechtfindet oder sich mit dem Unternehmen nicht identi-
fiziert."
Im Spannungsfeld zwischen der Geschäftsleitung, den Mitarbeitern und
den Kunden versuchte Alfred beharrlich das Unmögliche, nämlich alle zu-
frieden zu stellen und dabei auch mit sich selbst im Reinen zu bleiben.
Seine Aufgaben waren vielfältig genug. Er sollte ständig den Markt beob-
achten, sich um die Kunden kümmern, ein Auge auf die Konkurrenz ha-
ben, den Mitarbeitern Ziele vorgeben und ihre Einhaltung überprüfen und
bei alledem stets Vorbild sein. Aber man kann nicht alles gleichzeitig tun.
Wo sollte er Prioritäten setzen? In welcher dieser Aufgaben liegt der ei-
gentliche Schlüssel zum Erfolg? Das waren Fragen, für die er permanent
nach Antworten suchte. Und er trachtete, die ständig wachsende Komple-
xität der Aufgaben im Griff zu behalten. Der sich unentwegt verändernde

Markt, immer wieder neue Kundenanforderungen und die permanenten technologischen Neuentwicklungen erzeugen eine Informationsflut, die eigentlich nicht mehr zu meistern ist. Alfred hatte das beständige Gefühl, zu wenig oder nicht die wesentlichen Informationen zu haben, um die richtigen Entscheidungen treffen zu können.

DER MANAGER
Führung und der Faktor Mensch

Errungenschaften und offene Fragen

Alfred hatte sehr viele Managementtheorien im Zusammenhang mit menschlichem Verhalten und Denken studiert und deren Vorteile erkannt. Er wusste Bescheid über positives Denken, Motivationsstrategien, emotionale Intelligenz und eine Reihe anderer Konzepte. Ihm war klar, dass erfolgreiche Manager ihren Mitarbeitern Vertrauen schenken und an deren Kompetenz, Selbstorganisation und Verantwortungsbewusstsein glauben. Alfred sagte sich: „Ein ungeduldiger Manager, der kurzfristig effektiv handelt, agiert im Sinne des Gesamtsystems erfolglos und beutet damit das Unternehmen und die Mitarbeiter aus."
Er kannte das Prinzip: „Die Schnellen fressen die Langsamen und nicht die Großen die Kleinen." Für ihn war schnell sein nicht kurzfristig handeln, sondern Veränderungen zu akzeptieren, sie lieben zu lernen und darauf mit Flexibilität zu antworten. Er kannte und lebte die Prinzipien, wonach nur ein Mensch, der seinen Mitmenschen mit Achtung und Wohlwollen begegnet, auch eine langfristig effiziente und exzellente Führungskraft sein kann. Alfred konnte sich noch gut daran erinnern, wie er mit dem Personaldirektor das Provisionssystem für die Verkäufer sehr stark auf einen neuen Produktbereich ausgelegt hatte. Einige Verkaufsleiter und Verkäufer empfanden das als Bruch mit alten, erfolgreichen Traditionen. Sie hatten sich daher nur schwer auf die neuen Produkte umstellen können und Einkommensverluste hinnehmen müssen. Alfred hatte damals viel Überzeugungsarbeit leisten müssen, war aber damit nur zum Teil erfolgreich gewesen. Inzwischen waren alle Verkäufer vom neuen System überzeugt. Er war bestrebt, im Beruf immer mit seinen guten Seiten in Kontakt zu sein und erkannte und schätzte seine Fähigkeiten. Ihm war klar, dass er manchmal Entscheidungen treffen musste, die erst langfristig zu Win-Win-Situationen führen und daher von kurzfristig denkenden Kollegen als „böse Handlungen" interpretiert werden. Natürlich versuchte er, so viele Menschen wie möglich für seine Ideen und Handlungsweisen zu gewinnen. Er konnte aber auch akzeptieren, wenn er es nicht schaffte, alle zu überzeugen.
Alfred hatte auch gelernt, dass es die erste Pflicht des Managers ist, sich auf das Wesentliche zu konzentrieren. Nur was ist das Wesentliche? Wo-

mit muss sich ein Manager jedenfalls beschäftigen, wenn er Erfolg haben will?

Die vielen Theorien, Konzepte und Strategien hatten Alfred zwar geholfen, die Ursachen und theoretischen Zusammenhänge menschlichen Denkens und Verhaltens zu verstehen. Und diese Erkenntnisse waren in seinem Beruf sehr hilfreich, das zeigte sein bisheriger Erfolg. Dennoch war ihm bewusst, dass ihm wesentliche Komponenten exzellenten Managementverhaltens noch unbekannt waren. Was er suchte, waren Denkstrategien und Handlungsweisen, die gute zu exzellenten Führungskräften machen. Handlungsweisen, die als Essenz hervorragenden Managementverhaltens erkannt und verifiziert sowie praxisorientiert und vielfach erprobt sind.

Hoffnungen

Alfred nahm schwierige Aufgaben als Herausforderung an. Dabei wich er stark vom gängigen Ansatz ab, für eine Produktidee den richtigen Markt zu suchen. Die allererste Frage, die er sich vor einer neuen Produktentwicklungen stellte war: „Welche Bedeutung soll das, was wir verkaufen, für den Markt oder eine Kundengruppe haben? Welche Werte soll es erfüllen? Und woran erkennen die Kunden und wir selbst, dass diese Werte durch unser Produkt auch erfüllt werden?" Der aus diesen Fragen abgeleiteten Definition folgend versuchte er, die Produktentwicklung zu beeinflussen, und sie war Basis für das Marketing- und Vertriebskonzept.

Diese Strategie hatte ihm und dem Unternehmen bereits einige Erfolge gegenüber der Konkurrenz gesichert. Alfred nannte so etwas eine Nische. Jenseits der gängigen Vorstellungen einer Marktnische definierte er sie als eine Reihe von Bedingungen, die ein Produkt oder eine Serviceleistung erfüllen muss, um bestimmte Werte von Kunden zu erfüllen. Auch andere Unternehmen hatten diese Strategie bereits erfolgreich genutzt. Alfred wusste von einem Hersteller von Namensstempeln, der sehr expansiv den internationalen Markt bearbeitete und rasch erkannte, dass er bald die Wachstumsgrenze erreichen würde. Das Marktpotential war nahezu ausgeschöpft. Stillstand oder Erweiterung der Produktpalette sind in dieser Situation die ins Auge springenden Möglichkeiten. Das Unternehmen entschied sich zu einem dritten Weg, nämlich der Definition folgender Nische: „Wir geben den Kunden alle Möglichkeiten, Dinge als ihr Eigentum, als zu ihnen gehörig zu kennzeichnen. Und wir wollen als Markierungsspezialist Marktführer werden." Damit war der Rahmen für die Produktpalette sehr weit gesteckt, die Fantasie hatte Raum. Wenn der Markt für Namensstem-

pel stagniert oder schrumpft, weil es ein Kind veralteter Technik ist, wird dem Unternehmen deswegen nicht der Boden entzogen. Im Gegenteil, es hat gegenüber der Konkurrenz die Chance, seiner Nische folgend die Kundenwünsche mit modernen imageträchtigen Produkten zu erfüllen. Es ist ein stetes Bedürfnis, ein bleibender Wert, anderen zu signalisieren, was einem gehört.

In diesen Gedanken verfangen richtete Alfred den Blick auf eine einfach gestaltete Einladung, die vor ihm lag. Sie kündigte einen vierteiligen NLP-Workshop an. „Viel Zeit, die da zu investieren ist", dachte Alfred, „aber ich habe auch viele Fragen."

Er las:

All die Probleme und Fragen, die Sie als Manager bewegen, warten hier auf ihre einfache Antwort.

Nehmen Sie sich jetzt die Zeit dazu.

Der erste Teil ist Rundschau aus der Vogelperspektive.

Der zweite Teil sind Sie selbst. Denn von da weg geht alles aus.

Der dritte Teil ist ihr Wollen.

Der vierte Teil sind die anderen.

Denn wir leben in einer Welt, die durch unsere Begegnungen entsteht.

Er dachte: „Mal sehen. Vielleicht hat NLP die besseren Antworten parat. Oder noch besser: die besseren Fragen."

DER NLP-TRAINER
„... dann tu etwas anderes"

Alfred nahm im Seminarraum Platz und beobachtete den Seminarleiter, der voller Aufmerksamkeit den Raum betrat, um sich blickte, die Menschen im Raum einen nach dem anderen betrachtete und in sich aufnahm.

Bitte, schalten Sie jetzt ab!

Der Weg des Managers ist der Weg des Lernens. Sie haben sich eine Reihe wichtiger Fragen gestellt, bevor Sie nun von mir die Antworten erfahren wollen, um zukünftig als Manager weniger Fehler zu machen oder einfach besser zu werden.

Kinder machen ständig Fehler. Sie können nicht laufen lernen, ohne niederzufallen. Sie können nicht sprechen lernen, ohne die Worte falsch auszusprechen. Sie lernen nicht jonglieren, ohne Bälle fallen zu lassen. Aber wenn Sie eine Umgebung erschaffen, wo die Leute Angst haben, Fehler zu machen, werden sie eher damit beschäftigt sein, Fehler zu vermeiden als zu lernen. Das ist der Grund, warum Schulungsabteilung in „Abteilung für konstruktives Fehlermachen" umbenannt werden sollten. Wenn Sie keine Fehler machen, lernen Sie nichts Wertvolles.

Sie haben als Manager und Führungskraft Ihres Unternehmens dieses Buch zur Hand genommen, um Lösungen zu finden für die Probleme, die Sie im täglichen Geschäft bewegen. Sie sind auf der Suche nach Werkzeugen, um Ihre Aufgaben als Führungskraft besser wahrnehmen zu können. Um ein ausgewogenes Verhältnis zu finden, zwischen dem Streben nach Unternehmenszielen und der Sorge um Ihre Mitarbeiter. Sie suchen nach Möglichkeiten, sich zu einer dynamischen und charismatischen Führungspersönlichkeit zu entwickeln. Und Sie fragen sich, welche Wege es gibt, eine Organisation zu gestalten, in der Sie ihre Ideen und Visionen bestmöglich umsetzen können.

Sie kennen wahrscheinlich ein paar dieser Situationen:

- Meetings, in denen einfach kein Konsens zu erzielen ist,

- Mitarbeiter, die sich bei allem Bemühen nicht motivieren lassen,

- gesetzte Ziele, die trotz intensivstem Bemühen nicht zu verwirklichen sind,

■ Gespräche, bei denen Sie das Gefühl haben, einer Meinung zu sein, und trotzdem auf keinen grünen Zweig kommen,

■ Mitarbeiter, die einfach weg schauen anstatt zuzupacken,

■ nicht enden wollende Arbeit, die Sie daran hindert, sich um das Wesentliche zu kümmern.

Sie haben die Erfahrung gemacht, dass manche Führungskräfte ihre Aufgaben besser erledigen und andere weniger gut. Und um daraus zu lernen, haben Sie sich wahrscheinlich auch schon Gedanken darüber gemacht, was wohl den Unterschied ausmacht. Der Kybernetiker und Anthropologe Gregory Bateson definierte Information als einen Unterschied, der den Unterschied macht. Ich möchte Ihnen die Möglichkeit geben, die wichtigen Unterscheidungen zu treffen und zu erkennen, wie es hervorragenden Menschen möglich ist, solche und ähnliche Probleme exzellent zu meistern.

Die Erbauer der Pyramiden nutzten nur eine Art von Bauelementen für diese gewaltigen Zeugnisse menschlicher Ausdauer und Zielstrebigkeit. Die riesigen Steinquader schufen Stabilität, die die Umwelteinflüsse von Jahrtausenden überdauerte und damit die Seelen der darin begrabenen Herrscher bewahrte. Sie nutzten damit die richtige Strategie, um Wertvolles für Jahrtausende zu erhalten.

Was sind im Geschäftsleben jene Quader, die den Erfolg auf Dauer garantieren? Wenn wir die erfolgreichsten Unternehmen der letzten Jahrzehnte ansehen, erkennen wir eine große Vielfalt von äußerlichen Strategien. Oberflächliche Ähnlichkeiten zwischen Sony, Coca-Cola, Yahoo oder Microsoft werden nur schwer zu finden sein. Zu unterschiedlich sind die Produkte, Märkte, Managementstile und Ziele der Unternehmen. Schaut man allerdings etwas tiefer unter die Oberfläche, hinter das Offensichtliche, dann erkennt man gemeinsame Bausteine, die den Erfolg sichern:

■ eine klar definierte Nische, die ein ganzes Werte-Cluster der Konsumenten besetzt,

■ ausreichende Finanzierung, um umfassend agieren zu können,

■ permanent ausgestreckte Fühler, um zu überprüfen, ob man den angestrebten Werte-Cluster erfüllt,

■ die Bereitschaft, auf Rückmeldungen, die die oben genannten Punkte betreffen, sofort zu reagieren und Neues nicht nur zuzulassen, sondern sogar zu belohnen.

Da geht es neben einer klaren Ausrichtung um Flexibilität und um situationsgerechtes lösungsorientiertes Handeln. Handlungsspielraum und Wahlmöglichkeiten sind dafür Voraussetzung. Von dieser Art sind die Bauelemente der heutigen Pyramiden, die Garanten für Erfolg.

Eine Regel der Kybernetik lautet: In jedem System ist jenes Element mit der größten Verhaltensvielfalt das Kontrollelement. Solch ein System, nämlich ein Unternehmen oder einen Teil davon, zu steuern, ist die Aufgabe eines Managers. Ich werde Ihnen auf den folgenden Seiten eine ganze Reihe von Bauelementen an die Hand geben. Und ich werde Sie lehren, diese Bauelemente Ihrem Zweck entsprechend zu verwenden.

Wenn Sie ein Haus bauen, brauchen Sie Wandelemente, um die Räume, in denen Sie anderen Menschen begegnen wollen, zu strukturieren. Sie brauchen Deckenelemente, um die Ebenen des Hauses zu strukturieren. Stiegen verbinden die Ebenen miteinander. Energiequellen geben den Bewohnern Wohlbehagen und Geborgenheit. Fenster und Türen stellen die Verbindung zur Außenwelt her, um Menschen und Licht hereinzulassen und zu erkennen, was außen geschieht. Mit den Bauelementen des NLP errichten Sie die Brücken zu den Menschen und in die Zukunft.

Als Manager stehen Sie vor einer Reihe komplexer Probleme. Das Spannungsfeld zwischen herausfordernden Zielen und dem sinnvoll schonenden Einsatz der Ressource Mensch verlangt von Ihnen eine Gratwanderung mit höchster Aufmerksamkeit. Und es geht auch darum, dass Sie sich selbst bestmöglich, aber auch möglichst schonend einbringen. Auch hier bewegen Sie sich auf einem Grat.

Um Ihrer Aufgabe gerecht zu werden, brauchen Sie viel Wissen und viele Informationen. Über Ihr Unternehmen, den Markt, die Kunden und die Konkurrenz. Aber das ist noch lange nicht genug. Sie wissen, die größte Ressource eines Unternehmens sind Ihre Mitarbeiter. Sie müssen auch wissen, wie es um sie steht. Menschen sind in ihrem Handeln und Denken unüberschaubar komplex. Kein Mensch ist wie der andere, keine Handlung wie die andere. Wenn Sie sich beim Umgang mit Menschen voll und ganz auf diese Komplexität einlassen würden, wären Sie sehr rasch überfordert. Manager werden daher Wege finden müssen, diese komplexen Strukturen zu vereinfachen. Die meisten Manager neigen hier zu starken Vereinfachungen, d.h. sie versuchen, die Menschen und ihr Verhalten in Schubladen einzuordnen – ein Vorgehen, das ihnen das Leben leicht macht, letztendlich aber die Qualität dieses miteinander Umgehens senkt. Hervorragende Manager gehen auch hier eine Gratwanderung, indem sie versuchen, sich der Komplexität in einem optimalen Maß anzunähern.

Die Bauelemente des NLP sind die Ergebnisse des Modelling von Fähigkeiten exzellenter Menschen. Sie werden Ihnen helfen, die Wirklichkeit im richtigen Maß an Komplexität wahrzunehmen, damit Sie Raum schaffen können für Ihre Begegnungen mit sich selbst und anderen Menschen.

Die Geschichte des NLP – die Geschichte des Modelling

Wie kommt es, dass manche auch mit schwierigen Menschen hervorragend zurechtkommen? Was unterscheidet Führungskräfte, die behaupten, sie könnten keine guten Mitarbeiter finden, von Führungskräften, die davon überzeugt sind, sie hätten eine tolle Mannschaft? Haben jene Menschen, die sich total überlastet fühlen, wirklich immer auch mehr Arbeit als Menschen, die es mühelos schaffen, ihre Aufgaben im vorgesehenen Zeitrahmen exzellent zu erledigen? Wie ist es möglich, die immer größer werdende Informationsflut zu meistern? Wie schaffen es manche Manager, aus dem Riesenangebot an Daten, Expertenwissen, Zeitungen, Zeitschriften und Büchern die Informationen herauszufiltern, die einen Unterschied machen?

Die Begründer des NLP, Richard Bandler und John Grinder erkannten, dass es Menschen gibt, die bestimmte Dinge mit Exzellenz tun. Sie fragten sich, worin sich diese hervorragenden Menschen von allen anderen unterscheiden. Und sie untersuchten diese Frage im Detail. Richard Bandler ist Mathematiker, John Grinder Sprachwissenschaftler. Daher gingen die beiden dieses Thema aus unterschiedlichen Richtungen an. Sie analysierten das Verhalten von exzellenten Kommunikatoren, Psychotherapeuten, Wissenschaftlern und Managern. Sie untersuchten, wie diese Menschen denken, mit anderen Menschen in Beziehung treten und sprechen.

Sie schälten alles Drumherum, das für die Exzellenz dieser Menschen eigentlich nicht verantwortlich war, ab und entwickelten daraus Verhaltensmodelle mit dem Ziel, sie auch anderen Menschen zu vermitteln. Damit erhalten Sie die Möglichkeiten, als erfolgreicher Kommunikator und Manager Ihre Probleme in Chancen und Erfolgspotentiale zu verwandeln.

Was heißt eigentlich Neuro-Linguistisches Programmieren?

Neuro:

Unsere Sinnesorgane und Neuronen helfen uns, die Welt um uns wahrzunehmen. Wir können das irgendwie tun. Oder wir konzentrieren uns darauf, das wahrzunehmen, was für unser erfolgreiches Verhalten als Manager ausschlaggebend ist. Wahrnehmungsgenauigkeit ist eine Maxime des NLP.

Linguistisch:

Mit unseren Worten können wir Menschen verletzen. Wir können mit ihnen aber auch die Dinge gerade rücken. Menschen für uns gewinnen. Das Feuer der Begeisterung in anderen entfachen. Wir können mit Worten „konstruktive Fehler" und Chancen beerdigen. Wir können aber auch alte und hinderliche Verhaltensmuster aufbrechen und so neue Möglichkeiten entstehen lassen.

Programmieren:

Es geht um Anwendung und Umsetzung. Was lässt sich verändern, damit etwas Neues entstehen kann? So wie wir die Außenwelt wahrnehmen, nehmen wir auch die Innenwelt auf eine uns eigene Art und Weise wahr. Wie wir das tun ist ausschlaggebend dafür, wie wir uns entscheiden, denken, uns an Vergangenes erinnern oder die Zukunft gestalten. Wir können lernen, das auf offene und hervorragende Art und Weise zu tun und damit an die Meisterschaft der von Bandler und Grinder modellierten Persönlichkeiten anknüpfen.

Richard Bandler und John Grinder modellierten nicht nur exzellente Persönlichkeiten. Sie machten auch die Methode des Modellierens zu einem Werkzeug, das es uns allen ermöglicht, die Ursache hervorragender Eigenschaften anderer Menschen herauszufinden (zu modellieren) und uns als eigenes Verhalten zunutze zu machen.

Vielleicht haben Sie schon einmal gedacht:

- So gekonnt wie die möchte ich mich auch einmal bewegen können. Oder:

- Die Frau hat diese kritische Situation gekonnt gemeistert. Da möchte ich auch so kühlen Kopf bewahren können. Oder:

- Wie schafft es dieser Mann bloß, etwas mit wenigen Worten derart verständlich zu machen?

Als Meister des NLP ist es Ihnen möglich, solche exzellenten Fähigkeiten zu modellieren und sich anzueignen.

Alfred erinnerte sich in diesem Moment an seinen Spitzenverkäufer. „Was macht es wohl aus, dass dieser Mensch seine Kunden so gut versteht und dabei so erfolgreich ist? Er hat auch ganz selten Reklamationen. Wenn ich das im Detail wüsste, könnte es doch nicht schwer sein, diese Fähigkeiten allen meinen Verkäufern zu vermitteln." Alfred nahm sich vor, diese Idee weiter im Auge zu behalten.

Einstein meinte, es gebe eine Frage, die ihn mehr interessiert als alle die Fragen, die Wissenschaftler sonst noch stellen können. Einstein wollte wissen, wie Gott denkt. Denn wenn er das wüsste, könnte er verstehen, wie die Welt funktioniert. Wenn wir wissen, wie die Menschen denken, denen wir täglich begegnen, können wir auch ihre „Landkarte" der Wirklichkeit verstehen.

Vorannahmen

Wie „machen" wir Menschen Wirklichkeit?
Wir nehmen die Außenwelt mit unseren fünf Sinnen auf und überprüfen permanent, ob die so erhaltenen Informationen gemeinsam Sinn machen. Wenn uns jemand gegenübersteht und die Bewegung seiner Lippen mit dem, was wir hören, übereinstimmt, dann machen wir daraus die Realität, dass diese Person zu uns gesprochen hat. Würden diese beiden Wahrnehmungen nicht zusammenpassen, also nicht kongruent sein, so würden wir an unserer Wahrnehmung zweifeln. Und selbst das ist uns noch zu wenig. Wir brauchen, um uns unserer Wahrnehmung sicher zu sein, auch die Bestätigung durch andere Menschen. Die meisten Menschen, die aus welchen Gründen immer allein leben müssen, leiden oft unter Realitätsverlust. Die Realität entsteht erst durch die Begegnung mit anderen Menschen, mit denen wir kommunizieren.
Geschärfte Sinneskanäle sind Voraussetzung für einen erfolgreichen Kommunikator. Nur wer mit fünf offenen Sinnen seinen Gesprächspartner wahrnimmt, ist wirklich in der Lage, die Welt annähernd so zu verstehen, wie dieser sie versteht. Denn es ist ein Trugschluss zu glauben, dass alle Menschen genauso wahrnehmen wie man selbst. Jeder Mensch hat seine eigene Wirklichkeit. Und es wird uns nicht gelingen, uns vollständig in die Welt anderer Menschen hinein zu versetzen. Was wir wahrnehmen, sind immer nur Interpretationen der anderen Wirklichkeit. Wir verfügen über eine innere Landkarte, die dem eigentlichen Gebiet mehr oder weniger gleicht. Durch möglichst exakte Wahrnehmung können wir eine Landkarte unserer Gesprächspartner erstellen, die dessen Vorstellungswelt bestmöglich entspricht. Das gibt uns die Chance, uns in das Modell der Welt unseres Gesprächspartners hinein zu versetzen und ihn damit zu verstehen.
Wenn Sie einen Menschen verändern wollen, gelingt Ihnen das nur, wenn Sie ihm glaubhaft machen können, dass Sie sein Modell der Welt verstehen, um Ihn von da abholen zu können. Manche von Ihnen haben vielleicht mit Beschwerdestellen zu tun. Wie wird sich wohl ein Kunde fühlen, der aus ir-

gendwelchen Gründen bei einer Beschwerde in Weißglut geraten ist, wenn der Service-Mitarbeiter ihm fröhlich lächelnd erklärt, das sei doch alles kein Problem? Wahrscheinlich wird der Kunde noch zorniger werden und sich völlig unverstanden fühlen. Der Service-Mitarbeiter wird dann sagen: „Ich war doch ohnedies die Freundlichkeit in Person. Ich verstehe nicht, wieso der Kunde noch zorniger geworden ist."

Einem exzellenten Kommunikator ist eines klar: Er kann den Erfolg seines Gespräches nur daran ablesen, was er von seinem Gesprächspartner als Feedback erhält. Er nimmt dieses Feedback mit seinen fünf geschärften Sinnen auf und erkennt, welche Verhaltensmöglichkeiten er als nächstes nutzen kann, um sein Ziel zu erreichen. Und er wird auch gerne neue Verhaltensweisen ausprobieren. Denn er weiß, dass er damit die Chance hat, Fehler zu machen, um daraus zu lernen. Als Kommunikator und Manager, der etwas verändern möchte, brauchen Sie immer mehr Verhaltensmöglichkeiten als die anderen. Denn in jedem System wird immer jenes Element mit den meisten Verhaltensmöglichkeiten zum Kontrollelement.

Und noch eines ist für Sie als Manager wichtig: Wie oft hat Ihr Unterbewusstsein Sie davor bewahrt, auf der Straße in ein Hindernis zu laufen oder von einem Auto überfahren zu werden, während Sie in Gedanken versunken waren? Wie oft waren Sie in ein Gespräch oder in Gedanken vertieft und merkten gar nicht, dass Sie während dessen völlig sicher Ihr Auto durch verkehrsreiche Straßen lenkten? Wie oft reagierten Sie in kritischen Situationen blitzschnell richtig, ohne die Dinge lange bewusst zu analysieren? Sie können in der Kommunikation mit anderen Ihrem Unterbewusstsein Vertrauen schenken, denn es ist mächtiger als Ihr Bewusstsein!

Drei Hauptaufgaben

„Na gut", dachte Alfred. „Diese Denkweisen scheinen also die Voraussetzungen zu sein, um NLP-Spezialist zu werden. Damit kann ich mich gut anfreunden." Er erinnerte sich daran, dass ein Freund, der ihm über NLP berichtet hatte, auch über Vorannahmen gesprochen hatte. Wenn er es richtig verstand, sind Vorannahmen so etwas wie Glaubenssätze. Gute und sinnvolle Vorannahmen sind solche, die sich im Leben stets als nützlich und hilfreich erweisen. Alfred konnte sich gut vorstellen, dass das auf diese Vorannahmen zutraf. Langsam war er gespannt darauf, nicht nur Grundlagen zu lernen, sondern auch etwas über die Hauptinhalte des NLP zu erfahren.

Wir werden zuerst Ordnung in die vielfältigen Aufgaben eines Managers bringen. Sie werden Ihre Aufgaben aus der Vogelperspektive betrachten, um die Zusammenhänge zu erkennen. Und wir werden drei Grundpfeiler bauen, über die sich das Netz exzellenter Füllungseigenschaften spannen wird. Laut John Grinder sind diese drei Grundpfeiler Ihre Hauptaufgaben als Führungskraft:

1. Mit einer Vision die Zukunft sichern und die Gegenwart gewinnen;

2. Eine Organisation schaffen, in der sich der einzelne Mitarbeiter in einem klar definierten Bereich frei entfalten kann;

3. Vorbild sein.

Der letzte Punkt ist der grundlegendste, deshalb werden Sie zuerst lernen, sich selbst zu verändern. Denn Sie können nur dann etwas bewegen, wenn Sie selbst etwas Neues tun oder sich selbst verändern.

Richard Bandler sagte einmal: „Wenn du tust, was du schon immer getan hast, wirst du bekommen, was du schon immer bekommen hast. Wenn du das, was du möchtest, nicht bekommst, dann tue etwas anderes."

Sie werden sich als denkender Mensch und Kommunikator kennen lernen. Sie werden erleben, wie einfach es ist, sich selbst zu hervorragenden Leistungen zu motivieren und Ihren Mitarbeitern, Kollegen und Vorgesetzten als exzellenter Kommunikator zu begegnen und in ihnen das Feuer der Begeisterung zu entfachen.

Sie werden lernen, was es großen Managerpersönlichkeiten ermöglicht, zeitlich immer die Nase vorne zu haben und die Zukunft des Unternehmens zu erfinden, zu gestalten und in konkret realisierbare Pläne umzusetzen. Und Sie werden lernen, die Organisation Ihres Unternehmens oder Unternehmensbereiches Ihren Zielen entsprechend flexibel zu gestalten, den richtigen Mitarbeitern die richtigen Aufgaben selbständig zu übertragen und sie differenziert zu betreuen.

Alfred schaute dem Seminarleiter zu, wie er ein Papier mit einer bunten Grafik an der Pinwand gegenüber den Fenstern befestigte und dann ruhig und aufmerksam die Teilnehmer beobachtete.

Das fraktale Dreieck –
die Hauptaufgaben der Führung

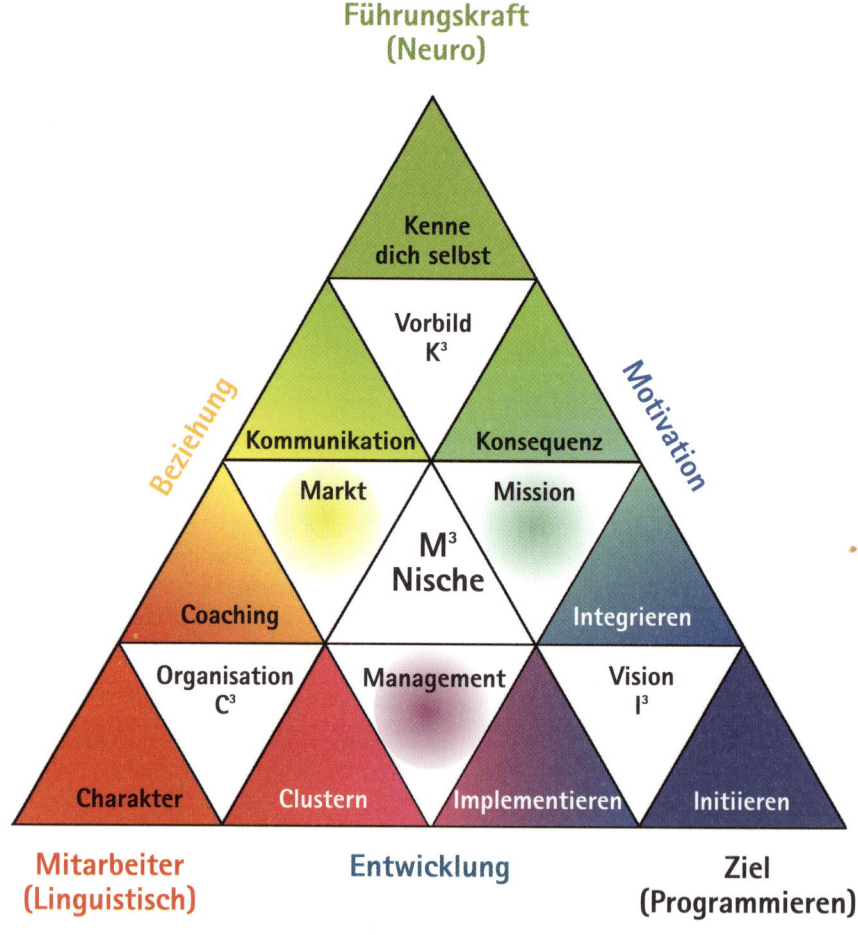

Es gibt viele Bücher darüber, welche Aufgaben Manager und Führungskräfte haben. Hier sehen Sie die Reduktion dessen auf das Maximum. Die drei Grundpfeiler des Managements sind untrennbar. Nur Sie als Vorbild können die Zukunft erfinden. Und Sie sind nichts ohne die Kraft, das Herz und das Engagement Ihrer Mitarbeiter. Andererseits brauchen Ihre Mitarbeiter die starke Führungshand, die ihnen die Zukunft weist. Und ohne uns Menschen existiert keine Zeit, also auch keine Zukunft.

Sie sehen in der Grafik, dass jeder der drei Grundpfeiler in engem Zusammenhang mit jeweils einem der drei Teile des NLP steht:

Neuro:

Wo es um Sie geht, um Sie als Führungskraft, um Sie als Vorbild, dort geht es vor allem darum, wie Sie mit Ihrem gesamten Nervensystem auf Ihre Ziele ausgerichtet sind, wie sehr Sie – im Wortsinn – mit jeder Faser Ihres Körpers am gleichen Strang ziehen. Es geht zuerst um die Ordnung „im eigenen Haus", in Ihrem eigenen Kopf. – Wir können den Bereich auch emotionale Kompetenz nennen.

Linguistisch:

Wenn es um Ihre Mitarbeiter geht, ist vor allem Ihre linguistische, kommunikative Stärke gefragt. Wie erfolgreich kommunizieren Sie Ihre Anliegen innerhalb des Unternehmens? Passen alle Botschaften, die Sie senden, zusammen und bilden sie ein größeres, sinnvolles Ganzes? – Hier geht es auch um den Bereich der sozialen Kompetenz.

Programmieren:

Im Bereich der Ziele geht es um Ihre Kompetenz als Programmierer. Können Sie alle Faktoren so arrangieren, dass am Ende der angestrebte Erfolg steht? Setzen Sie heute Maßnahmen, sodass morgen Veränderungen in die richtige Richtung stattgefunden haben? – Hier geht es auch um Ihre kreative Kompetenz.

Neun große Herausforderungen sind es, denen sich ein Manager gewachsen zeigen muss. Jeweils drei bilden einen Grundpfeiler für Ihren Erfolg. Wir werden gemeinsam erleben, welche NLP-Bausteine Sie nützen können, um auf diesen drei Grundpfeilern ein stabiles und strahlendes Managementgebäude zu gestalten.

NLP-Modelle und -Strategien sind in allen Kontexten, wo es um Menschen geht, nützlich. Sie werden mit diesem Buch diese NLP-Bausteine inhaltsfrei anwenden lernen. Damit sind Sie in der Lage, die Modelle an Ihre spezifischen Kontexte und Aufgabenstellungen anzupassen, denn nur Sie können das tun. Wir werden uns also über die Form auseinander setzen, weil auch im Umgang mit Menschen die Form letztlich wichtiger ist als der Inhalt.

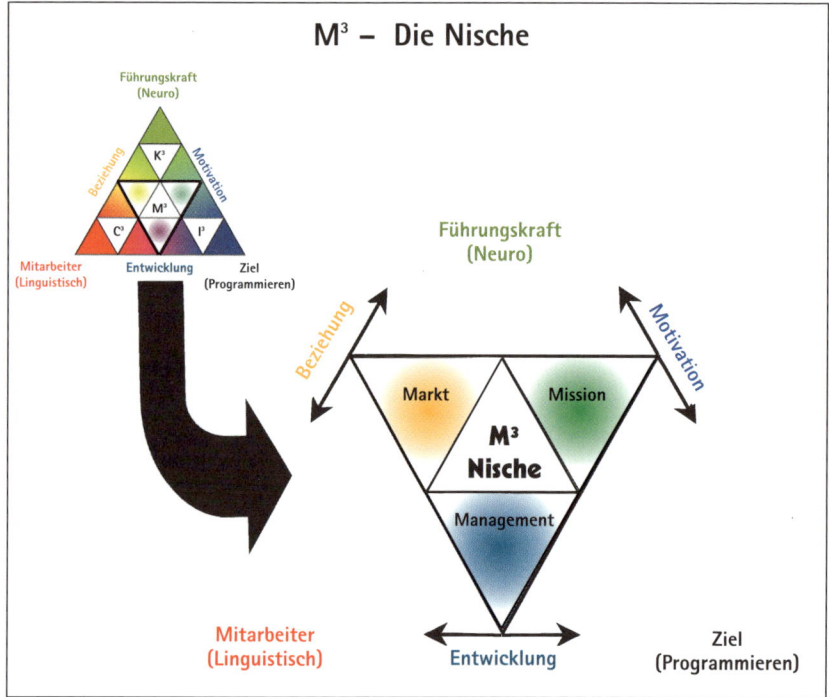

Betrachten Sie bitte die Grafik. Das mittlere Dreieck stellt Ihren Kontext dar. Sie bestimmen ihn! Vielleicht geht es Ihnen einmal um die Einführung eines neuen Produktes, den erfolgreichen Start eines Projektes. Ein anderes Mal wollen Sie ein harmonisches Team für eine besonders schwierige Aufgabe zusammenstellen oder die Organisation neu gestalten. Oder es geht Ihnen einfach darum, ein unangenehmes Kommunikationsproblem zu lösen oder eine gute Idee zu verkaufen. Sie werden dann die NLP-Modelle und -Strategien Ihrem eigentlichen Zweck zuführen und ihnen inhaltliches Leben einhauchen. Was geht in Ihrem Kopf vor, wenn Sie in die Vergangenheit blicken oder die Zukunft erfinden? Oder wenn Sie nachdenken und

Entscheidungen treffen? Und wie bringen Sie ihre Persönlichkeit in Kontakt mit der Zeit und den Menschen, die Sie umgeben? Wie das alles geht, damit werden wir uns noch ausgiebig auseinandersetzen.

Alfred betrachtete die Grafik an der Pinwand. „Schau an. Die Anordnung der kleinen Dreiecke im Gesamtgefüge ergibt einen Sinn. Was ich als Manager in Bezug auf die Zeit brauche, ist Konsequenz. Konsequenz, das Wichtige vor dem Dringenden zu tun. Und Konsequenz in der Umsetzung meiner Ziele. Andererseits muss ich die Ziele, die ich mir in der Zukunft setze, zuerst in meiner Person, in meinem Denken und Wollen integrieren. Ich muss voll und ganz daran glauben können. Erst dann werde ich es erfolgreich schaffen, meine Mitarbeiter für diese Ziele zu gewinnen, sie in der Organisation zu implementieren. Danach kann ich darangehen, die Aufgaben den Zielen konform zu definieren, sie in Clustern zusammenzufassen und sie meinen Mitarbeitern selbstverantwortlich zu übertragen. Klar. Die Form, in der ich anderen begegne, heißt Kommunikation. Ich glaube, das ist auch die komplexeste Herausforderung eines Managers. Vor allem dann, wenn es darum geht, über die Grenzen des Ichs hinauszugehen, um anderen zu helfen. In meinem Beruf zeigt sich das im Coaching meiner Mitarbeiter.

Die kleinen Dreiecke an den drei Spitzen des Gesamtdreiecks stellen wohl die Quintessenz für den Erfolg des Managers dar:

Ich sollte mich selbst und meine Stärken kennen und meine Schwächen akzeptieren und in Stärken verwandeln.

Ich sollte die Zukunft meiner Person, des Unternehmens und meiner Mitarbeiter entstehen lassen. Visionen haben und die anderen daran teilhaben lassen.

Und es ist meine Aufgabe, die richtigen Mitarbeiter am richtigen Platz zu haben. Richtig im Sinne von Charakter, Persönlichkeit und Einstellung zum Beruf und zum Unternehmen. "

Vollends verblüfft war Alfred, seinen Begriff der Nische im Zentrum der Grafik zu lesen. Ob der Seminarleiter ihn auch so verstand wie Alfred? Die Themen und deren Anordnung im inneren Dreieck spiegelten seine Einstellung zum Business wider: „Meine Mission, also der Weg, den ich als Manager einschlage, wird zum Erfolg, wenn ich ihn beharrlich und den Unternehmenszielen zugewandt beschreite. Nach dem herkömmlichen tailoristischen Verständnis von Management geht es um die Festlegung von Zielen und die Verteilung von Arbeit. Damit hat die Lage des kleinen Dreiecks ,Management' ihre volle Berechtigung. " Es befriedigte Alfred, dass in diesem Seminar der Rahmen seiner Tätigkeit weitaus umfassender gesteckt war, als es dieses kleine Dreieck am unteren Rand symbolisierte. Der Zusammenhang von Markt und Kommunikation war offensichtlich. Den Zusammenhang zwischen Markt und Coaching deutete er mit seiner schon länger gärenden Idee, dass es etwas geben muss, das über Beziehungsmarketing und Servicequalität hinausgeht.

„Dieses Dreieck ist ein Fraktal! Alle Zusammenhänge sind logisch richtig. Das heißt, die Logik bleibt vollständig erhalten, wenn ich die kleinen Dreiecke detailliert betrachte." *Er hatte den Eindruck, dass diese Grafik noch einige wichtige Geheimnisse bewahrte.*

Alfred erinnerte sich, mit wie vielen Fragen beladen er an diesem Morgen den Raum betreten hatte. Er hatte einige Antworten erhalten und noch mehr Fragen gewonnen.

K3 – Das Vorbild

Alfred war neugierig, was er nun über sich selbst erfahren würde. Er erinnerte sich, dass der Seminarleiter auch versprochen hatte, darüber zu erzählen, wie Menschen denken, wie sie sich an die Vergangenheit erinnern und die Zukunft erfinden. Er freute sich schon darauf, seine eigenen Denkmuster kennen zu lernen, stellte sich aber zweifelnd die Frage: „Wenn ich dann auch weiß, was und wie mein Gesprächspartner denkt, gewinne ich großen Einfluss auf die Menschen! Das ist zwar sehr effektiv, aber ist es auch ethisch vertretbar?"

Es geht um Sie persönlich.

Sie können zwar davonlaufen, Sie können sich aber nicht vor der Verantwortung drücken. Sie stehen vorne. Sie sind beispielgebend. Wir wissen aus sozialpsychologischen Untersuchungen, dass das, WAS Sie sagen, Ihre Mitarbeiter nur zu 7 % beeinflusst. WIE Sie es sagen und was Sie TUN beeinflusst sie zu 93 %. Das heißt, wenn Sie als Führungskraft von Dynamik sprechen, sich aber selbst bei jeder Gelegenheit „verkrümeln" und in Ihr Schneckenhaus der alten Gewohnheiten zurückkehren, werden Ihre Mitarbeiter daraus zwei Lehren ziehen: Sie werden erstens lernen „Es ist o. k., in dieser Organisation Wasser zu predigen und Wein zu trinken" und zweitens „In Wirklichkeit soll sich ohnehin nichts verändern." Bedenken Sie: Für Ihre Mitarbeiter hat das, was Sie tun und wie Sie es tun, wesentlich größere Bedeutung als das, was Sie sagen!

Sie können nur dann Ihren Mitarbeitern Halt geben und Vorbild sein, wenn

■ Sie in Kontakt sind mit sich selbst, mit Ihren eigenen Wahrnehmungs-, Denk- und Fühlprozessen,

■ Ihr Kommunikationsstil in jeder Situation überzeugend ist und

■ Sie auch in anspruchsvollen Situationen Herr der Lage bleiben.

Wir werden jetzt das erste Dreieck der „emotionalen Kompetenz" mit Leben füllen. Lassen Sie uns mit der Reise durch das weite Land Ihres Inneren beginnen.

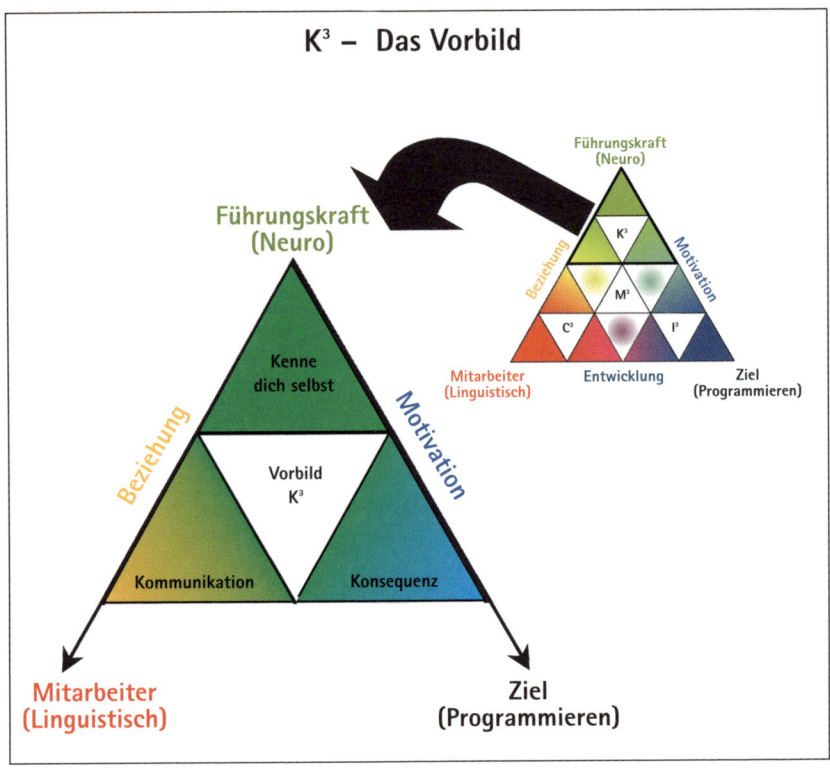

Kenne dich selbst

Selbst-verständliche Menschenkenntnis

Als Mullah Nasrudin auf einer langen Reise war, übernachtete er einmal im Schlafsaal einer Herberge. Er war beunruhigt, als er die vielen anderen Menschen im Schlafsaal sah. Sein Nachbar erkannte das und fragte ihn nach seinen Bedenken. „Ich bin es nicht gewohnt unter so vielen anderen zu schlafen. Wenn ich hier einschlafe und morgen früh unter diesen vielen Menschen aufwache, woher werde ich dann wissen, wer von all den Menschen ich bin?" Sein Nachbar war ein rechter Schelm und gab ihm folgenden Tipp: „Binde dir einfach ein Band um deinen rechten großen Zeh. Wenn du morgen früh aufwachst, blickst du dich um und erkennst dich an dem Band am Zeh!" Nasrudin fand diese Idee überzeugend, folgte dem Rat und schlief beruhigt ein. Sein Nachbar wartete genau auf diesen Moment, löste das Band vom Zeh des Mullah und band es sich selbst um den rechten großen Zeh, neugierig, was Nasrudin wohl am Morgen dazu sagen würde. Nasrudin erwachte, blickte sich um und entdeckte das Band am Zeh seines Nachbarn. Nachdenklich schaute er sich um. Sein Nachbar betrachtete ihn dabei lächelnd und fragend. Nasrudin antwortete: „Durch das Band am rechten Zeh weiß ich ja nun genau, dass du ich bist. Aber wenn du ich bist, wer bin dann ich?"

Die erste Herausforderung ist, sich selbst zu begegnen.
Wenn Sie diesen Abschnitt meistern, wird alles andere leicht sein. Humboldt sagte: „Bilde dich selbst und wirke auf die anderen durch das, was du bist!" Nicht durch das, was du sagst, sondern durch deine bloße Anwesenheit, als Mensch, der in Kontakt ist mit sich selbst, der Bescheid weiß über sich, seine eigenen Stärken und Schwächen, der seine Gewohnheiten und Verhaltensmuster kennt und weiß, woran er als nächstes an sich arbeiten muss.
Außerdem werden wir im gleichen Maß, wie wir uns selbst kennen lernen, auch Menschenkenner schlechthin. Sind wir auch äußerlich noch so anders geartet, die Kräfte, die unser Innerstes bewegen, sind immer die gleichen

Grundkräfte der Seele. Wir teilen sie mit allen andern Menschen. Der amerikanische Kommunikationsexperte Frank Farelly sagt: „Das Persönlichste ist zugleich das Universellste." Also, lerne dich kennen und du lernst die Menschen kennen!

Das Modell

Wir können überhaupt nicht denken,

ohne unsere fünf Sinne zu gebrauchen.

(Albert Einstein)

Die Qualität unseres Denkens, Handelns und Kommunizierens ist abhängig davon, wie wir unsere Sinneswahrnehmungen verarbeiten. Vor allem ist die Art, wie wir Erinnerungen speichern und wie wir Zukünftiges konstruieren, für exzellentes Verhalten im Hier und Jetzt ausschlaggebend.
Warum verhalten sich Menschen so, wie sie sich verhalten? Wie schaffen es erfolgreiche Kommunikatoren, was sie sagen wollen, immer so zu vermitteln, dass andere sie verstehen und akzeptieren?

Alfred erinnerte sich an den vergangenen Tag, als er seinen besten Verkäufer zum Kunden begleitet hatte. Es hatte ihn besonders beeindruckt, dass dieser Verkäufer offensichtlich in jeder Phase des Gespräches aus den Reaktionen des Kunden entnehmen konnte, was dieser fühlte und dachte. Alfred hatte seinen Verkäufer nachher darauf angesprochen und zur Antwort bekommen: „Ich beobachte meine Kunden immer ganz genau und merke mir, wie sie aussehen, wenn sie sich freuen, ärgern, eine Idee haben oder einmal ratlos sind. Das nächste Mal weiß ich dann schon, wie es um sie steht, wenn sie wieder so reagieren." Alfred dachte bei sich, es hat schon seinen Grund, warum Spitzenverkäufer so gut bezahlt werden.

Nehmen Sie einmal an, Ihr Chef wünscht Ihnen ein schönes Wochenende. Diese Information hat mehrere Komponenten. Sie könnten, wenn Sie aufmerksam sind, den Chef sehen, der zu Ihnen spricht, seine Bewegungen, seine Gesichtsfarbe und die Farbe seiner Kleidung. Sie könnten den Gruß hören und auch den Klang der Stimme, die Lautstärke, seine Betonung. Sie könnten seine Hand in der Ihren fühlen, wenn Sie sich verabschieden. Und vielleicht riechen Sie auch sein Rasierwasser.

Kommunikationsmodell 1

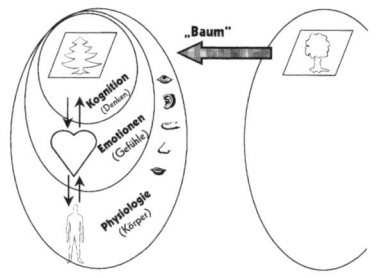

Kommunikationsmodell 2

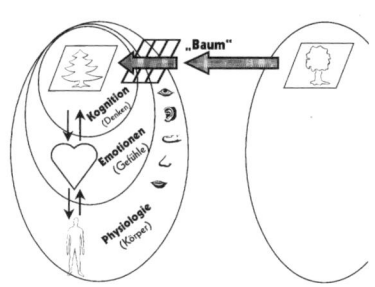

Kommunikationsmodell 3

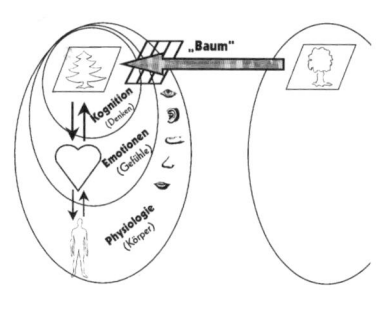

Kommunikationsmodell 4

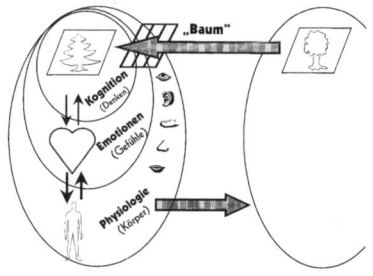

Bevor diese Informationen in Ihr Bewusstsein gelangen, filtern Sie einiges davon aus. Da sind einmal die physischen Einschränkungen Ihrer Sinnesorgane (vgl. Kommunikationsmodell 1):
Unsere Augen reagieren nur auf Lichtwellen innerhalb einer Bandbreite von 400 bis 800 Nanometer. Tiere können auch Licht anderer Bandbreiten wahrnehmen. Bienen zum Beispiel sehen violette Blüten so, als wären sie weiß. Da die Sensitivität der Farbrezeptoren im menschlichen Auge gering ist, können wir im Dunklen unsere Umgebung nur in Graustufen wahrnehmen.
Auch unsere Ohren nehmen Schall nur innerhalb einer bestimmten Bandbreite auf. Es gibt Tiere, die wesentlich höherer Töne sehr gut hören können. Delfine können sich durch Aussenden von Ultraschall im Meer orientieren. Die Pfeife, die den Hund zum Besitzer zurückruft, ist für unsere Ohren nicht zu hören.
Unsere Haut, unser größtes Sinnesorganen, ist auch nur begrenzt in der Lage, taktile Informationen aufzunehmen. Die Zahl der Nervenenden in unserer Haut ist nicht so groß wie etwa im Auge. Daher können wir den Druck zweier spitzer Gegenstände nur dann unterscheiden, wenn sie genügend weit voneinander entfernt sind.

Experiment: Berühren Sie jemanden mit ein bis fünf Fingerkuppen in engem Radius am Rücken zwischen den Schulterblättern. Bitten Sie die Person zu raten, wie viele Finger Sie verwenden. Höchstwahrscheinlich wird die Antwort falsch sein.

Wir spüren Wärme und Kälte und können Form und Oberfläche von Materialien und Gegenständen ertasten. Wir fühlen auch in unserem Körper. Der Magen lässt uns erkennen, ob wir hungrig sind. Nervenenden in den Gelenken geben uns Informationen über Position und Stellung der Gliedmaßen, eine Voraussetzung für koordiniertes Bewegen.
Unser Geruchssinn war ursprünglich weit empfindlicher. Tiere können Beute oder Feinde über große Entfernungen riechen. Für uns Menschen hat der Geruchssinn als überlebenswichtiges Organ an Bedeutung verloren. Darum ist unsere Nase auch nicht mehr so sensitiv.
Unser Geschmackssinn kann vier Reize unterscheiden: süß, scharf, bitter, sauer. Alles was schmeckt, setzt sich aus diesen vier Komponenten zusammen. Der feine Geschmack der frischen Auster genauso wie der von deftigem Knoblauch.
Nicht alle Informationen, die Ihre Sinnesorgane aufnehmen, gelangen in Ihr Bewusstsein (vgl. Kommunikationsmodell 2). Nehmen wir an, Sie wollen

Ihrem Partner Schmuck zum Geburtstag kaufen. Wenn Sie mit dieser Absicht durch die Straßen schlendern, wird Ihnen bewusst, wie viele Schmuckgeschäfte es hier gibt. Das kleine Mädchen neben Ihnen, ist an ganz anderen Dingen interessiert. Es wird die vielen Schmuckgeschäfte nicht bemerken und eher nach Spielsachen Ausschau halten.

Die Mutter, die lesend auf der Parkbank sitzt und auf ihr Baby achtet, nimmt den Lärm nicht wahr, den die spielenden Kinder verursachen. Doch sobald ihr Baby im Kinderwagen auch nur ganz leise das Stimmchen erhebt, hört das die Mutter unmittelbar und schaut nach dem Rechten.

Sie nehmen wahr, was Ihnen in diesem Moment wichtig ist und worauf Sie deshalb Ihre Aufmerksamkeit lenken. Dieser Filter entsteht und entwickelt sich aufgrund zahlloser Referenzerfahrungen unseres Lebens. Wir lernen, erleben und erfahren, was für uns von Bedeutung ist. Und darauf konzentriert sich unser Bewusstsein.

Warum sollten wir uns wundern, dass aus demselben Stoff jeder das
für seine Interessen Geeignete herausliest? Auf derselben Wiese sucht
die Kuh Gras, der Hund den Hasen, der Storch die Eidechse.
(Seneca)

Die unterschiedlichen Strategien, wie wir Informationen aufnehmen und verarbeiten, wirken ebenfalls als Filter. In der NLP-Sprache nennen wir sie die Metaprogramme:

Manchen Menschen ist es zum Beispiel viel wichtiger, den großen Überblick zu bewahren. Manche sind nur an Details interessiert. Wenn Sie einem detailorientierten Menschen über die große Idee eines Vertragsentwurfes erzählen, wird er nicht zuhören. Er wird erst dann interessiert sein, wenn Sie ihm die Gelegenheit geben, im Paragraphendschungel zu wühlen. – Mit den Metaprogrammen werden wir uns weiter unten noch ausführlich auseinander setzen.

Von unseren Sinnesorganen werden pro Sekunde mehr als 11 Millionen Informationseinheiten an unser Zentralnervensystem weitergeleitet. Wenn die Information, dass Ihnen Ihr Chef ein schönes Wochenende wünscht, Ihr Bewusstsein erreicht hat, sind davon nur etwa 40 Informationseinheiten pro Sekunde übrig geblieben. Sie haben davon gerade jene 40 ausgewählt, die der Aufnahmefähigkeit Ihrer Sinnesorgane, Ihren Werten, Ihrer Aufmerksamkeit und Ihren Metaprogrammen entsprechen.

Ihre Filter der Wahrnehmung sind Teil Ihrer Persönlichkeit, denn es gibt keinen einzigen Menschen auf der Welt, der genau Ihre Erfahrungen gemacht hat. Wenn Ihnen Ihr Chef die Hand drückt und Ihnen ein schönes Wochenende wünscht, nehmen Sie dies auf eine Art und Weise wahr, wie nur Sie es tun können. Jeder andere Mensch würde diese Szene anders interpretieren und auch anders reagieren.

Sie speichern die Informationen, die Sie aufnehmen, in ihrem Gedächtnis. Ihr Gehirn bewahrt für Sie die Bilder, die Sie gesehen haben. Es speichert die Wörter, Klänge, Geräusche, die Sie gehört, das, was Sie zu diesem Zeitpunkt gefühlt, gerochen und vielleicht auch geschmeckt haben. Diese Szenen stehen Ihnen als Erinnerungen jederzeit abrufbar zur Verfügung.

Die aufgenommenen Informationen rufen in Ihnen Gefühle wach. Der gute Wunsch des Chefs kann in Ihnen ein recht unangenehmes Gefühl verursachen. „Das ist ja ungeheuer. Zuerst deckt er mich mit Arbeit zu, die ich nur am Wochenende erledigen kann. Und dann hat er die Unverfrorenheit, mir ein schönes Wochenende zu wünschen." Es kann auch sein, dass Sie sich sehr darüber freuen.

Was in Ihnen stellt die Verbindung her zwischen den aufgenommenen Informationen und Ihrem Gefühl?

Wenn Sie Karriere machen wollen, haben Sie wahrscheinlich ein gutes Gefühl, wenn der Chef Ihre Leistungen vor versammelter Mannschaft besonders würdigt. Oder nehmen wir an, Sie hören mit, wie jemand einem Fremden den Weg zum Rathaus der Stadt erläutert, und Sie wissen genau, das ist der falsche Weg. Sie unterbrechen das Gespräch und wollen den Weg richtig erklären. Der andere meint daraufhin zu dem Fremden, er solle Ihnen bloß nicht zuhören. Die Wahrnehmung dieser Situation wird in Ihnen möglicherweise ein Gefühl von Ärger verursachen, weil Sie sicher wissen, dass Sie Recht haben, und Sie der andere noch dazu respektlos behandelte. Oder wenn Sie sich wegen böser Erfahrungen in der Dunkelheit fürchten, werden Sie sich auch beim nächsten Gang durch einen dunklen und engen Fußgängertunnel ängstigen und um Ihr Leben bangen. Der Gedanke, dass die Weihnachtszeit naht, verursacht vielleicht ein angenehmes Gefühl, weil Sie viele schöne Erinnerungen damit verbinden. Usw.

Unsere Werte, das was in unserem Leben zählt, bestimmt die Qualität der Gefühle, wenn wir Informationen aufnehmen (vgl. Kommunikationsmodell 3). Glauben wir, dass eine Verletzung eines oder mehrerer unserer Werte droht oder schon stattgefunden hat, erleben wir das als negatives Gefühl. Werden unsere Werte erfüllt oder können wir darauf hoffen, sind die Gefühle positiv.

Die Gefühle sind der Motor Ihres Verhaltens. Wenn Sie sich über die Aussage Ihres Chefs ärgern, ziehen Sie vielleicht Ihre Brauen kurz zusammen. Ihre Hände machen eine kaum wahrnehmbare abweisende Bewegung. Ihre Lippen werden schmäler. Und Sie schweigen, weil in dem Moment Ihr Denken blockiert ist. Oder Sie freuen sich darüber und Ihre Augen werden größer, beginnen zu strahlen. Ihre Mundwinkel begrüßen Ihre Ohrläppchen und Lachfältchen erscheinen um Ihre Augen.

Wie auch immer Sie auf den Wunsch Ihres Chefs reagieren, Ihr Verhalten ist für Ihren Chef Information, die er genau wie Sie mit physischen und psychischen Filtern siebt. Was von Ihnen er bewusst wahrnimmt, hängt ab von der Aufnahmefähigkeit seiner Sinnesorgane, seinen Werten und seiner Art, Informationen zu verarbeiten. Die Gedanken und Gefühle, die ihn zu diesem Zeitpunkt beherrschen, werden ihn ebenfalls auf eine bestimmte Art und Weise agieren lassen. Die Interaktion zwischen Ihnen und Ihrem Chef nimmt ihren Lauf (vgl. Kommunikationsmodell 4).

Das erinnerte Alfred an ein Gespräch, das er vergangene Woche mit seiner Marketingleiterin geführt hatte. Er sah die Szenerie heute noch vor sich. Thema war eine neue Werbelinie. Und er war ganz und gar nicht ihrer Meinung gewesen und noch dazu unter Zeitdruck. Ohne seine Blicke von einem Arbeitspapier auf seinem Schreibtisch zu heben, hatte er ihr seine Ideen erläutert. Welche Art von Information war seine abgewandte Körperhaltung für die Frau wohl gewesen? Sicher hatte er damit ihr Selbstwertgefühl verletzt und sie in einen entsprechend negativen Zustand versetzt. Jedenfalls hatte sie ihn, kurz überlegend, angesehen und dann den Raum verlassen. Alfred hätte viel dafür gegeben, wenn er gewusst hätte, was in diesem kurzen Augenblick in ihrem Kopf vorgegangen ist.

Erinnerungen im VAKOG

Was sind denn unsere Erlebnisse? Viel mehr das, was wir hineinlegen, als das, was darin liegt.
(Friedrich Nietzsche)

Stellen Sie sich vor, Sie machen Ihrem Partner einen Urlaubsvorschlag. Etwas, das Sie sich wirklich wünschen. Ihr Partner hört Ihnen ruhig zu, reibt sich schließlich die Nase, blickt ganz kurz nach links oben, dann nach rechts oben und schließlich nach rechts unten. Ein Handlungsablauf von insgesamt nur einer Sekunde. Und dann sagt sie oder er: „Nein das gefällt mir nicht. Ich habe andere Vorstellungen." Was geht in Ihnen vor, wenn Sie von jemandem um Ihre Meinung gefragt werden? Was geschieht hinter Ihrer Stirn, bevor Sie zu einem Ja oder Nein kommen? Wie funktionieren die abenteuerlichen Wege der Entscheidung?

Alfred dachte: „Wenn ich mehr über diese inneren Denkprozesse wüsste, könnte ich Entscheidungen anderer Menschen besser beeinflussen. Womit wir wieder beim Thema Effektivität und Ethik wären." Alfred nahm sich vor, das heute noch anzusprechen. Und doch war er schon gespannt zu hören, wie die Abenteuer des Denkens im Kopf geschehen.

Wir Menschen haben fünf triftige Gründe, warum wir etwas anstreben:

1. Weil es gut aussieht.

2. Weil es sich gut anhört.

3. Weil es sich gut anfühlt.

4. Weil es gut riecht.

5. Weil es uns gut schmeckt.

Mit unseren fünf Sinnen nehmen wir nicht nur Informationen auf, wir denken, erinnern uns und entscheiden auch in diesen fünf Kategorien:

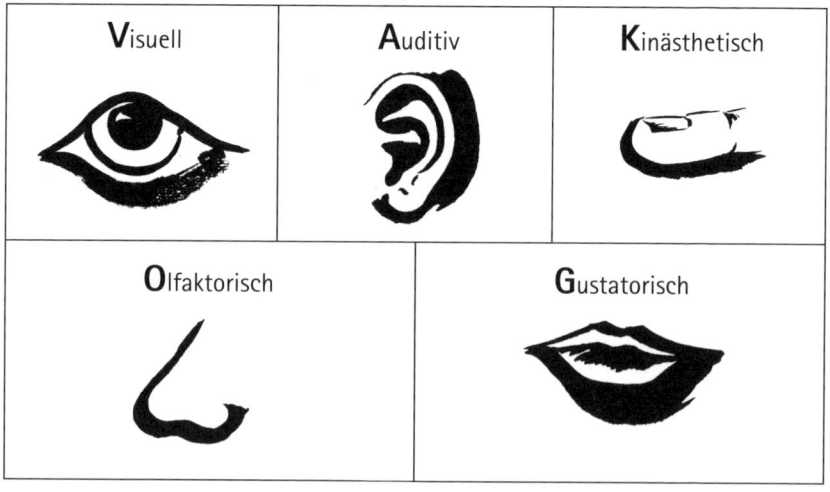

Die Bilder, die wir in der Erinnerung speichern, enthalten die weitaus meisten Informationen. 10 Millionen der über 11 Millionen Informationseinheiten, die pro Sekunde an unser Zentralnervensystem weitergeleitet werden, sind visuelle Reize. Sie wissen: ein Bild sagt mehr als tausend Worte. Wenn Sie sich an ein Bild der Vergangenheit erinnern, können Sie intern sehr vieles wahrnehmen: Menschen, Dinge, die Umgebung, Formen, Farben, Bewegung und Entfernung.

Wir können im Kopf aber auch innere Bilder entstehen lassen, die wir nicht aus unserer Erinnerung abrufen, weil wir sie noch nicht erlebten. Machen wir dazu ein kleines Experiment:

> **Experiment:** Stellen Sie sich vor, Ihr Auto hätte plötzlich eine ganz andere Farbe als jetzt. Es wäre knallrot, blitzblau oder strahlend gelb. Oder stellen Sie sich vor, ihr Handy, das Sie in der Hand halten, ist klein wie ein Fingerhut oder groß wie ein Haus. Wahrscheinlich ist es Ihnen recht leicht gefallen, sich das vorzustellen, obwohl Sie es noch nie sahen.

Aus der Untersuchung seines schriftlichen Nachlasses wissen wir, dass Einsteins visuelles Vorstellungsvermögen wesentlicher Bestandteil seines Genies war. Er erzeugte zum Beispiel das innere Bild eines Menschen, der mit Lichtgeschwindigkeit auf dem Ende eines Lichtstrahls reitet. Und er stellte sich die Frage: Was ist, wenn dieser Mensch auf dem Lichtstrahl in einen Spiegel blickt? Wirft der Spiegel sein Bild zurück, obwohl er ja bereits mit Lichtgeschwindigkeit unterwegs ist?

Wenn ich über mich und meine Denkweise nachdenke,
komme ich fast zu dem Schluss, dass die Gabe der Phantasie für
mich mehr bedeutet hat als meine Begabung,
absolutes Wissen aufzunehmen.
(Albert Einstein)

Ein Manager, der die Erinnerungen an ein Meeting nicht nur in Einzelbildern, sondern als Film bewahrt, kann nachträglich das Meeting Revue passieren lassen und das Verhalten der Teilnehmer und sein eigenes analysieren. Spitzensportler nutzen die Möglichkeit, im Geist Bewegungsmuster immer wieder ablaufen zu lassen, um sie zu analysieren.

Der auditive Informationsgehalt von Erinnerungen ist weit geringer als der visuelle. Knapp 1 Million der insgesamt 11 Millionen Informationseinheiten pro Sekunde haben auditiven Charakter. Sie können sich bestimmt an typische Zirkusmusik erinnern, die Sie schon einmal gehört haben. Oder an das Plätschern und Gurgeln eines Baches.

Unsere Vorstellungskraft ermöglicht uns auch, intern bisher noch nicht gehörte Geräusche und Klänge zu konstruieren. Dazu wieder ein Experiment:

Experiment: Die wenigsten von Ihnen werden folgenden Satz schon einmal ausgesprochen haben. Lassen Sie Ihre innere Stimme laut und deutlich und mit einem für Sie angenehmen Klang Folgendes sagen: „Ich bin eine hervorragende Führungskraft!" Das war doch ganz einfach, oder?

Erinnerungen sind mit Gefühlen verbunden. Wir können uns daran erinnern, wie sich das Haar unseres Partners anfühlte, als wir es berührten. Wir können uns erinnern, wie es ist, durch Wasser zu waten oder mit bloßen Füßen über Gras zu gehen. Und wir können das Körpergefühl in die Erinnerung zurückholen, das entsteht, wenn wir sehr rasch laufen oder Hunger haben. Das sind Gefühle, die durch die Nervenenden in unserer Haut, dem Knochengerüst und den inneren Organen hervorgerufen werden. Und dann gibt es noch Gefühle, die durch Verletzung oder Bestätigung unserer Werte in uns entstehen. Gefühle wie Freude, Ärger, Hass, Ekstase, Angst, Sehnsucht oder einfach Wohlbehagen.

Wir haben sehr unterschiedliche Entscheidungsstrategien. Die endgültige Entscheidung treffen wir aber immer deswegen, weil wir am Schluss des Denkprozesses ein gutes oder schlechtes Gefühl haben.

Sie erinnern sich sicher an den Geruch von frisch gemähtem Gras oder von köstlicher Weihnachtsbäckerei. Der Geruchssinn entstand entwicklungsgeschichtlich sehr früh. Die Geruchsinformationen werden daher in einem entwicklungsgeschichtlich sehr alten Bereich des Gehirns verarbeitet. Das ist auch der Grund, warum sie sehr oft gar nicht in unser Bewusstsein dringen. Wir sagen zum Beispiel: „Ich kann diese Person nicht riechen." Wir wissen aber bewusst gar nicht, was der eigentliche Grund dafür ist.

 Sie können sich sicher an den Geschmack eines kulinarischen Genusses erinnern. Denken Sie doch jetzt an den Geschmack Ihrer

Lieblingsspeise. Vielleicht ruft das gleichzeitig auch ein angenehmes Gefühlen in Ihnen hervor.

Wir haben erkannt, dass Menschen Informationen sehr unterschiedlich speichern. Manche können sich sehr gut daran erinnern, was sie bei einem bestimmten Erlebnis gesehen haben. Sie bevorzugen das visuelle Repräsentationssystem. Andere Menschen erinnern sich eher daran, was sie hörten oder fühlten. Sie bevorzugen das auditive oder das kinästhetische Repräsentationssystem.

Wenn Sie erkennen können, wie Ihr Gesprächspartner erinnert oder in Gedanken die Zukunft konstruiert, haben Sie schon einen wesentlichen Schritt getan, seine Gedankenwelt zu verstehen. Und Sie sollten herausfinden, welches Repräsentationssystem Sie selbst bevorzugen.

Jeder Mensch hat bevorzugte Körperhaltungen und Bewegungsmuster. Das hinterlässt Spuren in der Kleidung, typische Falten und abgenutzte Stellen. Genauso ist es mit dem bevorzugten Repräsentationssystem. Es gibt eine Reihe von Hinweisen, an denen wir erkennen können, welches Repräsentationssystem jemand bevorzugt, um sich an etwas zu erinnern oder zukünftige Modelle zu konstruieren.

Sie haben fünf Möglichkeiten zu erkennen, welches Repräsentationssystem Ihr Gegenüber gerade benützt:

1. Körperhaltung

Visuelles Repräsentationssystem:

Sehr aufrecht stehend, sitzend, Kopf eher nach oben gerichtet, Schultern hochgezogen.

Auditives Repräsentationssystem:

Vorgelehnt sitzend, Kopf zur Seite geneigt, Schultern gerade, manchmal zurückgezogen, Arme gekreuzt.

Kinästhetisches Repräsentationssystem:

Nach hinten gelehnt sitzend, Kopf nach unten geneigt, Schultern gesenkt.

Wie ist eigentlich Ihre Haltung? Auf welches Repräsentationssystem weist Ihre bevorzugte Körperhaltung hin? Beobachten Sie sich in der nächsten Besprechung, an der Sie teilnehmen, selbst.

2. Zugangshinweise

	Visuell	Auditiv	Kinästhetisch
Atmung	hoch und flach	Zwerchfell-atmung	Bauchatmung
Gesichtsausdruck	Augen zusammen gekniffen	Augenbrauen zu-sammen gekniffen	lockere Muskulatur
Ton der Stimme	hochtönig, nasal	fließend, melodisch	tieftönig, atmend
Tempo der Stimme	schnell	fließend, rhythmisch	langsam

Und wie steht es mit Ihnen? Beobachten Sie sich bei Ihrem nächsten Gespräch. Stimmt das Ergebnis mit dem der Körperhaltung überein?

3. Körpergesten

Visuelles Repräsentationssystem:

Deutet im Gespräch manchmal auf die Augen oder berührt sie, gestikuliert im oberen Körperbereich.

Auditives Repräsentationssystem:

Deutet im Gespräch manchmal auf Mund oder Hals, gestikuliert in der Höhe des Ohres.

Kinästhetisches Repräsentationssystem:

Deutet im Gespräch manchmal auf Brust und Magen, gestikuliert im unteren Körperbereich.

4. Augenbewegungsmuster

VK visuell konstruiert

VE visuell erinnert

AK auditiv konstruiert

AE   auditiv erinnert

K   kinästhetisch

AD   auditiv digital (innerer Monolog oder Zugang zu digitalen Infor-
          mationen wie Listen, Strukturen, Inhaltspunkten usw.)

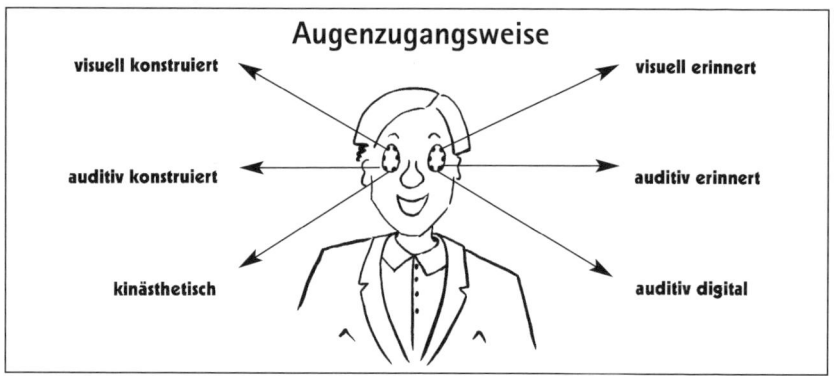

Die Grafik ist so dargestellt, wie Sie Ihr Gegenüber wahrnehmen. Für Sie
selbst also gilt:
Wenn Sie Bilder vergangener Erfahrungen erinnern, blicken Sie nach links
oben, wenn Sie ein Bild konstruieren, nach rechts oben usw.
Regeln haben auch Ausnahmen. Sie werden diese Augenbewegungen an
Ihren Gesprächspartnern oft sehr deutlich erkennen und auch mit der Bedeutung wie oben beschrieben. Manchmal blicken Menschen, wenn sie visuell denken, defokusiert geradeaus. Linkshänder konstruieren häufig –
nicht immer – links und erinnern rechts. Fragen Sie zur Sicherheit Ihren
Gesprächspartner zum Beispiel, was er am Wochenende getan hat und leiten Sie ihn damit gedanklich in die Erinnerung. Dann kennen Sie seine spezifischen Augenmuster.
Stellen Sie sich vor, sie bitten Ihren Chef um Zustimmung, einen zusätzlichen Mitarbeiter aufzunehmen. Überlegen wir gemeinsam, was es bedeuten
kann, wenn er aus Ihrer Sicht zuerst nach links oben, dann nach rechts
oben und schließlich nach links unten blickt, bevor er zustimmt.

Links oben bedeutet: Ihr Chef konstruiert zunächst ein inneres Bild, zum
Beispiel davon, wie es aussehen kann, wenn der neue Mitarbeiter für Sie arbeitet.

Rechts oben bedeutet: Er macht sich das Bild einer Referenzerfahrung zugänglich, zum Beispiel einer vergangenen Situation, in der er einen neuen Mitarbeiter bei der Arbeit sah.

Links unten bedeutet: Schließlich stellt er fest, ob das neue Bilder im Vergleich zum erinnerten Bild ein gutes Gefühl vermittelt.

Das sollten wir doch einmal ausprobieren:

> **Experiment:** Fragen Sie jemanden in Ihrem Bekanntenkreis, ob er gerne ein hellrosa Sakko tragen würde. Und beobachten Sie dabei seine Augenbewegungen. Aber Achtung: Diese Augenbewegungen laufen blitzschnell ab. In einer Sekunde ist alles vorbei. Wenn es zu schnell ging, lassen Sie ihn einfach noch eine andere Entscheidung treffen.

Wenn Sie das an mehreren Menschen ausprobieren, werden Sie erkennen, dass sie unterschiedliche Entscheidungsstrategien haben. Wenn Sie wissen, was in Ihrem Gegenüber vorgeht, wenn er sich entscheidet, können Sie mit Ihrem NLP-Wissen Ihrem Gesprächspartner die Informationen so anbieten, dass es ihm leichter fällt, sich für Ihren Vorschlag zu entscheiden. Wir werden dieses Wissen in einem der nachfolgenden Kapitel vertiefen.

5. Sprachmuster

Ihr Gegenüber verwendet Wörter oder Wortwendungen, die dem von ihm hauptsächlich benutzten Repräsentationssystem entsprechen.

Visuelles Repräsentationssystem:

visionär, offenbar, verschwommen, dunkel, klar, vernebelt, fokussiert, plastisch; sich ein Bild machen, etwas einsehen, eine Perspektive finden, etwas reflektieren, sich etwas klarmachen, durchblicken, etwas vorhersehen, das Problem illustrieren, etwas enthüllen.

Auditives Repräsentationssystem:

stimmig, rhythmisch, laut, monoton, schrill, dissonant, ruhig, dumpf, mündlich; Akzente setzen, sprachlos sein, sich mitteilen, etwas harmonisieren, etwas anklingen lassen, sich hörbar machen, etwas ausdiskutieren, das Gras wachsen hören.

kinästhetisches Repräsentationssystem:

sanft, warm, kalt, einfühlsam, begreifbar, kompakt, solide, schwer; von etwas berührt sein, Kontakt halten, mit Spannung erwarten, Druck ausüben, etwas ausdrücken, die raue Wirklichkeit, ein Gespür entwickeln, in den Griff bekommen.

olfaktorisches und gustatorisches Repräsentationssystem:

schal, duftend, verraucht, sauer, süß, frisch; auf den Geschmack kommen, etwas Würze geben, einen bitteren Nachgeschmack, eine muffige Atmosphäre, eine Geschmacklosigkeit, das schmeckt mir nicht, jemandem die Suppe versalzen.

auditiv digital:

sequentiell, prozessorientiert, nachfolgend, wissend, entscheidend, Ziffern; etwas beschreiben, sich bewusst machen, auf die Reihe bringen, etwas bewerten, etwas priorisieren, die Zahlen sprechen eine deutliche Sprache, von A bis Z.

Sie können mit diesen Sprachmustern erkennen, welches Repräsentationssystem Ihr Gesprächspartner vorwiegend verwendet. Mit diesem Wissen können Sie als Moderator sofort erkennen, wie Sie das folgende Gespräch in die richtigen Bahnen lenken können:

Kollege A: „Wir sollten uns klarmachen, dass es unsere nächste Aufgabe ist, eine Perspektive zu skizzieren, welche uns einerseits die Problematik sichtbar macht und andererseits den Fokus auf unsere neuen Ziele setzt."
Kollegin B: „Damit bin ich nicht einverstanden. Ich möchte das anders ausdrücken. Wir sollten zuerst die Spannungen abbauen und dann die Dinge begreifbar machen. Damit halten wir einerseits mit dem Problem Kontakt und schaffen andererseits solide Lösungen für eine friktionsfreie Zukunft."

Sie werden die Unterschiede sicher erkannt haben. Zwei Menschen, die vom selben sprechen und dennoch nicht einer Meinung sein können. Ein exzellenter Kommunikator formuliert seine Aussagen so, dass sie sowohl vom Kollegen A als auch vom Kollegen B verstanden und akzeptiert werden. Voraussetzung ist, dass Sie die Kommunikationsmuster jedes Repräsentationssystems im Gespräch anwenden können.
Sie wissen jetzt, dass es auch andere erfolgreiche Modelle zur Aufnahme und Verarbeitung von Informationen gibt. Probieren Sie diese aus. Der Lohn sind neue Erkenntnisse, Ideen und Ergebnisse.

Wählen Sie drei Menschen Ihrer Umgebung. Finden Sie heraus, welches ihr vorwiegend benutztes Repräsentationssystem ist. Sprechen Sie mit Ihnen und benutzen Sie dabei bewusst die richtigen Sprachmuster. Beobachten Sie die Reaktion Ihres Gesprächspartners. Finden Sie Verständnis?

Diese Möglichkeiten faszinierten Alfred zutiefst. „Eigentlich ist es ja ganz einfach. Unsere fünf Sinne ermöglichen uns, die Welt zu erkennen. Diese fünf Sinne sind auch unser Instrumentarium des Denkens und Erfindens."
Jetzt, da er gelernt hatte, seine Aussagen so zu formulieren, dass sie dem Denken anderer entsprechen, dachte er: „Diese Techniken wirken eigentlich in zwei Richtungen. Denn wenn ich mich so ausdrücke, wie mein Gesprächspartner denkt, versteht nicht nur er mich besser, sondern es fällt mir auch leichter, mich in dessen Gedankenwelt hinein zu versetzen und ihn besser zu verstehen."
Andererseits erkannte Alfred auch, dass er mit dem Erlernen dieser Möglichkeiten gleichzeitig ein hohes Maß an Verantwortung übernommen hatte. Ihm war klar, dass es unmöglich ist, Manipulation zu vermeiden. Das hatte ihm auch das Kommunikationsmodell des NLP noch einmal klar verdeutlicht. „Alles, was ich sage oder nicht sage, wird von meinem Gesprächspartner als Information aufgenommen und bewirkt in ihm etwas. Die eigentliche Frage, die sich stellt, ist: Manipuliere ich meinen Gesprächspartner in positiver Absicht und entsprechend den Wertvorstellungen meines Gesprächspartners oder mache ich das Gegenteil?" Alfred nahm sich vor, bei der Benützung der eben gelernten Möglichkeiten und Techniken sehr wachsam zu sein.
Ein weiterer Gedanke schoss Alfred in den Kopf: „Es gelingt mir nur, als Führungskraft langfristig von meinen Mitarbeitern geschätzt und geachtet zu werden, wenn sie mich als Führungskraft akzeptieren und ich auch immer in ihrem Sinne handle, das heißt, die eben gelernten Techniken in meinem und in ihrem Sinn einsetze. Aber was ist eigentlich der Grund, warum die Mitarbeiter mich als Führungskraft akzeptieren?"
Alfred erinnerte sich an den ersten Chef seiner beruflichen Laufbahn. Seine Ausstrahlung hatte es Alfred leicht gemacht, diesen Mann auch als seinen beruflichen Mentor zu sehen. Er war ein typischer Visionär gewesen.

Sie verfügen jetzt über die ersten NLP-Bausteine eines exzellenten Kommunikators. Wir können nun den nächsten Schritt erkunden. Was macht einen exzellenten Kommunikator nicht nur verständlich, sondern auch zündend und begeisternd? Was ist der Unterschied zwischen einer Führungskraft, die Aufträge erteilt (die befolgt werden oder auch nicht), und einer Führungskraft, die durch ihr Auftreten und ihre Aussagen das Feuer der Motivation in den Mitarbeitern erweckt? Was macht eine Persönlichkeit so stabil, dass sie auch in kritischen Phasen Stärke und Durchhaltevermögen bewahrt?

Die Neuro-Logischen Ebenen

Ein guter Maler hat zwei Hauptsachen zu malen:
den Menschen und die Absicht seiner Seele.
Das erste ist leicht, das andre schwer.
(Leonardo da Vinci)

Die logischen Ebenen

SINN
Vision, Mission

IDENTITÄT
Vergangenheit, Zukunft

EINSTELLUNGEN
Werte, Glaubenssätze

FÄHIGKEITEN
Interpretationen, Strategien

HANDLUNGEN
Wahrnehmungen , Tätigkeiten

UMGEBUNG
Orte, Dinge, Menschen, Informationen

Was macht eigentlich die Persönlichkeit eines Menschen aus? Was macht unsere Unverwechselbarkeit aus, unsere Einzigartigkeit? Was unterscheidet Sie von den anderen sechs Milliarden Menschen auf diesem Erdball? Wir entwickelten im NLP ein Modell, das es uns ermöglicht, darauf Antworten zu finden.

Sie haben jetzt die Gelegenheit, in Ihren Gedanken Ihre Identität zu erkunden. Suchen Sie sich ein ruhiges Plätzchen, rücken Sie sich entspannt zurecht und gehen Sie in sich.

Umgebung

Denken Sie einmal an die Umgebung, in der Sie leben. An welchen Orten bewegen Sie sich im Beruf und in Ihrem Privatleben? Orte, an denen Ihr Herz hängt, die ein Stück von Ihnen sind und Orte ohne große Bedeutung. Welche Orte dieser Welt haben Sie schon besucht und durch Ihr Dasein beeinflusst? Nur Sie haben bisher genau diese Orte in Ihrer Gesamtheit belebt.

Von welchen Menschen sind Sie an diesen Orten umgeben? Menschen, die Ihnen wichtig sind, mit denen Sie einen guten Teil Ihres Lebensweges gehen, und Menschen, mit denen Sie vielleicht nur kurz zu tun haben, die in Ihr Leben treten und dann wieder ihre eigenen Wege gehen.

Welche Dinge gibt es an den Orten, an denen Sie leben? Dinge, die für Sie sehr wertvoll sind, Dinge des täglichen Gebrauchs und solche, die eben einfach nur da sind.

Welche Informationen verbinden Sie mit diesen Orten, an denen Sie leben, und den Dingen, die dort für Sie da sind? Informationen über sich selbst, die anderen, Ihre Beziehungen, das Geschehen und die Fakten dieser Welt.

Es gibt keinen zweiten Menschen auf dieser Welt, der mit genau diesen Orten, Menschen, Dingen und Informationen in Kontakt war und ist.

Handlungen

An diesen Orten, mit diesen Menschen, Dingen und Informationen, was sind da Ihre täglichen Handlungen? Und was haben Ihre Handlungen mit den Orten, Dingen, Menschen und Informationen zu tun? Welcher Zusammenhang besteht?

Ihre Handlungen sind einzigartig, weil Sie aus Ihren Erfahrungen entspringen, Erfahrungen, die in ihrer Gesamtheit nur Sie gemacht haben können.

Fähigkeiten

An diesen Orten, umgeben von diesen Dingen, Menschen und Informationen, wenn Sie Ihre täglichen Handlungen setzen, worin liegen Ihre besonderen Fähigkeiten dabei? Was können Sie ganz besonders gut? Machen Sie sich an dieser Stelle bewusst, wie viele Fähigkeiten Sie sich angeeignet haben, die wiederum Ihren ureigenen Erfahrungen und Handlungen entspringen. Machen Sie sich auch klar, auf welche Art und Weise aus Ihren Handlungen Fähigkeiten wurden. Diese Fähigkeiten konnten nur Sie entwickeln, weil Ihnen ganz bestimmte Handlungen wichtig genug waren, sie zu verbessern.

Einstellungen

An diesen Orten, mit diesen Dingen, Menschen und Informationen, wenn Sie da Ihre täglichen Handlungen vollziehen, mit Ihren besonderen Fähigkeiten, was sind Ihre Einstellungen dabei? Woran glauben Sie? Wovon sind Sie überzeugt? Was halten Sie für falsch oder richtig? Und was ist Ihnen in Ihrem Leben wichtig? Wofür stehen Sie als Mensch ein? Was sind die Werte, die Sie bewegen, etwas anzustreben oder von etwas wegzukommen? Was sind die Beweggründe, die Sie motivieren?

Identität

An diesen Orten, mit diesen Menschen, Dingen und Informationen, wenn Sie Ihre täglichen Handlungen vollziehen, mit Ihren besonderen Fähigkeiten, geleitet von Ihren Einstellungen, was macht dabei Ihre Identität aus? Was ist Ihr Selbstverständnis? Wer oder was sind Sie da eigentlich? Was wäre eine Metapher, ein Bild für Sie? „Da bin ich wie ein ... oder wie eine ...“

Sinn

An diesen Orten, mit diesen Menschen, Dingen und Informationen, Ihren täglichen Handlungen, mit Ihren besonderen Fähigkeiten, geleitet von Ihren Einstellungen und Ihrem Selbstverständnis, was ist da noch? Von welchem größeren Ganzen sind Sie Teil? Was ist der Sinn dahinter? Wozu das alles? Was also sind Ihre Visionen, Ihre Mission, Ihre Lebensziele, die Sie in diesem Kontext verwirklichen wollen?

> *Wenn du ein glückliches Leben leben willst,*
> *verbinde es mit einem Ziel,*
> *nicht aber mit Menschen oder Dingen.*
> *(Albert Einstein)*

Ihr Fingerabdruck ist – auch wenn er Sie unter sechs Milliarden Erdbewohnern eindeutig identifiziert – nur ein Bestandteil Ihres Körpers. Ihre Identität, wie Sie sie soeben erfahren konnten, sagt weit mehr über Sie aus: sie symbolisiert die Gesamtheit Ihrer Persönlichkeit (Körper, Denken und Handlungen) in Ihrem Umfeld.

Sie haben jetzt intensiv wahrgenommen, was Ihr Leben ausmacht. Sie können sich also wahrscheinlich recht gut vorstellen, was es für einen Menschen bedeutet, seiner Identität beraubt zu werden. Sei es durch Gehirnwäsche, durch Drogen oder sei es nur dadurch, dass sich jemand Ihren Namen nicht merken kann oder ihn falsch ausspricht.

Die Neuro-Logischen Ebenen sind nicht nur Symbol Ihrer Identität, sie folgen auch klaren Regeln:

In Phasen der Stabilität strukturiert jede Ebene die darunter liegende Ebene: Ihr Lebenssinn strukturiert das, was Sie für wichtig halten. Wenn Sie sich einer Vision verschrieben haben und dieser mit all Ihren Kräften folgen, ordnet sich das, was Ihnen wichtig ist, dieser Vision unter.

Nehmen wir an, Sie haben sich das große Ziel gesetzt, Ihr Unternehmen zum Marktleader der Branche zu machen. Wenn Sie heute einigermaßen davon entfernt sind, ist Ihnen klar, dass Sie alle Anstrengungen darauf fokussieren müssen. Sie werden also dieser Aufgabe sehr viel Ihrer Lebenszeit widmen und Ihre Freizeit vernachlässigen, Sie werden dafür viel Geld ausgeben und Sie werden die Kraft Ihrer Mitarbeiter auf diese Aufgabe konzentrieren.

Ihre Einstellungen, also das, was Sie für wichtig und machbar halten, strukturieren Ihre Fähigkeiten. Wenn Sie also glauben, dass Sie eine Fähigkeit erlangen können und wenn Ihnen das wichtig genug ist und Ihren physischen Möglichkeiten entspricht, werden Sie diese Fähigkeit auch erlernen.

Ihre Fähigkeiten strukturieren Ihre Handlungen. Wahrscheinlich geht es Ihnen auch so. Sie tun lieber das, was mit Ihren Fähigkeiten in Zusammenhang steht, was Sie gut können. Was Sie nicht so gut können, schieben Sie lieber zur Seite. Dieses Verhaltensmuster ist weit verbreitet, behindert aber das Erlernen neuer Fähigkeiten.

Ihre Handlungen strukturieren Ihren Kontext. Wenn Sie Arzt sind und Menschen heilen, ist Ihr beruflicher Kontext eine Klinik oder Arztpraxis. Wenn Sie sich gerne im Freien aufhalten und Gartenarbeit lieben, werden Sie auch danach streben, in ländlicher Umgebung zu Hause zu sein. Sie umgeben sich auch eher mit Menschen, die Ihre Handlungsinteressen teilen. Als Jäger wird zumindest ein Teil Ihres Freundeskreises mit Ihnen gemeinsam diesem Hobby frönen.

Jetzt wusste Alfred, warum ein Unternehmer mit klaren Visionen so erfol-
greich ist. Weil sich alles danach ausrichtet. Jetzt verstand er auch, war-
um solche Menschen ihre Mitarbeiter so hervorragend motivieren können.
Ihre Vision ist eine Leitlinie, an der sich die Werte und Glaubenssätze ei-
nes Unternehmens orientieren können. Dies strahlt wiederum auf die
Fähigkeiten im Unternehmen bzw. die der Mitarbeiter ab, die richtigen
Handlungen zu setzen, um am Markt erfolgreich zu sein. Alfred nahm sich
vor, die vagen Ideen, die er hatte, zu einer zündenden Vision zu konkreti-
sieren. Er dachte: „Wahrscheinlich ist das auch Bestandteil der Ausstrah-
lung einer hervorragenden Führungskraft."

Ausschlaggebend für das Charisma eines Menschen ist die Frage, auf welcher der Neuro-Logischen Ebenen dieser Mensch seinen Schwerpunkt hat.
Die Aussage: „Ich bin ein Düsseldorfer" kann darauf hinweisen, dass dieser
Mensch seinen Schwerpunkt im Kontext seiner logischen Ebenen gesetzt
hat, nämlich an dem Ort, wo er sich aufhält. Wenn dieser Mensch aus ir-
gendwelchen Gründen seinen Wohnort ändern muss, verliert er dadurch
auch den wesentlichsten Bestandteil seiner Identität.

Alfred musste wieder an seinen Spitzenverkäufer denken, der zu sagen
pflegte: „Ich bin der geborene Verkäufer." Also liegt der Schwerpunkt sei-
ner Identität auf der Ebene der Fähigkeiten.

Menschen, die eine Religion praktizieren, haben ihren Schwerpunkt auf der
Ebene der Einstellungen.
Je höher der Schwerpunkt Ihrer Identität liegt, desto gefestigter ist Ihre Persönlichkeit. Auch wenn äußere Einflüsse Ihren Kontext verändern und Sie
daran hindern zu handeln, wie Sie es möchten, und Ihre Fähigkeiten einzusetzen, bleiben Sie selbst als Mensch stabil, wenn Ihr Schwerpunkt auf der
Ebene der Einstellungen und Visionen liegt.
Der bekannte Wiener Psychotherapeut Viktor Frankl musste als Gefangener
im Konzentrationslager drastische Einschränkungen seines Kontextes und
seiner Handlungsmöglichkeiten erdulden. Dennoch ließen ihn sein starker
Wille und seine Vision, das, was hier geschah, der Welt zu berichten, überleben.
Das erklärt auch die Ausstrahlung charismatischer Menschen. Visionäre
wissen, was sie wollen. Sie haben klare Vorstellungen darüber, was wichtig
und richtig ist. Sie sind sich ihrer Fähigkeiten voll und ganz bewusst. Und
ihre Einstellungen und Fähigkeiten sind mit ihren Handlungen und dem,
womit sie sich umgeben, vollkommen kongruent. Das wird auch durch ihre

Umgebung mit jeder Faser spürbar. Charismatische Menschen betreten einen Raum nicht, sie erscheinen, und jeder Anwesende spürt das augenblicklich.

Alfred nützte die Pause, um in der frischen Luft seine Gedanken zu sammeln. „Wenn ein charismatischer Mensch mit seiner Umgebung, also auch mit seinen Mitmenschen kongruent ist, heißt das, dass er guten Gewissens davon ausgehen kann, dass das, was er erreichen möchte und tut, mit den Werten und Wünschen seiner Umgebung übereinstimmt? Wenn das Ergebnis seiner Handlungen Win-Win-Situationen sind, stellt sich für ihn gar nicht mehr die Frage, ob es ethisch richtig ist, seine exzellenten Kommunikationsfähigkeiten in Kontakt mit seinen Mitmenschen einzusetzen, weil er sie dadurch manipulieren könnte."
Diese Erkenntnis relativierte seine Bedenken. Aber er wurde sich auch der großen Herausforderung hoch stehender Identität bewusst. Er war noch sehr mit seinen Gedanken beschäftigt, als ihn einige Teilnehmer daran erinnerten, in den Seminarraum zurückzukehren. Das war auch so eine Sache, die ihn immer wieder beschäftigte. „Die anderen Teilnehmer müssen solche Gedanken doch auch massiv beschäftigen. Wie schaffen sie es trotzdem, an die Zeit zu denken und pünktlich zu sein?"
Alfred spürte, dass es noch vieles über das Denken der Menschen zu lernen gab.

Unbewusste Strategien

Im Lauf Ihres Lebens haben Sie gelernt, auf eine Ihnen eigene Art zu denken, weil Sie damit erfolgreich waren. Richard Bandler modellierte diese Denkstrategien und nannte sie Metaprogramme. Ich habe Ihnen im Zusammenhang mit dem Kommunikationsmodell schon etwas darüber erzählt. Die Metaprogramme zählen zu unseren Informationsfiltern und sie wirken sehr unbewusst. Für Sie als Manager ist es nicht nur interessant, Ihre bevorzugten Metaprogramme zu kennen, um zu wissen, was in Ihrem Kopf passiert, wenn Sie denken, lernen oder entscheiden. Als Meister des NLP ist es auch wichtig zu erkennen, dass Sie dies auch auf eine andere Art und Weise tun können. Sie wissen: Das Element mit der größten Verhaltensvielfalt kontrolliert das System. Wie es Gewohnheiten eben so an sich haben, sind sie manchmal nützlich, manchmal aber kontraproduktiv. Sie werden anhand der Metaprogramme lernen, situativ richtig zu denken.
Und bedenken Sie: Eine exzellente Führungskraft kennt die Fähigkeiten ih-

rer Mitarbeiter sehr genau. Dazu gehört auch die Art, Informationen zu verarbeiten und zu denken. Mit diesem Wissen ist es Ihnen nicht nur möglich,
die Verhaltensweisen Ihrer Mitarbeiter vorherzusagen. Sie haben auch die
Chance, den Verhaltensreichtum Ihrer Mitarbeiter zu erhöhen.

> *„Unglaublich! Wenn ich mit Hilfe der Metaprogramme das Verhalten mei-
> ner Mitarbeiter vorhersagen kann, müsste das doch auch bei unseren Kun-
> den klappen. Sobald ich diese Metaprogramme kenne, werde ich mit mei-
> nen Verkaufsleitern Metaprogramm-Profile unserer A-Kunden erstellen.
> Ich denke, das wird die Arbeit unserer Verkäufer wesentlich erleichtern
> und ihnen zu noch größerem Erfolg verhelfen.“*

Vor nicht allzu langer Zeit konnte ich ein Projektteam bei der Arbeit beob-
achten, das fast nur aus kritischen Menschen bestand. Die Ergebnisse ihrer
Arbeit waren brauchbar und fehlerlos. Sie können sich vorstellen, dass der
Innovationsgehalt ihrer Tätigkeit eher gering war. Stellen Sie Teams immer
aus unterschiedlichen Persönlichkeiten zusammen. Bringen Sie Vielfalt ins
Spiel. Das gilt auch für die Metaprogramme. Und jetzt zur Sache:

Richtungsorientierung: hin-zu/weg-von

Was motiviert Sie? Was ist Ihnen wichtig, wenn Sie etwas tun? Wollen Sie
eher von einem unangenehmen oder schlechten Zustand wegkommen?
Oder wollen Sie ein gesetztes Ziel erreichen, weil es erstrebenswert ist?
Nehmen Sie sich als Manager einer Aufgabe deswegen an, weil die beste-
hende Situation nicht mehr tragbar ist oder weil Sie die Vorstellung der
zukünftigen Situation besonders reizt?
Sie merken schon, dieses Metaprogramm hat zwei gegensätzliche Ausprägungen. Sehen Sie das nicht als ein Entweder-oder, sondern als eine Skala,
auf der Sie Ihr Verhalten einordnen können. Das gilt auch für alle anderen
Metaprogramme.
Menschen mit Weg-von-Orientierung tun Dinge, um etwas, das sie nicht
haben wollen, zu vermeiden. Zum Beispiel, um keinen Fehler zu machen,
nicht bestraft zu werden, nicht mit unangenehmen Gefühlen konfrontiert
zu werden. Oder sie tun es, um von einer bestehenden unangenehmen Situation wegzukommen.
Menschen mit Hin-zu-Orientierung streben an, was sie sich in Zukunft vorgenommen haben. Weil die Ziele, die sie sich setzten, angenehme Gefühle
versprechen.
Der ideale Motivator nützt beide Strategien. Der Wille, von einem ungelieb-

ten Zustand wegzukommen, verleiht Ihnen die Schubkraft einer Rakete. Die Hoffnung, einen gewünschten Zustand zu erreichen, hat die Zugkraft eines starken Magneten.

Stellen Sie sich nun die Frage: Was motiviert mich eher? Ordnen Sie Ihr übliches Verhalten auf einer Skala ein. Welches Verhaltensmuster können Sie bei sich erkennen? Und was ist mit Ihren Mitarbeitern? Was ist deren Motivator?

> *„Jetzt ist mir auch klar, warum Verkaufsleiter Peters trotz dieser tollen Reise, die ihm wie eine Karotte vor der Nase hing, kein wesentlich besseres Ergebnis brachte. Der ist eben ein sehr korrekter Mensch, der Fehler vermeidet. Wahrscheinlich würde es ihm mehr helfen, wenn ich seine guten Leistungen bei Problemvermeidung anerkenne."*

Referenz: intern/extern

Halten Sie etwas für richtig und gut, weil Sie innerlich davon überzeugt sind (interne Referenz)? Oder eher deswegen, weil mehrere Meinungen dafür sprechen (externe Referenz)?

Manche Menschen bilden ihre Meinungen eher aufgrund ihres Erfahrungsschatzes und andere aufgrund von Rat und Empfehlung ihrer Mitmenschen. Wenn Sie mit Kunden zu tun haben, die eher extern referenzieren, ist es wirkungsvoll, diesen gute Referenzen nennen und positive Berichte zeigen zu können. Bei intern referenzierenden Kunden werden Sie damit weniger punkten. Bei diesen haben Sie mehr Erfolg, wenn Sie so etwas Ähnliches sagen wie: „Ich möchte, dass Sie sich in Ruhe Ihre Meinung über die besonderen Eigenschaften dieses Produktes bilden können."

Überlegen Sie. In welchem Bereich dieser Skala bewegen Sie sich vornehmlich?

> *Alfred dachte: „Demnach referenziere ich also intern. Eigentlich ist das aber nicht immer der Weisheit letzter Schluss. Meine Erfahrungen sind auch nur begrenzt. Eigentlich sollte ich mich bei wichtigen Entscheidungen fragen: Habe ich genügend Erfahrung oder wäre es nicht doch besser, die Meinung anderer mehr einzubeziehen? Aber das ist eigentlich auch bereits eine interne Entscheidung, die ich treffe."*

Interne Referenz hat den Vorteil, eine stabile Meinung zu haben. Es besteht aber die Gefahr der Dickköpfigkeit und Inflexibilität. Vorteil der externen Referenz ist, dass Sie dazu tendieren, den reichen Erfahrungsschatz anderer

Menschen zu nutzen, Sie werden aber leicht wankelmütig, wenn andere Meinungen auftauchen.

Aktivität: proaktiv/reflektiv

Wie rasch schreiten Sie zur Tat? Stürmen Sie sofort aktiv los, wenn Sie wissen, was Sie wollen (aktiv)? Oder ist es Ihnen wichtig, viele Informationen und Fakten zu sammeln und Ihr Vorgehen ausgiebig zu reflektieren und zu planen, bevor Sie loslegen (reflektiv)?

Bei diesem Metaprogramm kommt erstmals auch der Faktor Zeit ins Spiel. Es gibt nicht nur die beiden Pole, zuerst planen oder zuerst handeln. Es stellt sich auch die Frage: Wie viel Zeit verbringen Sie üblicherweise mit Planen und Überlegen im Verhältnis zum Handeln? Und wie häufig wechseln Sie zwischen Aktivität und Reflexion?

Möglicherweise tendieren Sie zu einem einheitlichen Verhaltensmuster. Überlegen Sie einmal, ob dieses Muster in allen Situationen angebracht ist. Gibt es vielleicht Gelegenheiten, wo rascheres Handeln angebracht gewesen wäre, weil noch mehr Informationen und Überlegungen nicht noch mehr Qualität bedeuten? Und denken Sie manchmal: „Das war doch etwas unüberlegt"?

Durchbrechen Sie gewohnte Verhaltensmuster und fragen Sie sich immer wieder aufs Neue: „In welchem Maße möchte ich von der Richtigkeit meiner Handlungen überzeugt sein und was brauche ich noch dazu?"

Chunkgröße: global/Detail

Wenn Sie sich über etwas informieren lassen, sind Sie daran interessiert, mehr über die einzelnen Punkte zu erfahren, oder wollen Sie sich primär einen Überblick verschaffen?

Manche Menschen sind eher an globalen Zusammenhängen interessiert, andere wiederum schwelgen eher im Detail.

Welches auch immer Ihr persönliches Verhaltensmuster ist. Es gibt Gelegenheiten, wo Detailorientierung angebracht ist. Wenn Sie etwa ein Schreiben, das Sie an eine wichtige Persönlichkeit richten, noch mal durchlesen und korrigieren wollen. Für einen Controller ist Detailorientierung ein weitgehend richtiges Instrument. Um eine grundsätzliche Idee zu entwickeln, ist es wohl besser, in groben Strukturen zu denken.

Einem detailorientierten Menschen wird jemand, der in Größenordnungen denkt, oberflächlich erscheinen. Umgekehrt kann ein global denkender Mensch von einem Detaillisten behaupten, er sei ein pingeliger Kleinkrämer. Beide Ausprägungen haben ihre Vorzüge, wenn wir sie im richtigen Kontext anwenden.

„Und es wird wohl auch sprachlich einen Unterschied machen", überlegte Alfred. „Wenn meine Verkäufer einem global orientierten Kunden über das letzte Detail unserer Produkte vorschwärmen, wird der ihnen wahrscheinlich verständnislos zuhören."

Primäre Interessenfilter: Orte/Menschen/Dinge/Informationen/Handlungen

Was ist Ihnen wichtig, wenn Sie wieder einmal ordentlich auftanken möchten?
An einem ganz bestimmten Ort zu sein?
Von lieben Menschen umgeben zu sein?
Von Dingen umgeben zu sein, die Ihnen wichtig sind?
Oder Neues zu lernen und zu erfahren?
Etwas Besonderes zu tun, aktiv zu sein?
Die meisten Menschen haben den Interessenschwerpunkt in einem dieser Kriterien. Überlegen Sie einmal, was Sie im Urlaub gerne tun. Welches dieser fünf Kriterien ist Ihnen da besonders wichtig und welches weniger?
Und wie steht es um Ihre Mitarbeiter? Was ist ihnen wichtiger, womit sind sie eher motivierbar?:
Mit Anlässen, wo sie die Gelegenheit haben, mit ihren Kollegen zu plaudern?
Mit Aufgaben oder Veranstaltungen, wo sie sehr aktiv sein können?
Mit einem Büro, das ihrem Geschmack sehr entgegenkommt?
Das vielleicht auch noch mit schönen Einrichtungsgegenständen ausgestattet ist?
Oder indem Sie sie laufend und intensiv informieren und ihnen Gelegenheit geben, Seminare zu besuchen?
Manager und Verkäufer, die bekanntlich sehr viel mit Menschen zu tun haben, üben ihren Beruf mit viel mehr Freude aus, wenn sie an Menschen und der Begegnung mit ihnen interessiert sind.

Vergleich: Unterschiede/Gemeinsamkeiten

Nehmen wir an, Sie schauen aus dem Fenster und sehen zwei Bäume. Wenn Sie sagen: „Da gibt es Unterschiede", haben Sie Recht. Ein Baum ist etwas größer als der andere. Wenn Sie sagen: „Wieso Unterschiede, es sind doch beides Bäume, noch dazu dieselbe Gattung", dann haben Sie auch Recht.
Manche Menschen nehmen primär die Unterschiede wahr, wenn sie Dinge vergleichen, andere sehen eher die Gemeinsamkeiten. Wozu tendieren Sie?
Wo auf dieser Skala würden Sie sich einordnen?
Beides sind Muster, die im richtigen Kontext angewandt, für Sie nützlich

sind. Um in einem Text Fehler zu finden, ist es wichtig, die Unterschiede zwischen der tatsächlichen und der richtigen Schreibweise herauszufinden. Wenn Sie in einem neuen Umfeld Zusammenhänge erkennen wollen, ist es effizienter, die Gemeinsamkeiten zu erkennen.

Jemand, der eher Gemeinsamkeiten sucht, wird öfter sagen: „Das erinnert mich an ..." Menschen, die sich auf Unterschiede konzentrieren, werden Ihnen häufiger widersprechen.

Alfred dachte ungern an diesen Kunden, die Gespräche mit ihm waren zu ärgerlich. Alfred konnte sagen, was er wollte. Auch wenn er das, was der Kunde gesagt hatte, nahezu wortgetreu wiederholte, widersprach ihm der Kunde trotzdem. Voller Verzweiflung hatte er darüber mit seinem besten Verkäufer diskutiert. Und der hatte einen guten Rat für Alfred: „Versetzen Sie sich ganz in die Gedankenwelt dieses Kunden. Wenn er das Wort ‚Nein' so gerne hat, geben Sie es ihm ganz einfach möglichst oft. Es kostet ja nichts. Sagen Sie zum Beispiel: ‚Ich kann mir unmöglich vorstellen, dass Sie dazu nein sagen werden.'" Der Mann konnte offensichtlich mit Worten zaubern.

Handlung: Option/Prozess

Überlegen Sie einmal. Wenn es etwas zu tun gilt, wollen Sie dann so viel Handlungsspielraum wie möglich (Optionsorientierung)? Oder ist es Ihnen lieber, genau zu wissen, welche Schritte Sie setzen sollen (Prozessorientierung)?

Wenn Sie eher zu den optionsorientierten Menschen gehören, haben Sie gerne mehrere Verhaltens- oder Entscheidungsmöglichkeiten zur Verfügung. Sie würden sich durch vorgegebene Prozessschritte eingeengt fühlen. Prozessorientierte Menschen werden durch verschiedene Verhaltensmöglichkeiten verunsichert.

Wenn Genauigkeit und Angleichung im Verhalten wichtig sind, ist Prozessorientierung die richtige Fähigkeit. Es würde beispielsweise wenig Sinn machen, wenn jeder Mitarbeiter seine Zeitaufzeichnungen auf eine andere Art und Weise durchführen würde. Bei kreativen Gestaltungsprozessen, wie zum Beispiel der Planung eines Marketingkonzeptes, ist das Finden und Einbeziehen vieler Möglichkeiten zielführend.

Denken Sie in diesem Zusammenhang auch an Ihre Mitarbeiter. Wo auf unserer Skala ist deren Verhalten anzusetzen? Verlangt ihre Tätigkeit Optionsorientierung oder Prozessorientierung? Und sind sie demzufolge richtig eingesetzt?

Alfred konnte sich noch gut daran erinnern, wie einer seiner Verkaufslei-ter versucht hatte, ein standardisiertes Verkaufsgespräch einzuführen. Ein paar Verkäufer waren damit sehr glücklich und sie hielten sich jetzt noch sehr genau daran. Sie hatten nur dann Schwierigkeiten, wenn eine Ver-kaufssituation entstand, die in diesem Standardgespräch nicht berücksich-tigt war. Die Mehrheit der Verkäufer war jedoch unglücklich damit. Sie hatten sich eingeschränkt gefühlt und ihr Selbstwertgefühl hatte sehr da-runter gelitten. Der Verkaufsleiter hatte später seinen Mitarbeitern freige-stellt, dieses Standardgespräch zu benutzen.

„Mit diesem Wissen hätte der Verkaufsleiter die Zielgruppe für diese Akti-on von vornherein auf den richtigen Personenkreis einschränken können. Er hätte sich damit eine Menge Ärger erspart", ging es Alfred durch den Kopf.

Zeitorientierung: intime/through time

Wir Menschen haben unterschiedliche Beziehung zur Zeit. Für die einen hat Zeit großen Wert. Ihr Spruch ist: Carpe diem. Nütze den Tag. Sie wollen nichts davon verschenken. Sie wissen, wie spät es ist und sind immer pünktlich. Wir nennen das „through time". An vergangene Ereignisse kön-nen sie sich nicht immer detailliert erinnern. Wenn sie etwas tun, denken sie auch immer ein bisschen daran, was danach kommt. Die Zukunft ist im Blickfeld und wird geplant.

Den anderen ist Zeit oft nicht vollständig bewusst. Sie verlieren sich auch hin und wieder darin. Sie sind „intime". Wenn sie mit etwas beschäftigt sind, dann voll und ganz. Sie vergessen dabei die Zeit und das, was danach geplant ist. Sie können sich oft sehr detailliert an vergangene Ereignisse er-innern. Die Gegenwart ist interessanter als die Zukunft.

„Noch so ein Fall eines schwierigen Kunden", dachte Alfred. Dieser Mensch brachte Alfred regelmäßig zur Weißglut, wenn er die vereinbarten Termine nicht einhielt. Er pflegte dann, Alfred anzurufen: „Es tut mir schrecklich leid. Ich hänge noch fest. Aber ich bin fast schon bei Ihnen." Alfred hatte schon alles Mögliche versucht, um diesen Kunden zur Pünkt-lichkeit zu erziehen. Vergeblich. Die Termine, die er jetzt mit ihm verein-barte, setzte er eine Stunde, bevor er mit seinem Erscheinen rechnete, an. Das klappte wunderbar.

Und wie steht es mit Ihnen? Hüten Sie Ihre Zeit oder vergessen Sie sie leicht?

Auch diese unterschiedlichen Muster haben im richtigen Kontext angewandt ihre Vorteile. Wenn Sie ein Erlebnis mit allen Sinnen voll und ganz genießen wollen, können Sie neben allem Rundherum auch die Zeit vergessen. Haben Sie eine Aufgabe zu erledigen, die Ihre volle Konzentration erfordert, dann ist es besser, alles andere wegzuschalten. Es gibt Zeitwächter, die Sie an den nächsten Termin erinnern können.

Wenn viele Dinge in kurzen Zeitabständen zu tun sind, die auch terminlich gebunden sind, dann macht es Sinn, mit einem Teil Ihrer Persönlichkeit auch auf die Zeit zu achten.

Alfred hatte viel Neues über sich selbst und seine Art zu denken erfahren, das ihn nun beschäftigte. Es war ihm auch bewusst geworden, dass immer dann, wenn er etwas über sich selbst lernte, er gleichzeitig auch sehr viel über andere erfuhr.

„Wir Menschen sind eben keine singulären Wesen. Und auf einer höheren Ebene verhalten wir uns alle gleich." Kaum hatte er diesen Gedanken gedacht, wurde ihm auch schon bewusst, dass er damit Gemeinsamkeiten in den Vordergrund gestellt hatte (Metaprogramm Vergleich). Und er vermutete schon: „Ich werde in Zukunft gar nicht mehr anders können, als auf diese Unterscheidungen zu achten. Das Leben wird immer noch interessanter."

KOMMUNIKATION
Der viel-sagende Charismafaktor

Mitten im Ozean sagte ein Fisch zu einem andern: „Entschuldigen Sie! Sie sind um so vieles älter und weiser als ich, können Sie mir vielleicht sagen, wo ich den Ozean finde?" Und der weise Fisch antwortete: „Der Ozean, das sind wir Fische, die Meerestiere, das sind die Algen und Korallen am Meeresboden, die vom Wind getriebenen Wogen an der Oberfläche, das Licht, das von oben her eindringt. Es ist das Wasser, das uns atmen lässt, wenn es durch unsere Kiemen strömt, das uns ernährt, das uns umgibt und trägt seit wir geboren sind. Das ist der Ozean." „Vielen Dank!", sagte der junge Fisch, schwamm davon und dachte bei sich: „Schon etwas seltsam der Alte und vor allem, wenn ich nur wüsste, was er mit ‚Wasser' meint!"

Nichts beeinflusst unsere Lebensqualität sosehr, wie die Qualität unserer Kommunikation!

Wir kommunizieren 24 Stunden am Tag. Teils bewusst, teils unbewusst. Wir schwimmen in einem Ozean der Kommunikation. Wie ein Fisch das Wasser zum Leben braucht, leben wir in permanenter Kommunikation mit anderen oder uns selbst. Paul Watzlawick sagt, wir können nicht nicht kommunizieren. Auch wenn ich jetzt plötzlich eine Minute schweigen würde, hätte für Sie und für mich dieses Schweigen eine bestimmte Bedeutung und Aussagekraft. Sie könnten denken, ich habe den Faden verloren, sei aus dem Konzept, oder ich will Sie durch mein Schweigen zum Nachdenken anregen. Und Sie werden auf dieses Schweigen mit Unsicherheit, einer Frage an mich oder sonst wie reagieren. Selbst wenn wir schlafen, kommunizieren wir. Sogar noch intensiver als im Wachen. Unser Unbewusstes kommuniziert mit unserem Bewusstsein und wir nennen das träumen. Kommunikation ist Leben. Selbst unser Immunsystem ist ein Kommunikationssystem, das ausgeklügeltste auf diesem Planeten. Und eine der gefährlichsten Krankheiten unserer Zeit, Aids, ist deshalb so schwer zu bekämpfen, weil das Aids-Virus unser lebenserhaltendes inneres Kommunikationssystem täuscht.

Für Sie als Manager ist Kommunikation Werkzeug und Nahrung zugleich.

Aber was macht einen exzellenten Kommunikator aus, was befindet sich in seiner „Trickkiste", womit „verzaubert" er die Menschen um sich? Was kann Körpersprache beitragen? Was die verbale Sprache? Wie lässt sich in Begegnungen wirklich etwas verändern?

Stellen wir uns diesen Fragen und verbessern wir unsere Lebensqualität!

Die wirklich wichtigen Dinge im Leben

Ein erfolgreicher Bogenschütze, den ich bei seinem Tun beobachtete, erklärte mir, was er tut, um fast immer ins Schwarze zu treffen. Er sprach sehr ruhig und konzentriert, jedes Wort wohl gesetzt: „Wenn ich Pfeil und Bogen in die Hände nehme und meinen Blick auf die Zielscheibe richte, werde ich mit Körper und Geist zum Bogen. Ich berühre mit meiner Sehne den Schafft des Pfeiles, gebe ihm geraden, sicheren Halt. Der Pfeil spürte bereits die immense, noch zurückgehaltene Kraft. Langsam und konzentriert richte ich mich in meiner Gesamtheit vollkommen auf das Ziel aus, bis ich die Position erreiche, die sich wie ein Einrasten anfühlt, auf der Schiene ins Ziel. Jede Faser meines Ichs spannt sich aufs Äußerste. Es ist kein Loslassen, es ist vielmehr, als lenkte ich den von allen meinen Energien angetriebenen Pfeil vom Hier ins Ziel. Mit großer Entspannung genieße ich den Flug des Pfeiles und den Aufprall am Ende der Schiene."

Der Schlüssel erfolgreicher Kommunikation ist Wahrnehmungsgenauigkeit. Zu wissen, wie es gerade um Ihren Gesprächspartner steht, wie er sich fühlt und welche Reaktionen das, was Sie sagen, in ihm hervorruft. Oft sind es nur ganz kleine Hinweise, die uns das Fenster zum Modell der Welt unseres Gesprächspartners ein wenig öffnen. Eine leichte Veränderung der Gesichtsmuskulatur, ein kleines Fältchen vertieft oder glättet sich, die Augenbrauen heben oder senken sich etwas oder werden asymmetrisch, die Augen werden etwas größer oder kleiner, beginnen vielleicht zu strahlen. Die Haut kann feucht werden, erröten oder erblassen. Die Körperhaltung gibt oft noch markantere Hinweise. Unser Gesprächspartner kann locker dasitzen, in seiner Haltung erstarren oder sie verändern. Es gibt sehr viel Literatur darüber, wie wir Körpersprache interpretieren können. Was es bedeuten kann, wenn sich unser Gesprächspartner etwas vorbeugt oder sich zurücklehnt, die Arme verschränkt und ein Bein über das andere schlägt.

Doch Achtung! Wenn Sie solche Veränderungen an Ihrem Gesprächspartner wahrnehmen, seien Sie sich stets dessen bewusst, dass die Interpretation dieser Veränderungen ein Produkt Ihrer Landkarte ist und nichts mehr damit zu tun hat, wie es Ihrem Gesprächspartner wirklich geht.

Alfred war das schmerzlich bewusst. Es war eine jener Erinnerungen, die er noch nicht verarbeitet hatte. Die firmeninterne Jahresabschlussfeier. Er hatte die neue Kollegin bemerkt, in einem schlichten, aber eleganten Kleid mit einem Glas Limonade ganz allein an einem Tisch sitzend. „Wahrscheinlich hat sie noch keinen Anschluss gefunden", hatte Alfred gedacht und sich zu ihr gesetzt. Er hatte ihr einiges über seine Aufgaben erzählt und die Ziele, die er hatte. Da sie noch immer ernst geschaut und ihm nur kurz und knapp geantwortet hatte, war er dazu übergegangen, sie mit Witzen und Bonmots aufzuheitern. Alfred hatte die auftretende Rötung im Gesicht der Kollegin als wachsende Freude über dieses Gespräch interpretiert. Doch plötzlich war die Kollegin mit den Worten aufgesprungen: „Sie langweilen mich schrecklich und außerdem habe ich andere Sorgen!" und war weinend Richtung Toilette gelaufen. Alfred war wie ein begossener Pudel zurückgeblieben. Was hatte er falsch gemacht? Nach einigen Schrecksekunden hatte er sie gesucht, um sich nach ihrem Befinden zu erkundigen. Schließlich hatte sie ihm, die nachkommenden Tränen wegwischend mit gepresster Stimme erzählt, dass sie sich große Sorgen um ihren kleinen Sohn mache, der mit hohem Fieber zu Hause läge. Sie wäre jetzt tausendmal lieber bei ihm gewesen. Doch sie hatte es als Neuling in diesem Unternehmen nicht gewagt abzusagen. Alfred konnte es heute noch nicht fassen, dass er die Gefühle dieser Frau so fehlinterpretiert hatte.

Was können wir trotzdem tun, um durch unsere Wahrnehmungen Hinweise über das Befinden und den Gefühlszustand unseres Gesprächspartners zu erhalten? Die Antwort des NLP lautet „kalibrieren".

Beobachten Sie Ihren Gesprächspartner, wenn Sie aufgrund der Situation und seiner Aussagen mit Fug und Recht darauf schließen können, den Gefühlszustand richtig zu interpretieren. Registrieren Sie jede Feinheit im Aussehen und Verhalten: die Mimik, die Körperhaltung, Timbre und Lautstärke der Stimme, die Färbung und Glanzpunkte der Gesichtshaut und die Atmung. Die Atmung ist ein hervorragender Indikator, weil Atmen unbewusst passiert. Damit können Sie dieses signifikante Verhalten des Gesprächspartners einem bestimmten Gefühlszustand zuordnen. Denken Sie aber auch hier daran: Gefühle treten nicht immer in „Reinkultur" auf, sie können sich auch vermischen, was wiederum geändertes externes Verhalten zur Folge hat. Doch je mehr Sie sich selbst trainieren, exakt wahrzunehmen, desto mehr Erfahrung bekommen Sie. Übung macht den Meister.

Jeder Mensch bildet die Welt, das, was um ihn geschieht, im Kopf als Modell ab, als einzigartige Landkarte des Gebietes. Das Geheimnis exzellenter Kommunikation ist es, das Weltmodell des Gesprächspartners so genau wie möglich zu verstehen. Wenn wir darauf verzichten zu glauben, dass alle Menschen die gleiche Landkarte von dieser Welt haben, dann können wir auch aufhören, von einem Apfelbaum Birnen zu verlangen.

Was würden Sie tun, wenn Sie bemerken, dass Ihr Partner im Theater einem falschen Sitzplatz zustrebt? Wahrscheinlich werden Sie zu ihm hingegen, ihm zeigen, wo der richtige Platz ist, um diesen dann gemeinsam aufzusuchen. Denn wenn viele Sitzreihen zwischen Ihnen sind, wird Verstehen schwierig. Wenn Sie im Gespräch verstanden und akzeptiert werden wollen, dann begeben Sie sich zuerst auf den Platz des Gesprächspartners. Akzeptieren Sie seine Landkarte und fühlen Sie seine momentane Gefühlswelt. Doch wie soll das gehen? Wie wollen wir die Gefühle anderer Menschen annehmen, uns in ihre Situation hineinversetzen können?

Erinnern Sie sich an das Kommunikationsmodell. Unser Gegenüber filtert die aufgenommenen Informationen auf seine individuelle Art und Weise, Gefühle entstehen. Das Ergebnis sind Worte, Handlungen und Verhaltensweisen. Diese Reaktionen können uns wertvolle Hinweise über das Modell der Welt und die Wahrnehmungsfilter des Gesprächspartners vermitteln. Denken Sie daran, was wir bisher schon darüber gelernt haben.

> *„Da war doch die Sache mit dem VAKOG. Das Repräsentationssystem, das mein Gegenüber bevorzugt verwendet, hat Auswirkungen auf seine Gestik, Mimik, die Stimme und seine Wortwahl. Diese Hinweise geben Aufschluss darüber, wie er denkt. Und natürlich die Metaprogramme. Diese unbewussten Informationsfilter haben doch auch großen Einfluss auf unser Modell der Welt."*

Es gibt eine einfache und wirkungsvolle NLP-Methode dafür, die Welt mit den Augen des Gesprächspartners wahrzunehmen. Wir nennen sie „Pacing" oder „Spiegeln". Wir schlüpfen in die Haut unseres Gesprächspartners, indem wir seine Verhaltensweisen annehmen: die Körperhaltung, die Gestik, die Art zu sprechen und die Frequenz der Atmung. Wir benutzen auch die spezifische Sprechweise der bevorzugten Metaprogramme des Gesprächspartners. Das ist die Grundlage für Verstehen.

Wohlgemerkt: Pacing hat nichts mit Nachäffen zu tun. Pacing ist Basis für den respektvollen Umgang mit Ihrem Gesprächspartner. Imitieren Sie also nicht stereotyp jede Körperbewegung Ihres Gesprächspartners. Es geht um die Grundhaltung und nicht um jede Mikrobewegung.

Pacing bewirkt zweierlei: Sie verstehen Ihren Gesprächspartner und Ihr Gesprächspartner versteht und akzeptiert Sie! Welch hervorragende Ausgangslage für gute Kommunikation!

Experimentieren Sie damit:
Pacen Sie Ihren Gesprächspartner bei jeder sich bietenden Gelegenheit. Nehmen Sie eine ähnliche Körperhaltung ein, atmen Sie im gleichen Rhythmus, verwenden Sie die gleiche Gestik, sprechen Sie im gleichen Tempo, der gleichen Lautstärke und Tonhöhe. Stellen Sie fest, wie sich dadurch ein besseres gegenseitiges Verständnis entwickelt.

Wenn Sie Ihren persönlichen Schwerpunkt in den Neuro-Logischen Ebenen hoch oben haben (Einstellungen oder höher, vgl. Seite 52), werden Sie sofort bemerken, dass Ihnen obiges Experiment leicht fällt. Nur wenn Sie mit Ihrem Schwerpunkt noch zu tief unten sind, werden Sie das Gefühl haben, nicht völlig Sie selbst zu sein. Dann sind Sie leider noch von Oberflächlichem abhängig und haben nicht all jene Verhaltensmöglichkeiten verfügbar, die exzellenten Könnern zu Eigen sind. Arbeiten Sie daran, und auch wenn sich nicht sofort der erwünschte Erfolg einstellt – bleiben Sie dran! Es ist, wie mit dem Auto zu fahren. Solange Sie es lernen, muss Ihr Bewusstsein auf jede Körperbewegung achten, das Drücken der richtigen Pedale mit der richtigen Intensität, lenken, blinken und dabei noch die Übersicht über den Straßenverkehr bewahren. Sobald Sie genügend Übung haben, fahren Sie unbewusst sicher und sprechen vielleicht auch noch gleichzeitig mit Ihrem Beifahrer oder telefonieren und hören Radio. Der Weg vom bewussten Erlernen einer Fähigkeit bis zum unbewussten sicheren Ausüben heißt Konsequenz. Und Konsequenz ist etwas, das für Sie als erfolgreicher Manager zum Standardrepertoire gehört.
Ich wünsche Ihnen viel Spaß beim Experimentieren!

Jetzt wurde Alfred bewusst, dass Pacen eine Fähigkeit war, die sein bester Verkäufer erfolgreich verwendete. Alfred hatte schon beobachtet, dass er und seine Kunden im Zwiegespräch stets so etwas wie eine Einheit bildeten, als würde sich ein altes Ehepaar miteinander unterhalten. Wenn er sich jetzt einige Verkaufsszenen, die er beobachtet hatte, in die Erinnerung zurückholte, wurde ihm bewusst, wie harmonisch und unaufdringlich sein Verkäufer dies tat. „Interessant", dachte Alfred „welche tollen Ressourcen ich in meinem Kopf zur Verfügung habe. Wie leicht ist es doch, aus den Erinnerungen zu lernen."

Am Standpunkt Ihres Partners haben Sie die besten Voraussetzungen, um ihn zum richtigen Platz im Theater zu führen. Auch dafür gibt es im NLP einen Begriff: „Leading".
Leading heißt, den Gesprächspartner zu geleiten, zu einem besseren Ver-

ständnis oder Verstehen dessen, was wir mitteilen wollen, zu einer Veränderung zum Positiven oder einfach zu einem harmonischen Gesprächsklima. Wenn Sie in gutem Kontakt mit Ihrem Gesprächspartners sind, können Sie leicht bemerken, wie leicht es ist zu führen. Verändern Sie einfach Ihre Körperhaltung ein wenig und bemerken Sie, wie Ihr Gegenüber dem folgt und auch in etwa die gleiche Körperhaltung einnimmt.

Beobachten Sie bei Ihrem nächsten Restaurantbesuch die Menschen an den anderen Tischen. Sie werden sehr leicht feststellen können, ob es sich um harmonische Beziehungen handelt oder nicht. Wenn sich Menschen verstehen, einer Meinung sind und in gutem Kontakt miteinander, dann bilden auch ihre Körperhaltung und ihre Bewegungsmuster eine Einheit. Das Verhalten ist im Einklang wie bei einem gut eingespielten Paar im Eiskunstlauf oder beim Tanz.

Alle NLP-Techniken, die im Gesprächskontext adäquat sind und von denen Sie noch eine ganze Menge kennen lernen werden, sind Hilfsmittel, um Ihren Gesprächspartner auf dem Weg zum Ziel zu unterstützen.

Ich möchte Ihnen jetzt an dieser Stelle ein Versprechen abverlangen. Ein Ehrenwort, das für Sie ab jetzt gilt. Alle Bausteine des NLP sind mächtige Kommunikationswerkzeuge. Sie können damit, wie mit jedem anderen guten Werkzeug, großen Segen stiften, aber Sie können auch Schaden anrichten. Als Meister des NLP gehen Sie die Verpflichtung ein, NLP-Methoden nur dann einzusetzen, wenn das Ergebnis mehr Win-Win-Situationen schafft als vorher.

Seien Sie sich der Macht Ihrer Fähigkeiten stets bewusst und setzen Sie sie ein, um die Welt ein bisschen besser zu machen und die Menschen positiv zu verändern. Seien Sie stets achtsam, denn dieses Ziel ist sehr subjektiv. Was in Ihren Augen positive Veränderung ist, muss es nicht in der Landkarte Ihrer Mitmenschen sein.

Die Gewohnheiten des Zusammenlebens unterscheiden sich in verschiedenen Weltregionen sehr stark. Christen versuchten bereits vor Jahrhunderten, so genannte wilde Völker zum wahren Glauben zu bekehren. Vom Standpunkt der Christen und in ihrem Glauben war das der einzig gangbare Weg zum Glück. Viele Geschichten über diese Zeit legen nahe, dass der verordnete Glaube nicht nur Glück brachte.

Nur wer sich die Mühe macht, sich in das Weltbild des Gesprächspartners voll und ganz hinein zu versetzen, seine Werte, Ziele und Gefühle zu verstehen, der darf es wagen, zu beurteilen, ob das, was man tut, auch zu mehr Win-Win-Situationen führen kann. Wir nennen diesen Zustand des Einsseins, des guten Kontakts mit dem Gesprächspartner „Rapport".

*Man steht sich selber immer einige Schritte zu nah
und den Nächsten immer einige Schritte zu fern.
(Friedrich Nietzsche)*

Alfred war sehr froh, dass der Seminarleiter dieses Thema angesprochen hatte. Je mehr Alfred die Methoden übte und anwendete und sich dabei ihrer Kraft und Wirksamkeit bewusst wurde, desto mehr spürte er die Verantwortung, die damit einherging. Er hatte vor kurzem im Gespräch mit der Marketingleiterin seines Unternehmens die Wortwahl an ihr bevorzugtes Repräsentationssystem und ihre Metaprogramme angeglichen und dabei großen Erfolg gehabt. Die Stimmung zwischen ihnen beiden hatte sich maßgeblich verbessert. Insgeheim hatte er sich zuerst die Frage gestellt: „Manipulierte ich jetzt?" Es wurde ihm jedoch rasch klar, dass eine gute Gesprächsbasis in beider Interesse war. Und er stellte sich eine neue Frage: „Wer hat sich jetzt eigentlich verändert? In Wahrheit habe ich mich selbst manipuliert!"

*Alles wirklich Wertvolle kommt nicht aus dem
Ehrgeiz oder aus dem Pflichtgefühl, sondern aus
der Liebe und Devotion gegenüber Menschen
oder objektiven Dingen.
(Albert Einstein)*

Magie der Sprache

Stellen Sie sich einmal vor, Sie spielen Tennis und wollen dabei jeden Muskel bewusst so lenken, damit Sie den Ball gut treffen. Sie sagen: „Das geht nicht, beim Tennis sind die Bewegungsabläufe zu komplex, um sie bewusst zu steuern." Dann nehmen wir eine einfacheres Beispiel: Versuchen Sie jetzt jeden Muskel bewusst zu steuern, um mit ihrem linken Zeigefinger die Spitze Ihres Kopfes zu erreichen. Wenn Sie meinen, Sie könnten diese Bewegung bewusst durchführen, bedenken Sie eines: zwischen Ihrer Fingerspitze und dem höchsten Punkt Ihres Kopfes befinden sich ungefähr 150 Muskeln. Es ist einfach unmöglich, auch nur diese einfache Bewegung mit unserem bewussten Verstand zu steuern. Wenn wir von einer bewussten Bewegung sprechen, dann meinen wir, diese Bewegung bewusst zu wollen und bewusst wahrzunehmen, wie diese Bewegung passiert. Was allerdings zwischen unserer Bewegungsabsicht und der tatsächlichen Ausführung liegt, ist für uns ebenso unbekannt, wie alle Reflexbewegungen, die uns schützen. Unser Gehirn ist seit Urzeiten darauf programmiert, instinktiv, also unbewusst auf mögliche Gefahren zu reagieren. Das Bewusstsein wäre viel zu langsam, um Menschen in der Wildnis vor angreifenden Tieren zu retten oder gerade noch auszuweichen, wenn ein Gegenstand aus dem Schrank auf uns herunterfällt. Unser Unbewusstes kann auch viel größere Datenmengen als das Bewusstsein in sehr kurzer Zeit verarbeiten. Wann und wie welcher Muskel kontrahiert oder entspannt werden muss, entzieht sich unseren bewussten Möglichkeiten. Erstaunlicherweise hat Ihr Unbewusstes damit überhaupt kein Problem. Es ist leicht in der Lage, mehrere dieser Bewegungen durchzuführen, während Sie ein Gespräch führen und dabei noch über etwas anderes nachdenken.

Haben Sie dieses Phänomen auch schon erlebt: Sie begegnen einem bekannten Menschen und haben augenblicklich das Gefühl, etwas an ihm habe sich verändert. Sie kommen ins Gespräch, reden über Gott und die Welt und plötzlich wird es Ihnen bewusst: Der Bart ist weg, das ist die Veränderung. Das Unbewusste hat den Unterschied zu den Bildern der Erinnerung sofort wahrgenommen, trotz der vielen Informationen, die in diesen Bildern stecken. Das Bewusstsein war um ein Vielfaches langsamer. Interessant ist, dass sich das Bewusstsein generell mehr dabei plagt, Veränderung wahrzunehmen, wenn etwas fehlt, wie im Fall des abrasierten Bartes, als wenn etwas dazugekommen ist.

Wir verarbeiten Informationen also auf zwei Ebenen. Vielleicht stellen Sie sich jetzt die Frage: „Womit nehme ich dann eigentlich Kontakt auf, wenn ich einen Menschen anspreche?" Die Frage ist berechtigt. Exzellente Kommunikatoren haben Kontakt mit dem Bewusstsein und dem Unbewussten des Gesprächspartners. Allerdings, wie es auf dieser Welt eben oft so ist: Bewusstsein und das Unbewusste sprechen und verstehen unterschiedliche Sprachen. Exzellente Kommunikatoren wissen das und benützen auch beide Sprachen, um den ganzen Menschen zu erreichen. Nun, die Sprache, die das Bewusstsein des Gesprächspartners versteht, ist Ihnen als Manager bestens geläufig. Es sind die rein rationalen Sätze mit präzisem, sequentiellem Inhalt und logischer Aussagekraft. Aber das ist nicht die Sprache Ihres Unbewussten. Und damit sprechen Sie nicht einmal die Hälfte Ihres Gegenübers an.

Was ist dann die Sprache des Unbewussten? Ist sie leicht zu lernen oder heißt es Vokabeln pauken? Ich kann Sie beruhigen, Sie kennen die Vokabeln bereits. Es ist die Art, Worte zu Sätzen zu formen, was den Unterschied macht, was einen Unterschied macht.

Wie vieles im NLP stammt auch die Sprache des Unbewussten von einem erfolgreichen Kommunikator, dem berühmten Hypnotherapeuten Milton Erikson. Richard Bandler und John Grinder modellierten seine Fähigkeit, mit wenigen Worten Zugang zum Unbewussten seiner Klienten zu finden und damit jenseits kognitiver Einwände und Vorwände psychische Probleme zu lösen. Grinder analysierte als Sprachwissenschaftler die Satzstrukturen, die Erikson verwendete. Der große Vorteil seiner Studie für Sie ist: Sie können sich – ohne Erikson zu beobachten und zu imitieren – die Strukturen rasch aneignen und sie erfolgreich nützen.

Wie ein Haremswächter steht das Bewusstsein vor dem Tor zum Unbewussten. Er ist der Erste, mit dem Sie kommunizieren und er ist hartnäckig, denn er lässt Sie nicht gerne einen Blick in den Harem werfen. Erikson fand aber einen Weg, den Harem zu betreten. Er erkannte, dass dieser Wächter gierig auf Informationsfutter ist, die er sogleich verarbeiten möchte. Erikson trickste ihn also aus, indem er ihn mit Informationsverarbeitung beschäftigte, sodass er vollends darauf vergaß, die Tür zu bewachen.

Sie fragen sich jetzt: „Wie soll das gehen? Muss ich meinem Gesprächspartner erst das Telefonbuch vorlesen, bevor ich ganzheitlich mit ihm reden kann?" Nun, das ist schon ein Ansatz in die richtige Richtung. Erickson fand allerdings eine wesentlich elegantere Lösung, mit dem Unbewussten in Kontakt zu treten. Wir nennen diesen Bereich „Hypno-Rhetorik" und Sie sollten sich zumindest einige Grundelemente aneignen, um in Ihrer Kommunikation effektiver zu werden.

Nehmen wir folgenden Satz: „Lernen lässt die Welt besser werden und gibt uns die Chance zu wachsen."

Überlegen Sie: Ist dieser Satz so klar formuliert, dass Sie keine Fragen dazu haben oder entsteht in Ihnen das Gefühl, mehr darüber wissen zu wollen, um aus dem Satz Sinn zu machen? Welche Fragen könnte sich der Haremswächter Bewusstsein stellen?

„Merkwürdig. Auf einer Ebene bejahe ich diesen Satz voll und ganz. Auf einer anderen Ebene werde ich irgendwie wachsam und frage mich, was dahinter steckt, was damit genau gemeint ist. – Wieso kann er so apodiktisch behaupten, dass die Welt durch Lernen besser wird? Ist Lernen wirklich die Lösung aller Probleme dieser Welt? Und was meint er eigentlich mit ‚Lernen'? Genauso geht es mir mit dem Wort ‚wachsen', wieso wachsen wir durch Lernen und was meint er mit wachsen? Wen meint er überhaupt mit ‚uns'? Genau genommen stellt sich auch die Frage, im Vergleich wozu die Welt besser werden sollte. Der Satz ist unpräzise formuliert, wie konnte ich ihm da zustimmen?"

Ein Teil Ihres Denkens stellte jetzt eine Menge Fragen und hielt sie auch für wichtig. Ein anderer Teil sagte sich: „Wozu diese Fragen, der Satz ist wahr!" Sie erlebten jetzt den Unterschied zwischen bewusstem und unbewusstem Denken. Beides hilft uns, in dieser Welt zu überleben und sie für uns und die anderen schöner zu gestalten. Beide sind imstande, Komplexität zu meistern, das Bewusstsein durch Schaffen von Struktur und Modellbildung, das Unbewusste durch unvorstellbar hohe Kapazität und Geschwindigkeit.

Nun gut. Nachdem Ihr Unbewusstes der Nützlichkeit der Sprachmuster von Erikson bereits zustimmen konnte, geben wir dem Bewusstsein auch noch Futter, indem wir die Struktur von Eriksons Sätzen betrachten:

Spiegeln der aktuellen Erfahrung:

> Meine Damen und Herren, Sie sitzen hier auf Ihrem Stuhl, sehen mich an und hören mich zu Ihnen sprechen. Manche von Ihnen haben ein Schreibwerkzeug in der Hand und Papier vor sich auf dem Tisch. Wir sind hier in diesem Raum versammelt, in dem jetzt bereits seit einigen Tagen dieses NLP-Seminar läuft.

Die Ungeduldigen unter Ihnen denken jetzt vielleicht: „Ja und? Das wissen wir doch." Ich nehme an, keiner unter Ihnen wird dem vorhin Gesagten widersprechen, weil es Bestandteil der Landkarte eines jeden ist, der in diesem Seminarraum sitzt. Solche Sätze sind der beste Weg, auch mit den 7 % der Informationen (dem auditiv digitalen Anteil), die wir aussenden, Rapport herzustellen. Denken Sie an einen Vortrag, den Sie halten sollen. Sie kennen die Menschen nicht und wollen sehr rasch mit ihnen eine harmonische Beziehung aufbauen, um die Sachinhalte für die Zuhörer nehmbar vermitteln zu können. Sie wissen immer etwas, das für alle Anwesenden wahr ist. Die Wege zu diesem Ort, der Ort selbst, die Teilnehmer oder das Wetter. So einfach verschaffen Sie sich Zugang und Akzeptanz.

Einfache Verbindung und Gedankenlesen:

> Sie sehen mich an, hören zu und beginnen bereits, aus dem, was ich bisher sagte, Sinn zu machen. Sie betrachten die Struktur dieses Satzes und machen sich unbewusst bereits erste Gedanken, selbst ein Beispiel zu finden.

Als Kommunikator haben Sie ein Gesprächsziel. Sie nehmen Rapport auf, um etwas zu erreichen. Sie wollen Ihre Zuhörer zu Denkprozessen anregen. Sobald Sie Ihre Zuhörer bei ihren Wahrnehmungen der aktuellen Situation abgeholt haben, werden sie Ihnen auch folgen, wenn sie von Ihnen geführt werden. Die Struktur ist einfach: Sie verknüpfen eine aktuelle Erfahrung durch das Bindewort „und" mit einem Satzteil, der die Anleitung enthält, in eine von Ihnen gewünschte Richtung zu denken. Der Zuhörer bejaht das eine und akzeptiert damit auch das andere. Dabei ist Vorsicht geboten. Ihr Gesprächspartner wird möglicherweise zum Widerspruch neigen, wenn kein wirklich tragfähiger Rapport besteht. Wenden Sie dieses Sprachmuster erst an, wenn Sie guten Rapport wahrnehmen.

Ursache – Wirkung:

> Chef zum Mitarbeiter: Wenn Sie das gelesen haben, wird Ihnen bald klar werden, wie das Problem zu lösen ist.

> Mitarbeiter zum Chef: Die Liste erfolgreich von mir abgeschlossener Projekte und das positive Feedback meiner Kunden werden Sie überzeugen, daß ich eine Gehaltserhöhung verdient habe.

> Verkäufer zum Kunden: Wenn Sie das Auto erst einmal Probe gefahren haben, werden Sie wissen, warum wir so viele zufriedene Kunden haben.

> Kunde zum Verkäufer: Geben Sie mir Zeit, darüber nachzudenken. Das wird mich sicherer machen, das Richtige zu tun.

Sie haben die Struktur erkannt? Dies ist ein sehr mächtiges Sprachmuster. Das Ursache-Wirkung-Prinzip wird dazu verwendet, das Denken des Partners in eine bestimmte Richtung zu lenken. Der Motor des Neudenkens ist entweder in der Ursache oder der Wirkung verpackt. Der Mitarbeiter will eine Gehaltserhöhung bewirken – seine Erfolge nennt er als Ursache. Der Verkäufer will den Kunden zu Probefahrt bewegen, indem er ihm als Wirkung Zufriedenheit und Gewissheit verspricht. Egal wie Sie dieses Muster anwenden, Sie bringen damit jedenfalls die Gedanken in Bewegung.

Komplexe Äquivalenz:

> Sie haben die Struktur von Ursache – Wirkung verstanden, also haben Sie alles, was Sie brauchen, um auch die Struktur der Komplexen Äquivalenz zu verstehen.

> Sie kennen jetzt schon vier Sprachmuster, das bedeutet, Sie haben schon eine Menge Wissen über die Milton Patterns.

> (Ein Mitarbeiter will seinen Chef von einer neuen Technologie überzeugen:) Das Internet ist die Zukunft.

Jetzt haben Sie bereits Erfahrung. Der Unterschied zum vorigen Sprachmuster ist, dass Sie jetzt die beiden Satzteile gleichsetzen. Sie erhalten die gleiche Bedeutung. Es ist wie eine Gleichung: Auf einer Seite finden Sie die für den Empfänger positive Aussage, auf der anderen ist der neue Leitgedanke. Der Empfänger nimmt das eine mit dem anderen.

Zeitliche Verknüpfung:

Während Sie diese Beispiele lesen, wird Ihnen die Struktur bereits klar. Sobald Sie diese einmal durchschaut haben, kommen Ihnen eigene Beispiele wie von selbst in den Sinn. Bevor Ihnen noch das erste Beispiel eingefallen ist, spüren Sie schon die Lust, damit zu experimentieren.

Ähnlich wie bei der komplexen Äquivalenz verknüpfen Sie eine Grundaussage mit einem neuen Leitgedanken, hier allerdings in Verbindung mit einer zeitlichen Abfolge.

Double Bind:

Sie können gleich oder etwas später darüber nachdenken, wann Sie die erste Gelegenheit haben werden, diese Sprachmuster zu verwenden. Das Verständnis wächst mit jedem Experiment. Sie können es aber auch einfach nur einmal ausprobieren. Sie werden sehen, Sie schaffen es früher oder später.

Mit solchen Sätzen schaffen Sie eine scheinbare Auswahl. Tatsächlich lenkt aber jede Möglichkeit, die angeboten wird, den Zuhörer in die richtige Richtung.

Eingebettete Anweisungen:

Wie schnell auch immer du liest, du wirst **leichter lernen und Spaß dabei haben**, wenn es dein Tempo ist und du nicht **gleich alles verstehen** möchtest.

In einer Geschichte ist eine konkrete Anweisung an den Zuhörer verpackt. Während des Gesprächs können die eingebetteten Anweisungen durch eine Änderung der Lautstärke oder Tonalität markiert werden. Der Zuhörer hat nicht den bewussten Eindruck, betroffen zu sein, aber sein Unbewusstes weiß, dass er gemeint ist.

Experiment: Diese sieben Sprachmuster sind die Mittel für Leading. Mit ihnen leiten Sie das Unbewusste an, die Gedanken in eine neue Richtung zu lenken. Mit ihnen steuern Sie das Gespräch. Das sollten wir einmal ausprobieren. Finden Sie zu jedem Sprachmuster fünf Beispiele, die in Ihrem beruflichen Kontext einsetzbar sind.

Die nachfolgenden Sprachmuster lenken den Wächter davon ab, ständig das Tor zum Harem zu bewachen. Das Bewusstsein ist permanent damit beschäftigt, aus den bruchstückhaften Informationen Sinn zu machen. Wir nennen das transderivationale Suche. Das Bewusstsein sucht nach Inhalten jenseits des Gebotenen, weil sie alleine zu wenig sind, um etwas Sinnvolles zu ergeben. Alle nun folgenden Muster haben eines gemeinsam: Etwas fehlt, nach dem das Bewusstsein zu suchen beginnt, sobald der Satz ausgesprochen wurde.

Verlorener Performativ:

Es ist eine gute Sache, diese Sprachmuster zu beherrschen, weil man so mit dem ganzen Menschen kommuniziert. Damit wird vieles möglich, sodass es auch sein kann, dass man sich eines Tages besser versteht.

Ich weiß, „Verlorener Performativ" klingt wie einige andere Namen von Sprachmustern sehr wissenschaftlich, aber das Prinzip ist leicht zu verstehen. Es sind typische Formulierungen von Menschen, die nicht gerne Verantwortung übernehmen. Derjenige der bewertet, wird in diesen Sätzen nicht erwähnt. Um ganzheitlich zu kommunizieren, sind solche Sätze gut geeignet. Sie veranlassen das Bewusstsein, nach dem Urteilenden zu suchen, und geben damit dem Unbewussten eine Zeit lang Denkraum.

Universalquantoren:

Jeder kann vieles lernen, aber niemand kann alles können. All das Gelernte wird Sie darin bestärken, überall damit zu experimentieren.

Jetzt werden Sie bereits selbst erkennen können, welche Informationen hier fehlen. Überlegen Sie.

„Stimmt. Quantoren bestimmen Häufigkeit, Universalquantoren verallgemeinern demnach die Häufigkeit mit Wörtern wie ‚alles', ‚jeder', ‚keiner' oder ‚jedermann'. Verallgemeinerungen vereinfachen, meistens sind solche Aussagen daher auch unrichtig, weil sie tatsächlich nicht auf jeden oder

alles zutreffen. Außerdem weiß der Empfänger der Information nicht, wen oder was der Sender gedanklich einbezieht, wenn er ‚jeder' oder ‚alles' sagt."

Nominalisierung:

> Neugier und Lernen ermöglichen neue Einsichten, Verhaltensänderungen und Wachstum, immer da, wo die Entwicklung der Bereitschaft vorhanden ist, Verständnis für Neues und Fremdes zu zeigen.

„Unglaublich! Ich zähle in diesem einen Satz zehn Wörter, die etwas verdinglichen, was kein angreifbares Ding ist, wie Neugier, Wachstum oder Einsichten. Zustände oder Handlungsweisen werden hier offensichtlich auf ein Wort reduziert. Ihre Beschreibung wird dadurch ausgespart. Der Zuhörer ist bestrebt, sie durch eigene Gedanken zu ersetzen."

Unspezifizierte Verben:

> Manchmal kann es schön sein, einfach nur Mensch sein zu können und zu leben. Lassen Sie es einfach zu, nur wahrzunehmen ohne zu denken. Sie werden merken, wie leicht es ist, dabei loszulassen und zu genießen.

„Die Tätigkeiten sind hier zwar nicht nominalisiert, aber auch nicht erklärt. Was ist etwa mit dem Wort ‚loslassen' gemeint? Was soll ich loslassen? Wie soll ich das tun? Halte ich denn etwas, um es loszulassen? Jedes dieser Tätigkeitswörter eröffnet Raum für zahllose Fragen. Ich spüre immer mehr, wie mich jeder dieser Sätze gedanklich davon schweben lässt."

Fehlender Bezugsindex:

> Es ist klar, dass Sie das alles brauchen, es wird Ihnen helfen zu verstehen. So ist es richtig. Damit hat man die Chance, wirklich zu erleben, wie es wirkt.

Wenn präzise Meinungen gefragt sind, sollten Sie dazu stehen und solche Sätze mit „ich" einleiten und nicht mit „man" oder „es".

„Abgesehen davon, dass eine Menge unspezifizierter Verben darin stecken, drängt sich mir eine Frage auf: Was? Was ist klar? Was brauche ich? Was wird mir helfen? Hier fehlt das Subjekt."

Einfache Tilgung:

Ich spüre deutlich, dass Sie neugierig geworden sind. Und Sie haben Recht. Es ist leicht lösbar. Also dann los.

„Die Sprache wird immer verschwommener. Langsam habe ich Mühe, bewusst über die Struktur nachzudenken und nicht in die Tiefen dieser Sätze abzutauchen. Neugierig worauf? Was ist lösbar? Wie los? Eine Eigenschaft wurde beschrieben, doch das Objekt dazu wurde getilgt. Zurück bleibt weißer Schaum, in dem man versinkt bis über beide Ohren.“

Vergleichende Tilgung:

Sie machen gerade größere Fortschritte, bereichern Ihren Erfahrungsschatz, sodass Ihre Kommunikation noch intensiver und effizienter werden kann. Sie werden damit auch kritische Situationen besser meistern können.

„Das ist einfach. Hier fehlt das, womit verglichen werden soll. Größere Fortschritte als wer oder wann? Diese Formulierungen sind ungeeignet, ein Ziel zu präzisieren. Sie tun genau das Gegenteil. Sie eröffnen Ziele, Möglichkeiten, Denkwege, die das Bewusstsein des Gesprächspartners auch geht.“

Ausgedehnte Zitate:

Kürzlich traf ich auf der Straße einen guten Freund. Der erzählte mir, er habe gerade einen Kollegen getroffen, der einen interessanten Bericht in der Zeitung gelesen hatte. Darin war ein Zukunftsforscher interviewt worden, der mit vielen Managern gesprochen hatte. Alle hatten unisono betont: Erfolgreiche Kommunikation erschließt das Unbewusste. Die Sprache von Milton Erikson ist der Schlüssel dazu. Öffnen Sie das Tor.

„Zuletzt wusste ich nicht mehr, wer über wen berichtet. Zu oft wechselte hier der Rahmen, um folgen zu können. Die letzten Sätze trafen mich daher total unvorbereitet.“

Experiment: Finden Sie zu jedem Sprachmuster fünf Beispiele, die in Ihrem beruflichen Kontext einsetzbar sind.

Und jetzt habe ich noch einen Weichmacher für Sie. Falls Sie sich des Rapports nicht mehr oder noch nicht ganz sicher sind:

Modaloperatoren:

Sie können jetzt langsam ein Gefühl dafür entwickeln, wie sich solche Muster in ein ganz normales Gespräch einbinden lassen. Es muss nicht gleich entstehen, vielleicht erst über Nacht. Aber dann kann es sein, dass es sich noch intensiviert und Sie sicher werden lässt.

Wenn Sie können und nicht müssen, dann müssen Sie nicht, sondern haben den Freiraum, sich auch anders zu entscheiden. Das ist der Sinn. Damit wird jemandem, der sich durch direkte Aussagen vielleicht in seiner Entscheidungsfreiheit eingeengt fühlt, auch ein anderer Weg offen gelassen. Er wird zwar nicht gegangen, aber alleine das Gefühl, nicht eingeschränkt zu sein, zählt.

Übung macht den Meister. Picken Sie sich einige Muster heraus und wenden Sie diese sofort an. Erweitern Sie dann beständig ihr Repertoir, bis Sie es perfekt beherrschen. Nützen Sie jede sich bietende Gelegenheit, mit allen Teilen der Persönlichkeit und des Denkens Ihres Gesprächspartners Kontakt zu haben. Halbe Sachen sind nichts für ganze Manager. Viel Erfolg dabei!

Von der Quantität zur Qualität

Alfred hatte in der Pause ein interessantes Gespräch mit einem Teilnehmerkollegen. Sie waren beide einer Meinung, dass trotz der Präzision und Wirksamkeit der gelernten NLP-Bausteine noch immer einige Unwägbarkeiten in der Kommunikation mit den Menschen vorhanden sind. Der Mensch ist nicht aus Glas. Selbst die beste Absicht könnte zum Misserfolg führen und eine Verbesserung der Situation verhindern, wenn wir die Landkarte unseres Gesprächspartners falsch interpretieren. Wie kann man also sicher sein? Die beiden beschlossen, den Seminarleiter zu fragen.

Das Bemühen, im Rapport mit unserem Gesprächspartner zu sein, sollte uns stets begleiten. Welchen Namen hat das Mittel exzellenter Kommunikatoren gegen die Unsicherheit, im Gespräch auf dem richtigen Weg zu sein? Nicht immer können Sie ohne Widerstand jemanden zu etwas bewegen, von etwas überzeugen oder ihn verändern. Wenn Sie ein Fuhrwerk in Fahrt bringen wollen, heißt es zuerst schieben. Doch Druck erzeugt Gegendruck. Die Beharrlichkeit und Trägheit alter Gewohnheiten und Denkweisen ist eine starke Gegenkraft. Es ist leicht möglich, dass Sie zu viel Druck ausüben und das Fuhrwerk aus der Bahn gerät und unlenkbar wird.

Sie könnten in diesem Fall die oft gefasste Meinung vertreten: „Mein Gesprächspartner ist ein schwieriger Fall. Wenn er sich nicht ändert, hat er keine Chance, das zu verstehen." Doch Widerstand ist die Folge von zu wenig Flexibilität des Kommunikators. Als NLP-Meister wissen Sie bereits, was der erste Schritt ist, wenn Sie jemanden verändern wollen: Sie werden zuerst sich selbst und Ihr Verhalten verändern und etwas Neues ausprobieren.

Das Meeting war noch nicht allzu lange her. Der Produktionschef hatte bereits zum dritten Mal von einem Mitarbeiter eine Expertise eingefordert. Dieser hatte noch nicht einmal damit begonnen. Der Produktionschef war ziemlich laut geworden und hatte die Vermutung angestellt, der Mitarbeiter wolle es einfach nicht tun. Alfred hatte versucht, die Situation zu beruhigen und den Mitarbeiter in bewusst ruhigem Ton gebeten, sein Verhalten zu begründen. Seine Antwort war für Alfred ein signifikantes Beispiel misslungener Kommunikation: „Ich wäre schon längst damit fertig, mir fehlen aber einige Informationen vom Produktionschef. Wenn ich die einfordere, gerät er wieder aus der Fassung und schreit mich an. Ich habe dieses Verhalten wirklich satt."

Die Bedeutung Ihrer Kommunikation spiegelt sich im Feedback, das sie bekommen. Dieses Feedback ist nicht immer ein verbales, es kann auch ein Handeln oder Nichthandeln sein. Ich möchte Ihnen anhand des T.O.T.E.-Modells, das von Miller 1960 entwickelt wurde, zeigen, wie es exzellenten Kommunikatoren gelingt, ihre Ziele zu erreichen. Das Modell enthält grundlegende Elemente eines kreativen Prozesses.

Das T.O.T.E.-Modell besteht aus vier Phasen:

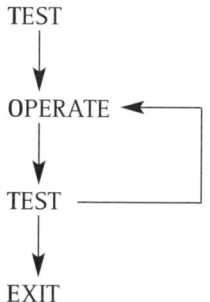

Phase 1 Test:
Der exzellente Kommunikator weiß präzise, was er erreichen möchte. Er be-

stimmt, bevor er kommuniziert, sein Gesprächsziel. Er kennt auch die Evidenzkriterien, die ihm zeigen, dass er auf dem richtigen Weg ist. Wenn Sie Ihrem Gegenüber etwas verständlich machen wollen, kann ein Kriterium für Erfolg sein, dass Ihr Gesprächspartner verstehend nickt – oder besser: den Sinn der Information mit eigenen Worten richtig wiedergibt.

Der exzellente Kommunikator kennt auch ein Set an Verhaltensmöglichkeiten, wählt das für diese Situation geeignetste Verhalten und beginnt den Kommunikationsprozess. Der Kapitän des Schiffes bestimmt mit dem Sextanten seine Position, bestimmt auf der Schiffskarte sein Ziel und gibt dem Steuermann den Auftrag: „Maschinen volle Kraft voraus, Kurs Veränderung."

Phase 2 Operate:

Die Maschinen laufen, das Ruder ist in Position. Der Kommunikator handelt so, wie er sich entschied.

Phase 3 Test:

Wind, Wellen und die Strömung lassen das Schiff vom Kurs abweichen. Ein guter Steuermann weiß ständig, ob er noch auf Kurs ist. Der exzellente Kommunikator vergleicht in kurzen Feedback-Schleifen seine Wahrnehmung mit den Evidenzkriterien seines Zieles:

Bin ich noch in gutem Rapport mit meinem Gegenüber? Deutet das, was ich sehe, darauf hin, dass er meine Worte verstanden hat und das Gesagte nachvollziehen kann? Ist er mit dem, was ich sagte, einverstanden? Ist die gewollte Veränderung bereits wahrnehmbar?

In dieser Phase offenbart sich die wahre Qualität des Kommunikators. Präzise Wahrnehmung des Gesprächspartners und seines Verhaltens ist Voraussetzung für die neue Standortbestimmung. Auch hier hat er wieder eine Anzahl von Aktivitäten zur Auswahl, um sich für die geeignetste entscheiden zu können.

Die Variabilität eines Systems, wie zum Beispiel der Interaktion zwischen zwei Menschen, bleibt immer erhalten. Sie besteht entweder auf der Seite des Verhaltens (der Handlungsvielfalt, der Möglichkeiten zu interagieren) oder auf der Seite des Ziels. Dann allerdings geht Ihr Einfluss auf das Ziel verloren. Mit funktionierendem Ruder ist der Steuermann Herr über das Ziel, sonst treibt das Schiff ziel- und endlos im offenen Meer.

Ist das Ziel noch nicht erreicht, wählt der Kommunikator aus seinem Set das geeignetste Verhalten und setzt seine Interaktion mit Phase 3 fort. Der Steuermann richtet das Schiff auf Kurs aus. Der Kommunikator durchläuft in seinem Gespräch die Phasen 2 und 3 solange, bis er wahrnimmt, dass die Evidenzkriterien seines Zieles erfüllt sind.

Ein Kriterium für die Effizienz und Harmonie eines Gespräches ist die Häufigkeit der Standortbestimmung. Je öfter und flexibler Sie als Resultat der Wahrnehmung Ihres Gesprächspartners Ihr Verhalten variieren, desto erfolgreicher werden Sie sein. Der Steuermann, der die Position des Schiffes oft bestimmt, wird den kürzesten Weg zum Hafen steuern.

Phase 4 Exit:

Feiern Sie Ihren Erfolg, ein harmonisches Gespräch geführt und Ihr Ziel erreicht zu haben.

„Das ist also die nächste Herausforderung, der ich mich nun in meinen Gesprächen stellen werde. Es wird am Anfang wahrscheinlich nicht einfach sein, auf den Inhalt und auf die Form des Gespräches zu achten. Obwohl, um ehrlich zu sein, bin ich doch routiniert genug. Ich kann es sicher wagen, meine Aufmerksamkeit von inhaltlichen Dingen etwas wegzunehmen. Damit schaffe ich mehr Bewusstsein für die Reaktion meines Gesprächspartners und die Flexibilität meines Handelns."

Die Auseinandersetzung des Produktionschefs mit dem säumigen Mitarbeiter kam ihm wieder in den Sinn. Alfred hatte schon mehrfach den Eindruck gehabt, dass dieser Mensch sehr damit beschäftigt war, eine gute Rolle zu spielen, eine glänzende Maske zu tragen. Dadurch ging ihm der geistige Raum verloren, sein Gegenüber mit offenen Sinneskanälen wahrzunehmen und sein Verhalten darauf abzustimmen.

„Das heißt also: weniger Augenmerk auf den Inhalt und meine Maske und volle Aufmerksamkeit für den Partner und die Interaktion. Damit werde ich es schaffen. Mein Beruf als Manager gibt mir Raum, vielen Menschen zu begegnen. Aber der Beruf ist auch mit unliebsamen Aufgaben verbunden. Da ist mein starker Wille und meine Durchsetzungskraft gefragt. Und dabei bin ich auf mich allein gestellt. Ob auch schon Manager modelliert wurden, die ständig hoch motiviert sind? Ich würde gerne wissen, wie sie das tun. Ich denke, wenn ich schon etwas tun muss, dann kann es doch gleich auch Spaß machen!"

KONSEQUENZ
Die Kunst, einmal mehr aufzustehen

Der Abteilungsleiter eines internationalen Unternehmens ging in Pension und bestimmte einen jungen Manager zu seinem Nachfolger. Der junge Mann war sehr erfreut, stolz und dankbar über die Chance, die sich ihm bot. Um den reichen Erfahrungsschatz seines Vorgängers nicht mit ihm in Pension gehen zu lassen, fragte er ihn: „Ich habe schon so viel Wichtiges von Ihnen gelernt und weiß all das zu schätzen, aber wenn es noch eine Quintessenz gäbe, etwas, das das Wichtigste Ihrer Weisheiten wäre, etwas, das meinen Erfolg und das Wohlergehen aller Beteiligten sicherstellen würde, was wäre das?" Der Alte antwortete wohlmeinend aber kurz, wie es immer seine Art war: „Richtige Entscheidungen." „Nun, das dachte ich mir schon", antwortete der Jüngere, „aber wie kommt man denn zu mehr richtigen Entscheidungen?" „Erfahrung", war die kurze Antwort. „Zweifellos. Und manche meinen, Erfahrung käme mit dem Alter. Aber wir beide wissen, es gibt ältere Kollegen, die anscheinend nur älter geworden sind, aber nichts gelernt haben. Woher kommt denn die Erfahrung tatsächlich?" „Falsche Entscheidungen."

Wie oft probiert ein Kind gehen zu lernen, bevor es aufgibt? Falsche Frage – es steht immer einmal mehr auf, als es hinfällt!

Von einem Manager wird erwartet, das durchzusetzen, was gefordert wird. Nur konsequentes Denken und Handeln macht den Manager erfolgreich. Leichter gesagt als getan. Überzogene Anforderungen, Misserfolge, scheinbar unüberwindbare Schwierigkeiten und private Sorgen demotivieren. Selbstmanagement ist das Thema unzähliger Publikationen und Seminare. Viele Menschen haben sich darüber Gedanken gemacht, wie Motivation auch unter ungünstigen Rahmenbedingungen möglich ist. Im NLP nahmen wir uns dieser Frage an und modellierten Menschen, die sich leicht dazu motivieren können, auch scheinbar unüberwindbare Hürden zu bewältigen. Und wir wollten auch wissen, wie es manche Menschen schaffen, in dem Zustand zu sein, den sie sich wünschen.

Der Weg zum exzellenten Chef führt über die Erkenntnis, dass ausschließlich Sie selbst über sich Verantwortung tragen. Zu wissen, dass nicht höhere Mächte, die Umstände oder andere Menschen Schuld sind, wenn es Ihnen gerade nicht gut geht oder wenn etwas nicht so klappt, wie Sie es gerne hätten. Sie selbst sind die Ursache dessen, was Sie denken, fühlen und tun. Das zu wissen, ist der erste Schritt, Ihr Verhalten danach auszurichten, was Sie erreichen wollen. Sie sind bereits auf dem besten Weg dazu.

Unterstützend beschäftigen wir uns mit den Fragen: Wie halte ich durch, wenn das Ziel in weiter Ferne und der Weg beschwerlich ist? Wie kühlen Kopf bewahren, wenn ich in einer Besprechung von mehreren Seiten angegriffen werden? Wie nehme ich den Anlauf zum vierten Mal, wenn ich dreimal das Ziel verfehlte?

Wir fanden es heraus. Und es wird auch für Sie bald kein Geheimnis mehr sein.

Wie das Schiff im Hafen

Ein Manager bat mich einmal, ihm zu helfen. Er sagte, er fühle sich in seinem Büro nicht wohl und er wisse nicht warum. Das Büro war toll eingerichtet, hatte große Fenster und bot viel hellen Raum. Auf den ersten Blick war nichts zu erkennen, was den Raum hätte unangenehm machen können. Erst als ich in bat, seine Aufmerksamkeit dorthin zu lenken, wo das unangenehme Gefühl herkommt, erkannte er die Zusammenhänge. Es war die Anordnung der Möbel. Sie war genauso, wie in dem Raum, in dem er am Beginn seiner Laufbahn die erste große Blamage und massive Zurechtweisung erlebt hatte. Es war ein Erlebnis gewesen, das dauerhaft in seiner Erinnerung haften blieb. Die Anordnung der Möbel war so mit dieser negativen Erinnerung verbunden, dass ihn seine Büroeinrichtung beständig unbewusst daran erinnerte. Er veranlasste, dass die Büroeinrichtung umgestellt wurde. Danach fühlte er sich in diesem Büro hervorragend.

Sie haben es vielleicht selbst schon erlebt. Sie sitzen mit Ihrem Partner gemütlich in einem Restaurant, mit angenehmer Musik im Hintergrund. Und plötzlich ist diese romantische Stimmung spürbar. Sie blicken Ihrem Partner in die Augen und nehmen es erst jetzt wahr: Sie hören das Lied, das auch damals zu hören war, als Sie sich kennen lernten und der Funke übersprang. Sie hatten vorher gar nicht auf die Musik geachtet, doch nun war sie für Sie präsent und erfüllte Sie und Ihren Partner mit dem Gefühl der Liebe.

Erinnern Sie sich an unser Kommunikationsmodell. Die von unseren Sinnen aufgenommenen Informationen werden gefiltert, an unseren Werten gemessen und lassen entsprechende Gefühle in uns entstehen. Doch manchmal geschieht es, dass sich ein so entwickeltes Gefühl mit einer Sinneswahrnehmung verknüpft, die zufällig gleichzeitig aufgenommen wurde und mit der Gefühlsentwicklung eigentlich nichts zu tun hat. Diese Verknüpfung ist meistens unbewusst und dauerhaft, wie ein Schiff, das im Hafen verankert ist.

Sie leben mit sehr vielen solcher Anker, die gute oder weniger gute Gefühle in Ihnen erwecken. Vielleicht haben Sie Dinge auf Ihrem Schreibtisch, die Sie an Ihre Familie und an schöne Erlebnisse erinnern. Jedes Mal wenn Sie diese betrachten, passiert ein bisschen positive Veränderung in Ihnen. Werbespezialisten versuchen, den Anblick ihrer Produkte mit positiven Gefühlen zu verknüpfen, sodass Sie diese, wenn Sie sie sehen, gerne kaufen.

Was können wir mit diesem Wissen tun? Der erste Schritt ist, sich bewusst zu machen, welche Sinneswahrnehmungen in Ihnen negative Gefühle erwecken. Wie das Beispiel des Managers zeigt, ist es oft sehr einfach, diese Eindrücke zu eliminieren.

Sehen Sie sich einmal in Ihrem Büro um. Spüren Sie in sich hinein, während Sie Ihre Umgebung wahrnehmen. Gibt es da etwas, das mit negativen Gefühlen verankert ist? Vielleicht ein Bild, ein Kalender, ein Einrichtungsgegenstand oder ein Geräusch? Dann weg damit.

Das ist aber nur eine Seite der Medaille. Es gibt sicher vieles, was in Ihnen positive Gefühle erweckt. Umgeben Sie sich damit. Das ist der Trick.

Aber NLP hat natürlich noch vielmehr auf Lager. Warum sollten wir diese visuellen, akustischen oder kinästhetischen Anker dem Zufall überlassen? Wir können sensorische Informationen mit solchen Gefühlen verankern, die wir gerne immer wieder wie auf Knopfdruck spüren wollen.

Alfred erinnerte sich. Er hatte in Gesprächen einen seiner Verkaufsleiter beobachtet. Wenn es kritisch oder unangenehm wurde, drehte er an seinem Fingerring. Er war bekannt dafür, sehr selten aus der Verfassung zu geraten. Alfred hatte ihn einmal darauf angesprochen. Der Mann hatte gesagt: „Mit diesem Ring und seiner Berührung auf der Haut verbinden mich so viele schöne Erinnerungen, die mir Kraft und Ruhe geben." Alfred hatte ihm damals zu diesem Zauberring gratuliert und ihn heimlich darum beneidet.

Ich lade Sie zu folgendem Experiment ein:
Wenn Sie wissen, dass Sie jedes Gefühl, das Sie haben möchten, jederzeit spürbar machen können: Welches Gefühl wollen Sie jetzt verspüren?

1. Gefühlszustand bestimmen
Finden Sie eine Situation in Ihrer Vergangenheit, in der genau dieses Gefühl für Sie sehr intensiv spürbar war.

2. Anker bestimmen
Bestimmen Sie, mit welchem kinästhetischen Reiz Sie dieses Gefühl verknüpfen wollen. Wählen Sie dazu eine Stelle Ihres Körpers, die leicht zugänglich ist, wenn Sie sich dieses Gefühl verfügbar machen wollen. Achtung: Handflächen sind „öffentliche Zonen", Anker werden auf ihnen nicht wirksam.

3. Entspannung
Wählen Sie einen ruhigen Ort aus und entspannen Sie sich. Lassen Sie Ihrem Unbewussten freien Lauf. Sie wissen: Ihr Unbewusstes kann mehr, als Sie denken.

4. Situation der Vergangenheit
Gehen Sie mit allen Ihren Sinnen in diese Situation der Vergangenheit. Nehmen Sie wahr, was es in dieser Situation für Sie zu sehen gibt, was Sie hören können, was Sie fühlen und riechen oder schmecken. Und erleben Sie dieses Gefühl, das mit dieser Situation verknüpft ist.

5. Gefühl verstärken
Sie sind der Regisseur diese Szene. Verändern Sie diese Szene, machen Sie das Bild, das Sie haben, noch etwas klarer und deutlicher. Geben Sie den Farben noch mehr Brillanz. Verändern Sie die Klänge oder Stimmen so, dass sich dieses Gefühl noch mehr verstärkt. Wenn Sie wollen, können Sie auch den Handlungsablauf verändern.

6. Ankern
Wenn dieses Gefühl seinem Höhepunkt zustrebt, lösen Sie mit einem Finger den kinästhetischen Reiz aus – ankern Sie. Drücken Sie nur so lange, bis das Gefühl seinen Höhepunkt erreicht hat.

7. Wiederholen
Wiederholen Sie die Punkte 4, 5 und 6 ein paar Mal, sodass sich die Wirkung dieses Ankers verstärkt. Achten Sie darauf, dass Sie mit dem Finger immer dieselbe Stelle berühren.

8. Test
Probieren Sie Ihren Anker aus. Drücken Sie auf die geankerte Stelle und nehmen Sie wahr, wie dieses Gefühl für Sie sofort wieder präsent wird.

Sie können diesen Anker auch später noch verstärken. Gehen Sie dazu genauso vor wie jetzt. Sie können sich auch gleich überlegen, bei welcher Gelegenheit Sie diesen Anker ausprobieren wollen.

Alfred war fasziniert. „Ich werde mir einen ganzen Schrank voller Gefühle zusammenstellen. Es wird ein Fach mit der Aufschrift ‚ruhig und souverän‘ geben, eines mit ‚Spaß und Lebensfreude‘ und eines mit ‚offene Sinne‘. Dann möchte ich noch ‚Konzentration‘ und ‚Freude an der Arbeit‘. Freude an der Arbeit hat eigentlich mit Motivation zu tun. Und die ist zielgerichtet. Um mich selbst also wirklich gut motivieren zu können, müsste ich für jede spezifische Aufgabe einen eigenen Anker setzen. Oder unser NLP-Trainer hat dafür noch eine andere Möglichkeit bereit. Heute Abend stelle ich jedenfalls eine Liste positiver Gefühlszustände zusammen und definiere auch gleich die Ankerplätze dazu. Dann kann ich mich gleich an die Arbeit machen, die Fächer meines Gefühlsschrankes zu füllen."

Kleine Ursache – große Wirkung

Was schafft in einem Unternehmen die Motivation und den Antrieb für neue Herausforderungen? Welche Tricks hat ein exzellenter Manager in seiner Zauberkiste, um die Mitarbeiter für seine Ideen zu gewinnen, in ihnen das Feuer der Begeisterung zu entfachen?

Alfred erinnerte sich an die Rede des Vorstandsvorsitzenden seines Unternehmens im Rahmen einer Veranstaltung zum Abschluss des vergangenen Geschäftsjahres. Es war von langfristigen Zielen die Rede, von neuen Herausforderungen und der Vision, in den Köpfen potentieller und bestehender Kunden die erste Adresse zu sein. Die Augen des Redners hatten Begeisterung ausgestrahlt und der Klang seiner Stimme hatte spürbar gemacht, dass ihn starke Gefühle bewegten. Er war für seine Zuhörer die Verkörperung dieser Vision. Und während sie ihm zuhörten, übertrug sich dieses Gefühl und verstärkte sich noch in der Menge. Alfred hatte nachher mit einigen Kollegen über diese Rede gesprochen. Alle schienen die Begeisterung übernommen zu haben und freuten sich darauf, was kommen würde.

Wenn Sie in den Köpfen Ihrer Mitarbeiter Veränderung bewirken wollen, beginnen Sie zuerst damit, sich selbst zu verändern. Entfachen Sie das Feuer in sich selbst, damit es andere von Ihnen übernehmen können. Wenn einmal die Flammen der Begeisterung lodern, breiten sie sich blitzschnell von einem Mitarbeiter zum anderen aus und erfassen in kürzester Zeit die gesamte Abteilung oder das ganze Unternehmen.

Sie werden jetzt vielleicht einwenden: „Das verstehe ich schon, aber entweder bin ich von einer Idee vollkommen überzeugt oder es ist eben ein Gedanke unter vielen, der mich nicht wirklich bewegt. Was unterscheidet also Manager, die Begeisterung in sich tragen, auch wenn es sich vielleicht nur um eine einfache Idee handelt, von anderen Menschen?"

Exzellente Manager gehen mit ihren Gedanken und Ideen ein klein wenig anders um. Betrachten Sie die Grafik unseres Kommunikationsmodells (siehe Seite 37). Die Art und Weise, wie wir die aufgenommenen und gespeicherten Informationen im Kopf verarbeiten, bestimmt unser Fühlen. Gefühle sind unsere Motivatoren. Wir tun Dinge, weil wir unangenehme Gefühle vermeiden wollen oder weil wir positive Gefühle anstreben.

Wenn Sie wollen, können Sie jetzt sofort ausprobieren, wie exzellente Manager aus guten Ideen das Feuer der Begeisterung schlagen lassen und sie unwiderstehlich machen.

Experiment: Suchen Sie zuerst einen ruhigen Ort auf, wo Sie entspannen können. Machen Sie es sich bequem und lassen Sie die Alltagsgedanken langsam versiegen.

Sie brauchen jetzt zwei Situationen:

Denken Sie zuerst an eine Aufgabe, die Sie schon lange erledigen wollten. Sie konnten sich aber bisher nicht dazu motivieren. Nennen wir das die zukünftige Situation.

Und nun denken Sie an etwas, das für Sie unwiderstehlich ist. Etwas, das Sie sehr gerne tun, weil es eine besonders starke Anziehungskraft für Sie hat, bei dem Sie eher das Problem haben, sich rechtzeitig wieder zu stoppen. Nennen wir das Ihre Ressource-Situation.

Und nun lehnen Sie sich zurück, schließen Sie die Augen. Machen Sie sich in Ihren Gedanken ein Bild der zukünftigen Situation, also der Aufgabe, zu der Sie sich bisher noch nicht motivieren konnten. Betrachten Sie dieses Bild genau und mit Hilfe der Checkliste für Submodalitäten (siehe Anhang, Seite 229) stellen Sie sich dabei folgende Fragen:

Wo ist dieses Bild in meiner Vorstellung? Ist es sehr nahe oder ist es weiter entfernt? Ist es direkt vor oder seitlich von mir?

Wie groß ist dieses Bild?

Ist dieses Bild farbig oder schwarzweiß? Welche Qualität haben die Farben?

Ist das Bild sehr klar oder ist es verschwommen?

Ist das, was ich im Bild sehen, flach oder dreidimensional?
Hat das Bild einen Rahmen? Wie sieht der Rahmen aus?
Kann ich im Bild Bewegung wahrnehmen oder ist es statisch?
Merken Sie sich diese Merkmale. Wir werden sie in Kürze brauchen.

Jetzt werden wir einmal sehen, wie das Bild Ihrer Ressource-Situation aussieht, also der Situation, die für Sie unwiderstehlich motivierend ist. Machen Sie sich dieses Bild präsent und stellen Sie sich dazu die gleichen Fragen wie vorhin.

Haben Sie schon bemerkt, in welchen Kriterien sich die beiden Bilder voneinander deutlich unterscheiden?

Stellen Sie sich nun vor, Sie verfügen über eine Maschine, die Ihre Bilder auf Ihren Knopfdruck blitzschnell in unendlich weite Ferne und wieder zurück verschieben kann. Die hohe Geschwindigkeit, mit der die Bilder bewegt werden, verursacht ein lautes Zischen.

Nun passiert Folgendes: Wenn Sie den Knopf der Maschine drücken, wird sich das Bild der zukünftigen Situation rasend schnell in unendlich weite Ferne und von dort genauso schnell wieder zurück bewegen. Gleichzeitig haben sich die Merkmale dieses Bildes verändert. Es hat alle Merkmale Ihres Ressource-Bildes vollständig angenommen und befindet sich auch genau an derselben Stelle wie das Ressource-Bild. Lautes Zischen begleitet die Bewegung des Bildes.

Drücken Sie jetzt den Knopf.

Wiederholen Sie das ein paar Mal und nehmen Sie dabei wahr, wie die Anziehungskraft dieses Bildes und damit der Wunsch, Ihre Aufgabe zu beginnen, rapide wächst.

Ich möchte Sie dennoch bitten, nicht sofort mit der Aufgabe zu beginnen, die Sie jetzt so reizvoll finden. Wir haben vorher noch einiges zu tun. Bestimmen Sie jetzt gleich den Zeitpunkt, wann Sie sich das Vergnügen gönnen wollen, das zu tun, was Sie sich nun vorgenommen haben.

Alfred war verwirrt. Wie war das möglich? Er spielte leidenschaftlich gerne Schach und er freute sich immer wie ein Kind auf die nächste Partie mit seinem Freund. Das war sein Ressource-Bild. Jetzt verband er die Durchsicht der Personalakte seiner Mitarbeiter, was er sich schon lange vorgenommen hatte, mit einem ähnlich starken Lustgefühl. Und dafür hatte er fünf Minuten seiner Zeit benötigt! Er dachte „Die eigentliche Herausforderung wird für mich sein, mich nur zu solchen Dingen zu motivieren, die es auch wert sind. Sie müssen wirklich auch Priorität haben und meinen ethischen Normen entsprechen."

Diese kleinen Unterscheidungen der inneren Repräsentation unserer Bilder haben enorme Auswirkungen darauf, wie wir uns fühlen. Wir nennen die Repräsentation der Wahrnehmungen unserer Sinnessysteme auch Modalitäten. Demzufolge heißen diese Unterscheidungen auch Submodalitäten. Sie sind die Komponenten unseres Denkens und haben somit gewaltigen Einfluss auf unser Handeln und Streben.

Wie im visuellen Repräsentationssystem gibt es auch im auditiven System Unterscheidungen, die einen Unterschied machen. Denken Sie an eine Handlung, die Ihnen nicht wirklich Spaß macht, etwas, das Sie ganz gerne aufschieben. Und jetzt lassen Sie Ihre innere Stimme Sie auffordern, es zu tun. Spüren Sie wachsende Motivation? Nicht? Vielleicht ist es Ihre gewohnte Strategie, die Sie gerade verwendeten.

Sie wissen: Wenn Sie das tun, was Sie immer schon getan haben, werden Sie auch bekommen, was Sie immer schon bekommen haben.

Also tun Sie einmal etwas ganz anderes: Lassen Sie eine veränderte innere Stimme Worte wählen, die verdeutlichen, dass Sie jetzt damit beginnen werden, weil nur Sie es auf diese besondere Art und Weise tun können, die es bedeutend für Sie macht, es jetzt zu tun. Diese innere Stimme hat genau den Klang, die Lautstärke und die Schwingung, die Sie so gerne hören. Achten Sie auf jedes Detail. Verändern Sie Details und spüren Sie, ob Sie sich dadurch motivierter fühlen. Wenn ja, verstärken Sie dieses Detail noch etwas.

Wenn Sie jetzt die Motivation für Ihre Aufgabe deutlich spüren, machen Sie sich eins bewusst: Das sind die Werkzeuge jener Menschen, die Ihre Ziele mit Energie, Ausdauer und Beharrlichkeit verfolgen, auch wenn noch so unwegsames Gelände ihr Weiterkommen auf dem eingeschlagenen Weg behindert.

Um Ihnen die Arbeit mit Submodalitäten zu erleichtern, finden Sie im Anhang eine Liste, auf der Sie die verschiedenen Ausprägungen ablesen können – damit Sie nichts vergessen, wenn Sie die Unterschiede entdecken wollen, die einen Unterschied machen. Beachten Sie immer alle Ausprägungen, oft ist ein kleiner Bestandteil das wesentliche Kriterium für Ihren Erfolg.

Ein Manager eines großen Medienkonzernes bat mich, ihm zu helfen. Er suchte einen Ausgleich für die berufliche Belastung, der er permanent ausgesetzt war. Darum hatte er sich vorgenommen, täglich eine halbe Stunde zu laufen. Bisher war es allerdings bei diesem Vorsatz und ein paar kläglichen Anläufen geblieben. Laufen reizte ihn, doch im Augenblick der Entscheidung war sein innerer Schweinehund immer ein Quäntchen stärker. Seine Schwäche enttäuschte ihn und nagte auch ein wenig an seinem Selbstwertgefühl, denn einige seiner Kollegen liefen täglich konsequent.

Wir untersuchten gemeinsam die Submodalitäten des inneren Bildes, das
den Zeitpunkt der Entscheidung zum Laufen oder nicht Laufen repräsen-
tierte. Dann holte er sich das Bild ins Bewusstsein, sich für eine rasante
Spritztour im Sportwagen zu entscheiden, eine Entscheidung, die ihm
äußerst leicht fiel. Er war Fan von Ferrari und besaß auch einen, natürlich
in rot. Am meisten begeisterte ihn das tiefe und starke Motorengeräusch
und dieses Vibrieren, das seinen Körper durchströmte, wenn er Gas gab.
Wir verglichen die Submodalitäten dieser beiden Bilder. Sie unterschieden
sich lediglich in der Position: eins war in seiner inneren Vorstellung räumlich etwas höher als das andere. Ich ließ ihn diesen Unterschied testen, er
setzte das Bild, sich zum Laufen zu entscheiden, auch räumlich höher. Das
war es aber nicht. Er fühlte sich dadurch nicht motivierter. Ich ließ ihn daher noch einmal das Bild repräsentieren, sich für eine Fahrt mit dem Roten
ins Grüne zu entscheiden. Er richtete die Augen nach oben und ich nahm
nun wahr, dass sein Kopf sich dabei ganz leicht auf und ab bewegte, so als
würde er damit Takt schlagen. Darauf angesprochen meinte er: „Klar, das ist
Susi Quattro, volle Lautstärke. Wenn ich alleine Auto fahre, höre ich sie immer wieder gern." Das war es. Er bereicherte nun das Bild, sich zum Laufen
zu entscheiden, mit dem Sound von Susi Quattro. Ich sagte noch: „Sind Sie
sicher, dass es wirklich laut ist und aus allen Lautsprechern kommt?" Er
antwortete: „Ja, ich denke schon." „Dann sehen Sie jetzt kurz auf diesen
Lautstärkeknopf. Er lässt sich noch ein gutes Stück nach rechts drehen. Also tun Sie es jetzt. Und hören Sie, wie der Sound mit seinen Bässen und
Höhen Sie einhüllt, unwiderstehlich umfängt und nach vorne zieht." Machen Sie sich keine Hoffnungen, den holen Sie nicht ein, wenn Sie ihm
heute im Park begegnen.
Submodalitäten sind das Material, mit dem wir denken. Sie sind dafür verantwortlich, ob wir uns für oder gegen etwas entscheiden, ob uns etwas
Spaß macht oder nicht, ob wir Dinge mit Freude angehen, wie wir in unseren Köpfen die Welt wahrnehmen und wie wir Dinge voneinander unterscheiden. Submodalitäten lassen uns wissen, ob ein Ereignis schon lange
zurückliegt, erst vor kurzem geschah oder ein imaginiertes ist. Darauf kommen wir später noch zu sprechen.
Sie haben nun gelernt, die Submodalitäten zu nützen, um sich für eine Sache zu motivieren – vielleicht sind Sie selbst schon auf diesen Gedanken
gekommen. Sie können natürlich auch das Gegenteil damit tun. Vielleicht
gibt es etwas, das Sie zwar reizt, aber eigentlich sollten Sie etwas Wichtige-
res tun.
Nehmen wir an, Sie wollen abnehmen, haben den festen Vorsatz dazu, kaufen aber dann doch diese leckeren kleinen Fettsünden ein. Na und wenn es

schon zu Hause herumliegt, isst man es eben. Am Abend wollten Sie noch die Steuererklärung angehen, der Steuerberater drängt schon. Doch da ist das gemütliche Sofa, die Zeitung daneben, ein kühler Drink steht auch schon bereit (welcher Engel war das?). Oder Sie können sich nicht aufraffen, endlich diesen unangenehmen Anruf zu tätigen, auch wenn Ihnen schon bewusst ist, dass Sie ihn nicht mehr lange aufschieben können – jetzt wäre Gelegenheit dazu. Aber draußen ist es doch so schön, die Sonne scheint, die Luft ist lau und aufgeschoben ist nicht aufgehoben. Der endgültig letzte Zeitpunkt ist sowieso erst morgen.

Sie wissen bereits, wie leicht es ist, sich zum einen zu motivieren. Aber da ist noch das andere, für das Sie bereits eine erfolgreiche Entscheidungsstrategie verwenden – Fettmacher einkaufen, am Sofa sitzen, spazieren gehen und anderes. Geben Sie dem einen größere Chancen, Wirklichkeit zu werden, indem Sie zusätzlich auch die Submodalitäten des anderen verändern. Ihre Ausprägungen der Submodalitäten, wenn Sie sich gegen etwas entscheiden, kennen Sie bereits. Auch das ist eine nützliche Strategie. Wenden Sie sie an, wenn Sie etwas nicht tun wollen. Verändern Sie die Submodalitäten für „Leckereien einkaufen" so, dass Sie Ihrer Nicht-Entscheidungsstrategie entsprechen. Sie schlagen damit die Rivalen dessen, was Sie tun wollen, aus dem Rennen und gewinnen dabei.

Aber geben Sie Acht, es wirkt sicher. Achten Sie sorgfältig darauf, ob das, wofür und wogegen Sie sich motivieren, Ihren Werten gerecht wird. Die Submodalitäten zu nützen kann zur Waffe Ihres Pflichtgefühls werden, das andere Werte wie Spaß, Lebensfreude, Freiraum zur Kontemplation oder Zeit für die Familie überdeckt, diese zu kurz kommen lässt. Das ist nicht der Sinn der Sache. Seien Sie sich Ihrer Werte bewusst, wenn Sie NLP-Bausteine verwenden. Sie sind dazu da, ein besseres Leben zu ermöglichen. Sie tragen die Verantwortung dafür.

„Sich selbst so sicher motivieren zu können ist eine gewaltige Chance. Es gibt so viele Dinge in meinem Leben, die ich vor mir her schiebe. Und das sind keine Nebensächlichkeiten. Der innere Schweinehund war eben immer stärker gewesen. Nun habe ich das Werkzeug, ihn zu zähmen. Wie viele wichtige Aufgaben werden wohl in meinem Unternehmen im letzten Augenblick, zu spät oder gar nicht erledigt? Dinge, zu denen sich die Mitarbeiter aus welchen Gründen auch immer nicht aufraffen können? Mit diesem Wissen haben sie die Chance, es auch noch gerne zu tun."

Alfreds Blick fiel auf das magische Dreieck. So vieles hatte er in den letzten Tagen über sich selbst erfahren. Über die Art und Weise, wie Menschen Informationen aufnehmen und verarbeiten, wie sie denken und wie

Gefühle entstehen, wie man sich selbst und anderen innere Motivation ermöglicht und was effiziente Kommunikation ausmacht.

„Das ist die Basis für Vorbildwirkung. Wenn ich diese Bausteine in meinem Verhalten integriert habe, kann ich mich getrost meinen Aufgaben zuwenden. Sie geben mir als Manager Sicherheit."

Und es war vieles, was er bewegen wollte. Er hatte große Pläne in seinem Unternehmen. Viele davon waren vage Konzepte und nebelhafte Ideenansätze. Schon oft hatte er darüber nachgedacht, wovon es abhängt, dass aus solchen aufblitzenden Gedanken konkrete Ideen entstehen, die schließlich Realität werden. Er dachte: „Was sind die Mechanismen eines solchen kreativen Prozesses? Was sind die Geheimnisse des Dreiecks Vision?"

I³ – Die Vision

Für Alfred hatte sich bereits jetzt viel verändert. Seine Art, anderen zuzuhören, hatte eine andere Qualität angenommen. Ein Gedanke hatte ihn dabei besonders beschäftigt: „Mit dem Wissen, dass Einstellungen und Denkgewohnheiten letztendlich das Handeln der Menschen bestimmen, ist es leicht zu akzeptieren, dass die Arbeitsergebnisse meiner Mitarbeiter manchmal nicht meinen Qualitätskriterien entsprechen. Ich denke, der eine oder andere hat eben genau das getan, was zu diesem Zeitpunkt und mit seinen Denkgewohnheiten möglich war." Mit dieser Überlegung war die Sicht auf die Dinge plötzlich ganz anders. Es konnte ihm nicht mehr in den Sinn kommen, seine Mitarbeiter zu beschuldigen, wenn das Ergebnis nicht seinen Vorstellungen entsprach. Er sah darin vielmehr die Herausforderung, seinen Mitarbeitern vermitteln zu können, dass Denken und Handeln auch auf eine andere Art und Weise möglich ist. Alfred hatte an sich wahrgenommen, dass durch diesen Denkrahmen, den er sich damit setzte, das Leben viel harmonischer wurde. Nicht mehr Zorn und Ärger waren die Inhalte, sondern Lösungen und Kreativität. Für Alfred war das der tiefgreifendste Veränderungsprozess seit seiner Jugend.

Inzwischen hatte er tatsächlich mit seinen Verkäufern und Key Account Managern die Metaprogramm-Muster der A-Kunden besprochen und dokumentiert. Verkäufer nehmen neue Methoden, die ihnen geboten werden, gerne an. Mit Feuereifer bei der Sache hatten sie sich im Gespräch mit den Kunden an diese Muster angeglichen. Das Feedback, das Alfred von ihnen erhalten hatte, war eindeutig. Gerade solche Kunden, die seine Verkäufer bisher in der Schublade mit der Aufschrift „Schwierig" eingeordnet hatten, gaben von sich aus ihrer Freude über die deutlich verbesserte Gesprächsbasis Ausdruck. Seine Verkäufer hatten bestätigt, leichter und schneller Kontakt herstellen und aufbauen zu können.

Inzwischen hatte sich ein neues Problem aufgetan. Alfred hatte vor ungefähr zwei Jahren eine Ideenbörse eingeführt. Zu Beginn hatten die Mitarbeiter eifrig mitgemacht, dann war das Interesse sehr rasch gesunken. Seitdem erhielt Alfred immer wieder von den gleichen Personen Ansätze guter und auch abgehobener Ideen. Das Team, das die Ideen auf Realisierungsgehalt überprüfen sollte, verwarf jedoch alles, was hereinkam. Er dachte: „Die Aufgabe des Managers ist es doch, die Zukunft zu erfinden. Warum kann ein Manager nicht so kreativ sein wie ein Künstler? Ich sehe

> es als meine Aufgabe, die Unternehmensziele in kreative Ideen zu verwandeln, die auch realisierbar sind. Eigentlich sollte ich der größte Lieferant der Ideenbörse sein."

Man träumt gar nicht oder interessant.
Man muss lernen, ebenso zu wachen –
gar nicht oder interessant.
(Friedrich Nietzsche)

Wir leben in einer Welt von Ideen.

Nicht metaphorisch, sondern ganz konkret. Dieses Haus, indem wir uns gerade aufhalten, war einmal die Idee eines Architekten. Um dieses Haus zu dem zu gestalten, was es jetzt für uns ist, fügten viele Menschen weitere Ideen hinzu. Sie schufen Fenster und Türen, kreierten Muster für Teppiche und Vorhänge, entwarfen die Form von Beleuchtungskörpern und Gebrauchsgegenständen. Der Stuhl, auf dem Sie sitzen, ist das Produkt vieler Einzelideen von Menschen, die bereit waren, über das aktuell gegebene hinauszudenken und hinauszugehen. In eine Richtung, die sie mit vollem Engagement gehen wollten und deshalb auch konnten. Und sie haben dabei genügend andere mitgenommen, damit es auch Wirklichkeit werden konnte.

Wenn wir uns selbst und damit auch andere besser kennen, angemessener kommunizieren und auch in schwierigen Situationen auf Kurs bleiben können, stellen sich die nächsten Fragen:

- Welcher Kurs ist unser Kurs und was sind die Teiletappen?

- Können wir mit den wechselnden Entwicklungen guten Mutes mithalten?

- Können wir an den Ideen, die unserem Kopf entspringen, andere sosehr teilhaben lassen, dass sie bereit sind, ihren Beitrag zu leisten?

Wir werden uns das Dreieck der „kreativen Kompetenz" erschließen. Lassen Sie uns mit dem Grundlegendsten und Wichtigsten beginnen!

I³ – Die Vision

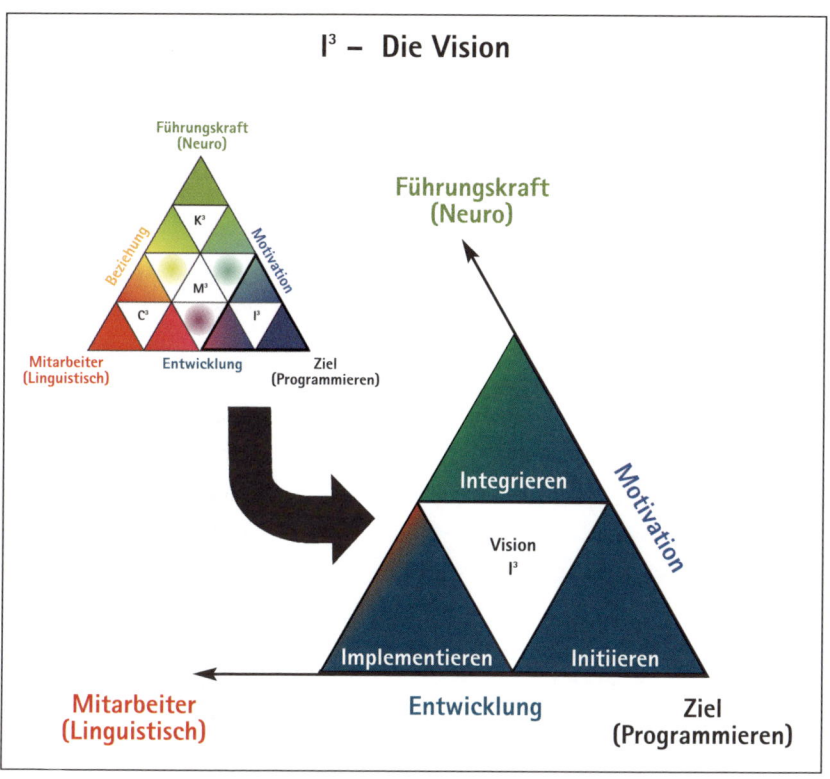

Initiieren
Erinnerung an die Zukunft

Ein Mann, der einen bedenklichen Lebenswandel führte, kam zu einem Weisen und fragte ihn nach einer Möglichkeit, seine Seele zu retten: „Ich bin in meinem Leben viele Jahre in die falsche Richtung gegangen, habe gesündigt und meinen Überzeugungen zuwider gehandelt, wählte oft den bequemen Weg, wissend, dass er der falsche war. Nun bin ich besorgt, dass sich all das in meiner Seele eingebrannt hat und sie für alle Ewigkeit verloren ist. Weiser Mann, sag mir deine Wahrheit. Macht es für einen wie mich noch Sinn, sich zu verändern, oder soll ich alles lassen wie es ist?" Der Weise lächelte milde und antwortete: „Deiner Seele kann sich nichts einbrennen, denn sie ist das Feuer selbst. Und wenn du stirbst, so wird sie dir den Weg leuchten, auf dem du deinen guten Platz im Jenseits finden kannst. Das ist ihre Aufgabe. Ihre Flamme kann flackern und kleiner werden, wenn du auf Wegen gehst, wo der Wind aus der falschen Richtung weht. Wann immer du dies bemerkst, gedenke des folgenden Gebotes: Wenn du am vorletzten Tag deines Lebens deine Richtung änderst und wieder auf den richtigen Weg findest, wird das Feuer deiner Seele wieder so viel Kraft bekommen, dass es dir den Weg ins Jenseits leuchten kann. Dorthin wo deine Seele einen guten Platz hat." Der Mann war nur etwas beruhigt und fragte: „Aber woher werde ich als Sterblicher denn wissen, wann mein vorletzter Tag beginnt?" „Du hast Recht, du kannst es nicht wissen. Vielleicht ist es dann am besten, du änderst deine Richtung noch heute!"

Die wertvollsten Wahrheiten sind jene, die wahr bleiben, auch wenn man sie oft hört: Erfolg braucht eine positive Lebenshaltung!

Wenn wir erfolgreich sein wollen, ist es zu wenig, mit dem Gegebenen unzufrieden zu sein. Wir müssen auch bereit sein, jene Zukunft zu erfinden, in der wir einmal leben wollen. Es beginnt damit, dass wir unserem Leben eine grundlegende Richtung geben, die uns erfüllt, von der wir fühlen, dass sie gut und richtig ist für uns, um daraus Ziele zu entwickeln, die uns als Etappenziele dienen. Wir müssen rechtzeitig mit der Entwicklung von neuen Fähigkeiten beginnen, damit wir den Herausforderungen der kommenden Etappen gewachsen sind. Wir müssen dabei an uns glauben, denn selbst bei bester Vorbereitung wird manchmal der Wind der Veränderung aus einer unerwarteten Richtung kommen und dann wird der Glaube an uns und unsere Bestimmung das Einzige sein, das uns stützt. Und zu guter letzt müssen wir der Zeit zuvor kommen. Nicht sie soll uns verändern, sondern wir verändern unser Selbstverständnis und erlauben damit unserer erwünschten Zukunft, leichter Wirklichkeit zu werden.

Durch alle Zeiten gab es visionäre Menschen, die nicht nur Ideen hatten, sondern sie auch begeistert realisierten. Walt Disney ist dafür ein exzellentes Beispiel. Er schuf in seinem Kopf Konzepte, Geschichten, Gestalten und ganze Welten, ließ sie Wirklichkeit werden und die Menschen sind davon heute noch begeistert. Er hatte immensen geschäftlichen Erfolg damit. Seine Filme, Geschichten und Erlebniswelten sprachen und sprechen heute noch ein sehr breites Publikum an. Was war das Geheimnis seines Ideenreichtums?

Der Sinn des Lebens

> *Wir können zwar tun, was wir wollen,*
> *aber können wir auch*
> *wollen, was wir wollen?*
> *(Arthur Schopenhauer)*

Walt Disney machte etwas, das ihm so viel Spaß machte, dass er es auch gemacht hätte, wenn ihn niemand dafür bezahlt hätte, wie er seinem Neffen erzählte. Wir werden nur dann hundert Prozent unserer Energien und Fähigkeiten einsetzen, wenn wir in eine Richtung arbeiten, die uns verlockend erscheint. Bedeutender und vorrangiger als einzelne Ziele ist die generelle Richtung unseres Wollens. Wohin streben wir ganz natürlich in allen Momenten unseres Lebens? Konkretisieren wir dann Ziele, die in dieser Richtung liegen, kommt die Motivation uneingeschränkt von alleine. Andererseits ist selbst das Erreichen von Zielen ein Scheitern, wenn es Ziele sind, die nicht in unserer Richtung liegen. Und Scheitern kostet Kraft und macht uns unzufrieden mit uns und mit dem Leben.

Ein Manager, der seine Organisation von mir beraten lassen wollte, hatte

ein Zitat von Samuel Beckett als Motto in seinem Büro hängen: „Jemals probiert, jemals gescheitert? Belanglos! Wieder probieren, besser scheitern." Besser scheitern? Mir kam der Verdacht, dass eine Organisation, deren Chef ein besseres Scheitern als Leitspruch hat, vorhersagbare Probleme haben wird: Mitarbeiter werden nicht ihr Bestes und nichts mit vollem Einsatz geben, wenn das angestrebte Ziel „besser scheitern" ist. Ich erzählte ihm folgende Geschichte: Wie jedes Jahr gehen drei Freunde in Kanada auf Elchjagd. Sie lassen sich in ein kleines Tal mit einem See fliegen, in dem das Wasserflugzeug landen kann. Nach drei Tagen kehren sie zurück. Jeder hat einen Elch erlegt. Sie beginnen das Flugzeug voll zu packen, binden den einen Elch an den linken Schwimmer, den anderen an den rechten und den dritten verstauen sie im Gepäckraum. Der Pilot, der das alles ruhig beobachtet, empfiehlt ihnen, zweimal zu fliegen, weil mit voller Bepackung und Besetzung das Flugzeug zu schwer und der See als Startbahn zu kurz wäre. Daraufhin erklärte ihm einer der drei Freunde: „Guter Mann, wir tun das nun schon seit zehn Jahren und es ist immer der gleiche See, wir drei sind die gleichen, es sind immer drei Elche und es ist immer das gleiche Flugzeug. Nur der Pilot ist heuer jemand anderer, nämlich Sie!" Der Pilot fühlte sich bei seiner Ehre gepackt, startete das überfüllte Flugzeug, setzte so weit wie möglich zurück, ließ die Motoren auf Hochtouren laufen und glitt mit dem Wasserflugzeug über den See, zog es im letzten Moment hoch, kam über die ersten Baumwipfel hinweg ... Doch dann verfing sich ein Schwimmer in einem Baumwipfel, das Flugzeug stürzte ab und alle fielen heraus. Der erste der drei rappelte sich auf und rief einen seiner Freunde: „Hallo Paul! Wo sind wir da?" Paul rappelte sich auf und antwortete: „Ich weiß nicht genau, aber ich glaube circa zwanzig Meter weiter als voriges Jahr." Sehen Sie? Das verstehe ich unter besser scheitern! Mein Klient verstand sofort und wusste, dass nicht die Mitarbeiter motiviert werden müssen, sondern er seine Richtung finden sollte. Wenn wir noch so viel unternehmen, es wird höchstens ein erfolgreiches Scheitern sein, wenn wir nicht wissen, wohin der natürliche Zug unserer Energien geht.
Der Zusammenhang ist uns aufgrund vieler Erfahrungen bewusst. Aber nur wenige befassen sich gezielt mit diesem Thema. Also lassen Sie es uns jetzt tun! Ich möchte Ihnen nun mit folgendem Experiment die interessante Erfahrung zugänglich machen, Ihre eigene Richtung zu erleben und zu spüren. Dieser Prozess wird von Ihnen sehr spannend erlebt werden, weil er ein tiefes Verstehen Ihrer Motivation ermöglicht. Also lehnen Sie sich zurück, entspannen Sie sich und stellen Sie sich ein paar Fragen ...

Experiment: Lassen Sie jetzt einen ganz gewöhnlichen Tag ohne Besonderheiten an sich vorüber ziehen. Welche schönen Dinge erleben Sie an einem solchen Tag Ihres Lebens? Was macht Ihnen dabei Spaß? Was sind die kleinen Freuden des Alltags, die Ihnen das Leben versüßen? Auf welche kleinen und größeren Genüsse freuen Sie sich immer wieder? Lassen Sie sich dabei Zeit und bringen Sie das, was kommt, zu Papier. Denn es gibt viele Dinge in Ihrem Leben, die Spaß machen. Wir tragen sie nur nicht oft genug über die Schwelle des Bewusstseins.

Und jetzt erweitern Sie den Zeitrahmen, den Sie überblicken, ein wenig. Welche schönen Dinge geschehen im Rahmen einer ganz normalen Woche? Was macht Ihnen im Zuge einer Woche Spaß? Worauf können Sie sich freuen? Welche schönen Erlebnisse bieten sich Ihnen im Beruf, in der Freizeit, mit der Familie, mit Freunden? Was läuft am Wochenende? Halten Sie alles fest.

Lassen Sie nun Ihren Fokus noch einmal weiter werden und betrachten Sie einen Monat Ihres Lebens. Welche Annehmlichkeiten können Sie im Lauf eines Monats genießen? Kleinere und größere erfreuliche Erlebnisse, die Ihr Leben lebenswert machen. Was nehmen Sie sich immer wieder vor und sind glücklich darüber? Bringen Sie alles zu Papier.

Der Blick wird weiter. Sie betrachten jetzt ein ganzes Jahr Ihres Lebens. Was an schönen Dingen kann Ihnen dieses Jahr bieten? Welche erfreulichen Erlebnisse geschehen da? Was unternehmen Sie mit Kollegen, der Familie oder Freunden, das Ihnen Freude bereitet? Welche spannenden Dinge erleben Sie im Beruf oder im Urlaub? Halten Sie auch das fest.

Und jetzt betrachten Sie Ihr ganzes bisheriges Leben. Welche Highlights finden Sie da? Welche schönen Dinge haben Ihr Leben so gestaltet, dass Sie es in vollen Zügen genießen können? Welche Ereignisse und Erfahrungen brachten Farbe in den Alltag, hoben die Stimmung, versorgten Sie mit positiven Gefühlen?

Aber wir wollen hier noch nicht stillhalten. Erweitern Sie Ihren Fokus nun auf das, was einmal Ihr gesamtes Leben gewesen sein wird. Welche Momente des Glücks sehen Sie da? Wo in Ihrem Leben hat Spaß seinen Raum, welche Ereignisse sind Ursache für Lebensfreude? Was gibt Ihrem Leben Sinn? Bringen Sie alles Schöne, alle Freuden Ihres Lebens zu Papier, Sie betrachten dabei einen wesentlichen Bestandteil Ihrer Persönlichkeit.

„Merkwürdig. Ich hätte angenommen, dass die Zahl der kleinen und großen Freuden meines Lebens weit größer ist als die eines Tages. Tatsächlich ist es fast umgekehrt. Was jetzt auf diesem Blatt Papier steht, ist eine ziemlich gute Beschreibung meiner Person. Ich würde Menschen, die vorhaben zusammenzuleben, empfehlen, diese Beschreibung der Lebensfreude auszutauschen, um einander besser zu verstehen und Missverständnissen vorzubeugen. Wünsche, Werte und Visionen sind darin leicht erkennbar. Ich halte es auch für eine wertvolle Basis für das momentan hoch propagierte ‚Allignment of Business Units', also die organisatorische, ablauftechnische und menschliche Synchronisation von Abteilungen, die Schnittstellen miteinander haben. Abteilungen, die zusammenarbeiten, könnten ihre Ziele und Erfolgsszenarien beschreiben, um damit gegenseitiges Verständnis über ihre Ausrichtung zu erzielen und die Gemeinsamkeiten herauszuarbeiten. Dieser Prozess ist nicht nur dann sinnvoll, wenn es zwischen Abteilungen kriselt. Vorbeugen ist immer besser als heilen."

Nehmen Sie jetzt Ihr Blatt zur Hand und vergleichen Sie die Freuden eines Tages mit den Freuden Ihres gesamten Lebens. Sie werden viele Übereinstimmungen entdecken. Was im Laufe eines Tages Spaß macht, gibt auch in Ihrem ganzen Leben Sinn. Manchmal finden sich die täglichen Freuden in Verallgemeinerungen Ihres Lebens wieder. Aus der Sicht des gesamten Lebens betrachtet repräsentiert sich der liebevolle Kuss eines Partners beim nach Hause kommen als wahrnehmungsspezifischer Bestandteile der Liebe zu ihr oder zu ihm. Der kleine Mittagsspaziergang durch den Park verschafft Ihnen vielleicht das Maß an Zurückgezogenheit und Kontemplation, das Ihr Leben lebenswert macht.

Sie finden darin vielleicht auch Freuden eines Tages und des ganzen Lebens, die einander widersprechen. Sie wissen es wahrscheinlich: Die zum Kaffee genussvoll gerauchte Zigarette ist kontraproduktiv zu Ihrer Freude an einem gesunden Körper bis ins hohe Alter. Sie erhöhen Ihr Selbstverständnis, wenn Sie Gemeinsamkeiten und Widersprüche erkennen. Sehen Sie aufgedeckte Diskrepanzen als Chance, darüber nachzudenken, auf welche Art und Weise Sie diese bereinigen können. Kongruente Menschen leben ihre Wünsche und Werte im Kleinen und im Großen gleichermaßen.

Mitunter erweisen sich die kleinen Freuden des Alltags bei näherer und objektiver Betrachtung als Schadenfreude. Auch das hat mit persönlicher Kongruenz zu tun. Die Wünsche und Ziele langfristig erfolgreicher und innerlich gefestigter Persönlichkeiten sind zumindest nicht im Widerspruch zu den Werten und Zielen der Umgebung. Schadenfreude geht auch selten mit den Freuden eines gesamten Lebens konform. Nutzen Sie also auch diese Chance, Ihre Persönlichkeit fit für Erfolg zu machen. Walt Disney hatte seine Richtung und hinterließ uns viel. Unter anderem ein Kreativitätsmodell, das, wenn wir in der richtigen Richtung unterwegs sind, das Finden der nächsten Schritte leicht und angenehm macht. Sein Denkprozess, eine Idee zu entwickeln und zu konkretisieren, ist mehrstufig. Jeder Schritt verlangt nach einer besonderen Rolle, welche auch spezifische Denkstrategien impliziert. Walt Disney war in besonderem Maße fähig, diese Rollen auszufüllen. Und er war in der Lage, sehr rasch zwischen diesen Rollen zu wechseln. Sie wissen inzwischen, was ich meine, wenn ich von Denkstrategien spreche. Ich werde Ihnen diese Rollen anhand der Repräsentationssysteme und der Metaprogramme erläutern.

Der Initiator

Lasst uns realistisch bleiben, versuchen wir das Unmögliche.
Ernesto „Che" Guevara

Der Initiator leitet den Prozess ein und beschreibt das Anliegen, das Lösungspotential eines Problems, das Ziel dieses Prozesses.
Seine Frage lautet: Warum ist uns dies ein Anliegen? Warum ist uns dieses Ziel wichtig? Sein Bestreben ist auf die richtige Richtung und den Sinn gerichtet.
Sein Denken ist eher global orientiert. Die Sinnhaftigkeit des Ganzen ist ihm wichtig. Er denkt mehr in Lösungen als in Problemen (Richtungsorientierung „hin zu"). Der Initiator lernt aus der Vergangenheit, um so vollbepackt mit Ressourcen und Gestaltungsdrang die Zukunft zu verändern; er braucht also den Zeitüberblick (through time). Er ist der Stein des Anstoßes (aktiv). Der Initiator ist gleichzeitig auch Moderator, der sein Augenmerk auf die richtige Abfolge der Prozessschritte (Prozessorientierung) richtet. Auch dafür braucht er den zeitlichen und Prozessüberblick. Seine Repräsentation ist die Vision (visuell konstruiert).

Der Träumer

Der Träumer hat die Ideen. Der Nebel der Vision ballt sich zu Gestalten und Formen. Sein primäres Arbeitsfeld ist das visuelle Repräsentationssystem. Walt Disney verband seine inneren Bilder mit Klängen, Musik, Stimmen und besonderen Gefühlszuständen. Wir nennen diese Verschränkung von Repräsentationssystemen Synästhesie, ein Phänomen, das bei kreativen Menschen wahrzunehmen ist. Maler werden manchmal durch ein Musikstück oder einen besonderen Geruch inspiriert. Ein wunderschönes Landschaftsbild regt zur Komposition eines Liedes an.

Auf seinem visuellen Arbeitsfeld findet der Träumer ein breites Spektrum an Möglichkeiten vor (Optionsorientierung). Er ist im inneren Gestaltungsprozess voll assoziiert und vergisst dabei alles um sich herum (intime). Seine Ideen entstehen als großes Ganzes und werden detailhafter, je mehr sie Gestalt annehmen. Er orientiert sich an der Vision, sucht keine Unterscheidungen, sondern Ähnlichkeiten, Gemeinsamkeiten.

Seine Frage lautet: Was kann es sein, das uns dem Ziel, dem Anliegen näher bringt? Was ist die Lösung, die uns die Welt schöner werden lässt? Welche Idee kann uns helfen, das Leben auf der Erde noch ein wenig angenehmer zu gestalten?

Der Realist

Der Realist ist das Bindeglied zwischen Idee und Wirklichkeit. In Erfüllung dieser Aufgabe wird er zur Idee. Walt Disney gab seinen Märchenfiguren Realitätsgehalt, indem er sich voll und ganz in ihre Gestalt assoziierte. Er schlüpfte in Cinderellas Haut und erlebte ihre Abenteuer mit allen Sinnen. Er wollte dabei die Geschichten zutiefst nachempfinden können. Das Hauptrepräsentationssystem des Realisten ist die Kinästhetik. Er setzt den Weg des Träumers ins Detail fort (Detailorientierung), macht ihn handgreiflich und schafft aus dem Nebeneinander des Träumers ein Nacheinander, eine zeitliche Sequenz (Prozessorientierung).

Seine Frage lautet: Wie fühlt es sich an, wenn diese Idee Wirklichkeit wird? Wie kann ich die Bilder des Träumers Wahrheit werden, entstehen lassen?

Der Kritiker

Ohne den Kritiker würden Ideen an der Realität scheitern. Denn er ist die letzte Instanz in Sachen Qualität. Er prüft mit allen seinen Sinnen (VAKOG) und sehr detailorientiert. Seine Stärke ist, nicht Teil der Idee zu sein, sondern kritisch beurteilen, außerhalb stehen zu können. Walt Disney war an dieser Rolle wichtig, großen Abstand von der Idee oder dem Konzept zu haben, um es beurteilen zu können. So wie Unternehmen gerne externe Unternehmensberater beschäftigen, die als Außenstehende ohne interne Scheuklappen Schwachstellen erkennen. Der Kritiker sucht Fehlerquellen, um sie zu vermeiden (weg-von-orientiert): Was stimmt nicht überein mit unseren Werten und Zielen (Unterschiede)? Er verlässt sich dabei stark auf sein eigenes Urteil (interne Referenz). Sein Ziel ist nicht handeln, sondern überlegen (reflektiv).

Seine Frage lautet: Was ist, wenn in Zukunft kritische Situationen eintreten? Hält die reale Konstruktion diesen Situationen stand? Wurden Details übersehen, die das Konzept scheitern lassen können?

Die Disney-Strategie

Ich möchte Sie nun Walt Disneys Kreativitätsmodell erleben lassen.
Schaffen Sie jetzt bitte Raum, wir brauchen viel Platz. Sie werden in Kürze jeder dieser Rollen einen Platz im Raum zuordnen. Die Plätze sollten voneinander deutlich unterscheidbar sein.

Position des Initiators etablieren

Suchen Sie eine Stelle im Raum, die für Sie dazu angetan ist, die Vision, das Anliegen zu erfinden. Denken Sie jetzt an eine Situation in der Vergangenheit, in der Ihnen das besonders leicht gefallen ist. Erleben Sie jetzt diese Situation. Nehmen Sie die typische Körperhaltung ein, die Sie mit dieser Rolle verbinden. Erinnern Sie sich genau, wie diese aussieht und sich anfühlt. Vielleicht gehört auch ein besonderes Geräusch oder eine Melodie dazu.

An dieser Stelle sind Ihre Denkprozesse:

■ Visuelle Repräsentation

■ Chunkgröße: global

■ Richtungsorientierung: hin zu

■ Zeitfilter: through time

■ Aktivität: proaktiv

- Handlung: Prozess

- Frage: Warum?

Position des Träumers etablieren

Welche Stelle im Raum atmet für Sie Kreativität? Das ist jetzt Ihr Platz. Und wann in der Vergangenheit waren Sie immens kreativ, sprühten vor Ideen? Wie war da Ihre Körperhaltung? Ist diese Körperhaltung auch mit einer besonderen Bewegung verbunden, einem Schaukeln am Stuhl oder auf und ab gehen? Oder schlenkern Sie dabei mit den Beinen? Verhalten Sie sich jetzt genauso wie damals, das erzeugt dieses Milieu in Ihrem Hirn, das Lichtwolken Gestalt werden lässt.

An dieser Stelle sind Ihre Denkprozesse:

- Visuelle Repräsentation (Synästhesien)

- Chunkgröße: global – Detail

- Handlung: Option

- Zeitfilter: intime

- Vergleich: Gemeinsamkeiten

- Frage: Was?

Position des Realisten etablieren

Sie wissen schon, was Sie zu tun haben. Wo ist die Stelle im Raum mit deutlichem Realitätsbezug? Und wann in Ihrer Vergangenheit hatten Sie die Erfahrung, mit beiden Beinen am Boden zu stehen und Ideen und Konzepte Realität werden zu lassen? Was ist die typische Körperhaltung und das zugehörige Bewegungsmuster?

An dieser Stelle sind Ihre Denkprozesse:

- Kinästhetische Repräsentation

- Assoziiert in System/Idee

- Chunkgröße: global – Detail

- Handlung: Prozess

- Frage: Wie?

Position des Kritikers etablieren

Und jetzt haben Sie schon Erfahrung. Finden Sie die richtige Stelle im Raum, machen Sie sich eine vergangene Erfahrung zugänglich, wo Sie hochwertig konstruktive Kritik übten, und übernehmen Sie die typische Haltung und Bewegungsmuster.

An dieser Stelle sind Ihre Denkprozesse:

- Repräsentationssystem VAKOG

- Dissoziert von System/Idee

- Chunkgröße: Detail

- Vergleich: Unterschiede

- Referenz: intern

- Aktivität: reflektiv

- Frage: Was wäre wenn ...?

Position und Haltung des Initiators einnehmen

Bestimmen Sie Ihr Anliegen. Für welches Problem suchen Sie Lösungen? Was soll in Zukunft besser werden? Seien Sie sich dessen bewusst, dass Sie damit auch gleichzeitig die Rolle des Moderators übernommen haben. Achten Sie in dieser Rolle vor allem auch darauf, dass jede Rolle unbeeinflusst von den anderen ihre Stärken ausspielen kann.

Position und Haltung des Träumers einnehmen

Greifen Sie das Anliegen auf und formen Sie es zu konkreten Ideen. Geben Sie Ihren Gedanken Raum, sich zu entfalten. Welche Lösungsmöglichkeiten sind denkbar? Was könnte die Situation verbessern? Bilden Sie Synthesen von bereits Bekanntem. Alles, was kommt, ist gut.

Position und Haltung des Realisten einnehmen

Erstellen Sie eine Prioritätenliste dieser Ideen. Nehmen Sie die erste und bringen Sie sie mit der Wirklichkeit in Kontakt. Wie lässt sich diese Idee realisieren? Wie könnte sich das Ergebnis anfühlen? Machen Sie die Lösung handgreiflich. Stellen Sie hier auch den zeitlichen Bezug her. Wann und wo soll die Lösung Wirklichkeit werden?

Position und Haltung des Kritikers einnehmen

Üben Sie konstruktive Kritik am entstandenen Ergebnis. Weder der Träumer noch der Realist sind Ziel Ihrer Kritik, sondern ausschließlich das Ergebnis. Was könnte das Funktionieren des Ergebnismodells zum Scheitern bringen?

Qualität und Verbesserung

Beginnen Sie wieder mit der Position und Haltung des Initiators. Sie als Initiator sind der Auftraggeber des Prozesses. Prüfen Sie an dieser Stelle, wie weit das Ergebnis mit Ihrem Anliegen konform geht, eine Lösung für das Problem darstellt. Führt die Lösung zu einer Win-Win-Situation oder gibt es dabei etwa Verlierer? Wenn Sie mit dem Ergebnis nicht konform gehen, geben Sie dem Prozess eine neue Richtung. Sind Sie mit dem Ergebnis zufrieden, dann geben Sie die Kritikpunkte an den Träumer weiter, um dafür Lösungsideen zu entwickeln und so die Qualität des Ergebnisses noch zu verbessern. Der Realist wird diese Ideen wieder konkretisieren, der Kritiker wird sie prüfen.

Durchlaufen Sie diesen Prozess solange, bis auch der Kritiker zum Endergebnis ein gutes Gefühl entwickelt. Dann können Sie sicher sein, damit Erfolg zu haben.

Jetzt war Alfred auch klar, warum das mit der Ideenbörse bisher nicht funktioniert hatte. Die Ideen kamen ausschließlich von sehr kreativen Typen, sie waren noch viel zu wenig durchdacht und wenig praxisorientiert. Das Team, welches die Ideen bewerten sollte, bestand hauptsächlich aus Kritikern, die damit nichts anfangen konnten und daher die Ideen einfach in der Luft zerrissen. Alfred nahm sich vor, die Besetzung dieses Teams so zu verändern, dass alle Rollen mit ähnlicher Gewichtung vertreten sind. Alfred würde als Initiator selbst die Moderation übernehmen und so dafür sorgen, dass im Prozess die richtige Reihenfolge eingehalten wird. Er freute sich schon auf den Innovationssprung, den seine Abteilung ab jetzt nehmen würde.

Behalten Sie die Pfeile, die der Träumer abschießt, im Köcher, sie sind viel zu wertvoll, um einfach verworfen zu werden. Verhaltensvielfalt bringt Flexibilität und der Träumer ist ein Garant dafür.

Denken Sie in jeder Phase dieses Prozesses: Es gibt keinen Fehler, nur Feedback. Rückschläge sind in Wahrheit keine Probleme, sondern Lösungen für Probleme, an denen Sie gerade nicht arbeiten.

Diese Rollen symbolisieren gleichzeitig spezifische Grundhaltungen der

Menschen in Bezug auf das Leben und ihre Aufgabe. Sie beantworten auch die Frage der Motivation.

Wenn Sie einen typischen Initiator mit einer Aufgabe betrauen, wird er vordringlich und hauptsächlich wissen wollen, was der eigentliche Sinn dieser Aufgabe ist und was sie mit ihm selbst zu tun hat. Seine erste Frage wird lauten: Warum soll ich das tun? Wenn Sie diese Frage befriedigend beantworten können, haben Sie den Initiator für die Tätigkeit bereits voll und ganz gewonnen. Sie erkennen solche Menschen sehr gut daran, dass sie sehr häufig mit Sinnfragen beschäftigt sind.

Der Träumer ist an den Inhalten interessiert. Er gibt der Vision Struktur, er schafft in seinem Denken neue Konzepte und Systeme. Er wird die Frage stellen: Was soll ich entwickeln? Der typische Träumer liebt theoretische Konzepte und gut strukturierte Inhalte. Geben Sie ihm Fakten vor und lassen Sie ihn die Struktur entwickeln, aber kommen Sie ihm nicht mit zu vielen Details. Dann ist er Ihr Mann.

Der Realist ist der Praktiker im Unternehmen. Er krempelt die Ärmel auf und sagte: Wie packen wir es an? Theorie ist ihm lästig, er möchte die Dinge ausprobieren können. Er wird ein Modell der Idee bauen oder in einem Experiment die Praxistauglichkeit testen. Lassen Sie ihn werken, so bringt er das beste Ergebnis.

Der Kritiker prüft die Qualität. Seine Überlegung lautet: Was könnte alles schief laufen? Wie funktioniert die Lösung, wenn der besondere Fall eintritt, dass ... Damit spannt er auch den Bogen zwischen dem Ergebnis und der Zukunft. Lassen Sie ihn alle Unwägbarkeiten abklopfen. Achten Sie darauf, dass er stets die Ergebnisse konstruktiv kritisiert und niemals die Menschen, die dahinter stehen. Und schützen Sie ihn auch vor negativen Reaktionen der Ideenväter. Er leistete wertvolle Arbeit.

Sie können sich wahrscheinlich schon ein Bild machen, welche der vier Rollen Sie selbst am liebsten spielen. Sind Sie üblicherweise der Initiator, der Träumer, der Realist oder der Kritiker? Auch in diesem Fall gilt: Verhaltensvielfalt gewinnt das Spiel. Jede der vier Rollen hat im richtigen Kontext unübertreffliche Vorzüge. Werden Sie so erfolgreich wie Walt Disney es war und nutzen Sie die Macht dieses Ideengenerators.

„Ich denke sehr oft und intensiv über den Sinn von Projekten, Handlungen oder Unternehmungen nach. Die Rolle des Initiators scheint für mich maßgeschneidert zu sein. Am wenigsten komme ich mit der Rolle des Realisten zurecht. Ich werde von einigen Praktikern meiner Abteilung Anleihen nehmen müssen. An guten Ideen, die auch umsetzbar sind, sollte es mir in Zukunft also nicht mehr mangeln.“

Der Chef der Personalabteilung kam Alfred in den Sinn. Immer dann, wenn ein neues Projekt aufgesetzt wurde, stellte er sofort die Frage nach den Skills, die dafür notwendig sind. „Wenn ich rechtzeitig weiß, welche Fähigkeiten wir für diese Unternehmung brauchen, habe ich auch genügend Zeit, sie bei den Mitarbeitern aufzubauen." Ähnlich ging es Alfred selbst auch. „Neue Ideen und Ziele implizieren auch neues Verhalten. Kann ich denn in dem Tempo, in dem ich neue Ideen erschaffe, auch neues Verhalten erschaffen?" Der Chef der Personalabteilung meinte stets dazu: „Sie können eine Katze nicht plötzlich Bellen lehren!" Waren an dieser Stelle die Grenzen des NLP erreicht, oder ist das mit dem Programmieren wirklich ernst gemeint?

INTEGRIEREN

Vom Anführer und Verführer zu Dynamik und Führungskraft

Lange Zeit hielt man es für unmöglich, dass ein Mensch eine Meile unter vier Minuten laufen könne. Anatomen lieferten allerhand „Beweise", warum es medizinisch für Menschen unmöglich wäre, eine Meile unter vier Minuten zu laufen. Trotz großer sportlicher Anstrengungen war das auch sehr lange niemandem möglich. Als es schließlich Roger Banister im Jahr 1954 gelang, ging eine Welle des Erstaunens durch die Sportwelt. Banister gelang es noch dazu unbeabsichtigt bei einem unbedeutenden Wettkampf. Später sagte er dazu, hätte er gewusst, dass er es könne, hätte er bis zu den Weltmeisterschaften gewartet. Der Schock der Sportwelt dauerte aber nur kurz. Jetzt glaubten andere Sportler, es auch zu können, und innerhalb des nächsten Monats unterboten 34 andere Läufer diese magische Marke. Innerhalb des folgenden Jahres gab es über 370 Sportler, denen es gelang, eine Meile unter vier Minuten zu laufen. Ihre Einstellung hatte sich geändert, damit die Fähigkeiten und das, was sie tatsächlich taten.

Es ist zu wenig zu lernen, wir müssen auch vergessen!

Wir müssen all die Dinge vergessen und aufgeben, die wir einmal geglaubt haben, vielleicht sogar berechtigterweise für gute Ideen gehalten haben, die sich aber als falsch herausgestellt haben. Wir müssen auf überholte Strategien verzichten, die irgendwann mal das Beste waren, was wir hatten. Wir müssen manchmal auch bereit sein, dem Heute ins Gesicht zu sehen und zu erkennen, dass es nicht mal verwandt ist mit dem Gestern. Und das Schwerste: Wir müssen anerkennen, dass uns die Lösungsansätze von gestern nur bis zum Heute gebracht haben. Um uns das Morgen zu erobern, brauchen wir viel öfter als uns lieb ist neue Lösungsansätze, d. h. neue Fähigkeiten, neue Einstellungen und ein dynamisches Selbstverständnis.

Bitte vor den Vorhang!

Wenn wir schon dabei sind, unsere Zukunft zu programmieren, sollten wir uns gleich auch darum kümmern, neue Fähigkeiten zu entwickeln. Wer hat nicht schon einmal gedacht: So wie die oder der möchte ich auch auftreten, einen Vortrag halten, einen Kunden gewinnen oder mit meinen Mitarbeitern reden können. Was hält Sie davon ab? Wie viele Seminare und Vorträge glauben Sie besuchen zu müssen, bis Sie das können, was nur Sie selbst in Ihrem Kopf Wirklichkeit werden lassen? Sie lernen hier nicht nur einfach NLP. Sie lernen das Lernen. Und damit erhalten Sie etwas, was in allen Schulen das erste Pflichtfach sein müsste.

Ich werde Ihnen am praktischen Beispiel eines besonderen Verhaltens erläutern, wie das geht. Stellen Sie sich vor, Sie sollen vor tausend Leuten eine zündende Rede halten. Sie wissen: Der erste Eindruck ist entscheidend. Erfinden wir also einen besonders souveränen Auftritt.

Phasen bestimmen

Was ist Ihr Ziel? Wie wollen Sie sich neu verhalten? Teilen Sie das neue Verhaltensmuster in kurze Phasen auf. Sie werden in Kürze jede dieser Phasen einzeln designen und anschließend zu einem gesamten Muster zusammenfügen. In unserem Beispiel teilen wir Ihren souveränen Auftritt in folgende Phasen:

1. Entschlossen zum Rednerpult gehen

2. Stabilen Standpunkt einnehmen

3. Publikum fest und schweigend ansehen

4. Den ersten Satz sprechen

Stellen Sie sich nun vor, Ihnen gegenüber ist eine Wand mit vier großen Monitoren.

Phase 1 designen

a) Drehbuch und Regie

Sie aktivieren jetzt Monitor 1: Zaubern Sie eine Szene auf den Bildschirm, in der jemand entschlossen die Bühne betritt und zum Rednerpult geht.

Dieser jemand können Sie sein, aus einer Situation, in der Ihnen das schon einmal gut gelungen ist, oder wenn Sie glauben, das wäre noch nie der Fall gewesen, dann denken Sie an jemanden, bei dem Sie dieses exzellente Verhalten beobachten konnten. Das kann jemand sein, den Sie persönlich kennen, eine Persönlichkeit des öffentlichen Lebens oder sogar eine Phantasiegestalt. Wichtig ist nur, dass Sie davon überzeugt sind: Für diese Person wäre das nicht nur kein Problem, sondern sogar eine willkommene Gelegenheit, etwas, das diese Person mit jeder Faser ihres Körpers genießen würde. Sie sind dabei Regisseur und Zuschauer. Geben Sie als Regisseur dem Hauptdarsteller detaillierte Anweisungen und beobachten Sie, wie der Hauptdarsteller sie befolgt. Beobachten und verbessern Sie diese Szene immer weiter. Geben Sie dann auch Hintergrundmusik dazu. Solange bis Sie meinen, Sie hätten jetzt das Paradebeispiel für diese erste Phase. In Technicolor und Dolby Surround!

b) Aktion

Jetzt schlüpfen Sie in die Rolle des Hauptdarstellers! Erleben Sie diese Szene voll assoziiert und mit allem Drum und Dran, sogar mit der eigens gewählten Hintergrundmusik! Was sehen Sie, wenn Sie so entschlossen zum Rednerpult gehen? Wie sehen Sie das Publikum und die Umgebung? Was hören Sie in diesem Augenblick? Hören Sie auch die von Ihnen ausgesuchte Musik im Hintergrund? Sie sollte zumindest aus 50.000-Watt-Lautsprechern kommen. Wie fühlt es sich für Sie an, so kraftvoll dem Rednerpult zuzustreben?

c) Qualität und Verbesserung

Welches Gefühl entwickeln Sie dabei? Können Sie mit dem, was Sie da tun, vollkommen einverstanden sein? Erweckt das, was Sie tun, auch für das Publikum einen positiven Eindruck? Was möchten Sie noch verändern, das Sie Ihrem Ziel näher bringt? Wiederholen Sie die Phasen „Drehbuch und Regie" sowie „Aktion" so lange, bis Sie davon überzeugt sind, dass der Ablauf exzellent und gut ist für alle Beteiligten. Denken Sie an Ihr Versprechen!

Phase 2, 3 und 4 designen

Nehmen Sie sich nun auf die gleiche Art und Weise die weiteren Phasen vor. Erstellen Sie auf Monitor 2 den Videoclip, in dem Sie am Rednerpult einen festen Standpunkt einnehmen. Variieren sie ihn so lange, bis Sie vollständig damit einverstanden sind.

Auf Monitor 3 folgt der Teil, in dem Sie dem Publikum fest und ruhig in seine 2000 Augen blicken.

Auf Monitor 4 sagen Sie diesen bewegenden Satz, mit dem Sie Ihren Vortrag beginnen.

Das Gesamtkunstwerk sehen

Bis jetzt war nur immer einer von den vier Monitoren eingeschaltet. Nun aktivieren Sie die vier unmittelbar hintereinander. Betrachten Sie zuerst nur Monitor 1 auf der Videowand und lassen Sie Phase 1 ablaufen. Unmittelbar am Ende der ersten Szene schaltet sich wie von Geisterhand Monitor 2 an und Sie sehen darauf Phase 2. Phase 3 und 4 folgen auf dieselbe Art und Weise.

Beim nächsten Mal geht es schon schneller. Betrachten Sie das Gesamtkunstwerk Ihres exzellenten Auftrittes nacheinander auf den vier Monitoren: dem Rednerpult zustreben, einen festen Standpunkt einnehmen, das Publikum ruhig und schweigend betrachten, den ersten bedeutenden Satz zum Publikum sprechen.

Wiederholen Sie das, bis die Sequenz rasch und ohne Unterbrechungen abläuft.

Machen Sie nun aus diesen vier Monitoren einen großen, der die gesamte Videowand ausfüllt. Und nun Film ab für die gesamte Sequenz des exzellenten Auftrittes. Genießen Sie diesen Anblick in vollen Zügen. Nehmen Sie wahr, wie souverän Sie diese Szene beherrschen. Wahrscheinlich kommt auch so etwas wie Freude und Stolz dabei auf.

Das Gesamtkunstwerk erleben

Und jetzt gehen wir noch einmal so richtig hinein ins volle Menschenleben. Assoziieren Sie sich in die Sequenz mit allen Ihren Sinnen. Erleben Sie Ihren Auftritt vom ersten Schritt auf die Bühne bis zum letzten gesprochenen Wort. Sehen Sie, was es dabei aus Ihren Augen zu sehen gibt. Die Bühne, das Rednerpult, den Saal oder die Umgebung, das Publikum. Hören Sie die Geräusche, Ihre Schritte, das Murmeln des Publikums. Fühlen Sie Ihre Bewegungen und dieses energische, kraftvolle Gefühl der Souveränität. Werden Sie jetzt abschließend noch einmal Ihrer Zaubervideowand gewahr, Ihrem Instrument zukünftigen exzellenten Verhaltens. Und überlegen Sie gleich jetzt, wann in der Zukunft Sie das nächste Mal Gelegenheit haben werden, sich auf diese besondere Art und Weise neu zu verhalten.

Und nun sind Sie dran. Wie möchten Sie sich in Zukunft exzellent verhalten? Viel Spaß mit diesem Prozess.

„Das ist also die Zauberwand, mit deren Hilfe Katzen bellen lernen können." Alfred hatte schon oftmals Menschen beobachtet, die anderen auf eine besondere Art und Weise die Hand schüttelten. Es gefiel ihm, wie sie als deutliches Signal der Begrüßung ihre rechte Hand energisch hinstreckten, die Hand des Gegenübers mit genau dem richtigen Drucker ergriffen, in langsamem, kooperativem Rhythmus auf und ab bewegten und dabei dem Gegenüber offen und fest in die Augen blickten. Das gehörte ab nun auch zu seinem Repertoire. „So lässt sich also externes Verhalten durch Veränderung der internen Denkprozesse programmieren. Das ist extrem einfach und wirkungsvoll. Ein Verhaltenstraining, das darauf abzielt, externes Verhalten durch externes Verhalten zu verändern, ist kaum je so effizient. Das nenne ich Reduktion auf das Maximum. Ich hoffe, dass ich mich in Zukunft zum richtigen Zeitpunkt an meine neue Fähigkeiten erinnern werde. Manchmal ist mir wohl bewusst, dass ich etwas gut kann, und dennoch habe ich im entscheidenden Augenblick Scheu davor, diese Fähigkeiten einzusetzen."
Eines davon war, vor vielen Menschen oder den Mitgliedern des Vorstandes vorzutragen. Alfred wusste, dass er es konnte, aber was nützte das. Unmittelbar vor dem Vortrag wurde er regelmäßig nervös und sein Vortrag war stark gehemmt. Es war ihm, als würde er sich mit den ersten Worten einen schweren Bleimantel umhängen, der mit seinem Gewicht jede Lebhaftigkeit der Gestik und Tonalität erdrückt. Alfred hatte diese Fähigkeit, die Gestik und Tonalität intensiv einzusetzen und zu variieren, mit Hilfe der Zauberwand erweitert und vertieft. „Ich fürchte, im entscheidenden Augenblick werde ich sie wieder nicht einsetzen, solange ich nicht voll und ganz daran glaube."

Berge versetzen

Um Berge zu versetzen, brauchen wir den entsprechenden Glauben. Wir befanden uns jetzt auf der Neuro-Logischen Ebene der Fähigkeiten. Wie Sie bereits wissen, strukturieren die höheren Ebenen die darunter. Die nächst höhere Ebene, die der Einstellungen, hat also Einfluss darauf, wie sehr Sie bereit sind, die erworbenen Fähigkeiten auch zu nützen. Ich bin ziemlich sicher: Manchmal haben Sie eine Menge guter Gründe zur Hand, warum Sie es doch nicht können oder dürfen. Diese selbst gelegten Hürden sind oft nicht bewusst, hemmen aber Ihre Effizienz als Manager. Also weg damit. Aber wie? Haben Sie Einfluss auf das, was Sie für richtig und wichtig halten, also Ihre Einstellung, oder ist sie Ihr unabänderliches Schicksal? Sie werden sagen: „Natürlich nicht. Ich habe doch mein Leben im Griff. Ich bestimme das, was mir lieb und wert ist und woran ich glaube." Sie haben Recht damit!

Denken Sie kurz daran, was Ihnen in Ihrer Kindheit wichtig war. Vollkommen andere Dinge hatten damals Bedeutung für Sie, Dinge die Ihnen heute ganz egal sind. Manche Werte, wie Spaß haben oder Geborgenheit in der Familie, haben Sie wahrscheinlich beibehalten. Auch was Sie für richtig halten, hat sich im Laufe Ihres Lebens verändert. Der Storch, das Christkind oder die Existenz von Märchengestalten entsprechen nicht mehr Ihrem Weltbild. Führungsregeln, Kommunikationsmechanismen und Managementkategorien kamen erst später dazu. Erfahrungen und neue Herausforderungen verändern unsere Einstellungen. Das ist der äußere Einfluss auf unser Wesen. Und Sie selbst? Wieweit haben Sie Einfluss auf Ihre Glaubenssätze, wenn Sie irgendetwas gerne als richtig annehmen würden, tief in Ihrem Herzen aber nicht ganz davon überzeugt sind?

Führungspersönlichkeiten sind im Stande, ihre Glaubensmuster auch ohne äußeren Einfluss von sich aus zu verändern. Sie können sich selbst als Gesamtpersönlichkeit von etwas voll und ganz überzeugen. Und sie machen damit ihren Geist frei, sich ohne Vorbehalte auf die erworbenen Fähigkeiten zu konzentrieren und sie ohne Abstriche zu nützen. Wollen Sie das auch können? Na dann los!

Möglicherweise haben Sie mit der Disney-Strategie ein Ziel entwickelt, dessen Erreichung zwar toll wäre, bloß es fehlt noch an der hundertprozentigen Überzeugung, die Ihnen die ersten Schritte leichter machen würden. Formulieren Sie dieses Ziel schriftlich und verbessern Sie Ihre innere Einstellung dazu:

Experiment: Schreiben Sie nun dieses Ziel hier auf:

Wie sehr können Sie den folgenden Glaubenssätzen über Ihr Ziel zustimmen? Bewerten Sie von 1 für „gar nicht" bis 5 für „voll und ganz":
a)   Was ich zur Erreichung [meines Zieles] tun werde ist ökologisch.

1	2	3	4	5

b)   Ich bin für die Erreichung [meines Zieles] verantwortlich.

1	2	3	4	5

c) Ich habe die notwendigen Fähigkeiten, [mein Ziel] zu erreichen.

| 1 | 2 | 3 | 4 | 5 |

d) [Mein Ziel] ist wünschenswert und wertvoll.

| 1 | 2 | 3 | 4 | 5 |

e) Ich verdiene es, [mein Ziel] zu erreichen.

| 1 | 2 | 3 | 4 | 5 |

f) Es ist möglich, [mein Ziel] zu erreichen.

| 1 | 2 | 3 | 4 | 5 |

„Mein Ziel:
Ich kann in der nächsten Vorstandssitzung mit ausdrucksvoller Körper-
sprache und variabler Tonalität vortragen.
Aufgeschrieben, okay. Jetzt zu den Glaubenssätzen:
Was ich zur Erreichung meines Zieles, in der nächsten Vorstandssitzung
mit ausdrucksvoller Körpersprache und variabler Tonalität vorzutragen,
tun werde, ist ökologisch. Ja! Na ja, vielleicht doch nicht ganz. Ich spüre
das alt gewohnte Bedenken. Wenn ich zu stark auftrete, stehle ich damit
vielleicht anderen die Show. Ich bin es schon Wert, aber Erfolg soll nicht
auf Kosten anderer geschehen. Andererseits, handle ich da wirklich auf
Kosten anderer? Ich entscheide mich hier für 4.
Ich bin selbst dafür verantwortlich, dass ich in der nächsten Vorstandssit-
zung mit ausdrucksvoller Körpersprache und variabler Tonalität vortrage.
Ja, es liegt in meinem Handlungsspielraum, so zu agieren, da ich dieses
Verhalten schon in anderen Situationen, überwiegend im Privaten, gezeigt
habe. Ich notiere 5.
Ich habe die notwendigen Fähigkeiten, in der nächsten Vorstandssitzung
mit ausdrucksvoller Körpersprache und variabler Tonalität vorzutragen.
Dank meiner zahlreichen Erfahrungen, meines Selbstvertrauens und nicht
zuletzt der Zauberwand: Ja, 5.
In der nächsten Vorstandssitzung mit ausdrucksvoller Körpersprache und
variabler Tonalität vorzutragen, ist wünschenswert und wertvoll. Es ist ei-
ne kleine Voraussetzung, um meiner Vision, Vorstandsmitglied zu werden,
näher zu kommen. Und eine wirkungsvolle und überzeugende Präsentation
meiner Ideen dient allen. Noch einmal 5.
Ich verdiene es, mein Ziel, in der nächsten Vorstandssitzung mit aus-
drucksvoller Körpersprache und variabler Tonalität vorzutragen, zu errei-
chen. Warum sollte Alfred nicht Erfolg verdienen? 5.

> *Es ist möglich, in der nächsten Vorstandssitzung mit ausdrucksvoller Körpersprache und variabler Tonalität vorzutragen. Natürlich, im privaten Rahmen ist es für mich ja kein Problem. Also 5."*

Jetzt wissen Sie, was die Schwachstelle Ihres Zieles ist: Jenes Statement, dem Sie die schlechteste Bewertung gaben. Wenn es mehrere mit gleich niedriger Punktezahl gibt, dann entscheiden Sie nach Gefühl. Nehmen Sie den Glaubenssatz mit der größten Unsicherheit. Tief in Ihrem Inneren fehlt das Quäntchen Überzeugung und darum hat es bisher damit nicht geklappt.

Worauf zielen diese Statements ab? Es gibt sechs Hauptgründe, warum Menschen nicht mehr alleine aus Problemzuständen herausfinden:

Was ich zur Erreichung (meines Zieles) tun werde, ist ökologisch.

Unbewusst wollen Sie mit Ihren Zielen die Zahl der Win-Win-Situationen vermehren. Ist das für Sie im Grunde Ihres Herzens nicht sichergestellt, wird ein Teil der Überzeugung fehlen. Ihr Unbewusstes wird daher Ihren Erfolg behindern.

Ich bin für die Erreichung (meines Zieles) verantwortlich.

Sie haben bereits bei der Formulierung Ihres Zieles darauf Bedacht genommen, dass Sie es von sich aus erreichen können. Nur Sie selbst können sich verändern, nicht andere. Wenn Sie Ihr Gegenüber zum Lachen bringen wollen, geht das nur, wenn Sie sich selbst zuerst zum Lachen bringen.

Ich habe die notwendigen Fähigkeiten, (mein Ziel) zu erreichen.

Hilflosigkeit ist der Glaube, zu wenig Fähigkeiten und Ressourcen zur Verfügung zu haben. Tatsache ist, dass wir bereits alle Ressourcen potentiell in uns zur Verfügung haben. Wir brauchen sie nur noch zu erschließen. Das gilt es, hilflosen Menschen ins Bewusstsein zu rufen.

(Mein Ziel) ist wünschenswert und wertvoll.

Um in Ihrer Persönlichkeit kongruent zu sein, darf das Ziel Ihren Werten und Visionen nicht widersprechen. Sonst entsteht für Sie ein innerer Konflikt zwischen diesem Ziel und Ihren grundsätzlichen Intentionen und Wünschen, was Sie blockiert und Erfolg verhindert.

Ich verdiene es, (mein Ziel) zu erreichen.

Wertlosigkeit ist der Glaube, etwas Positives nicht zu verdienen, es aus welchen Gründen immer nicht Wert zu sein. Dieser Metaglaubenssatz verhindert jeden Erfolg.

Es ist möglich, (mein Ziel) zu erreichen.

Das Schlimmste ist Hoffnungslosigkeit. Das Ziel ist in unendliche Ferne gerückt. Aus der Sicht dieses Menschen besteht keine Möglichkeit. Da ist keine Lösung denkbar, auch wenn es tatsächlich viele davon gibt.

Das sind die Hindernisse erfolgreichen Handelns und Sie wissen jetzt, welches davon auf Ihr Ziel negativ einwirkt. Nun gehen wir an die Auflösung:

1. Nehmen Sie jetzt wieder Papier und Schreibgerät zur Hand und halten Sie jenen Glaubenssatz fest, dem Sie den geringsten Wert gaben (= kritischer Glaubenssatz). Setzen Sie bei [mein Ziel] Ihr tatsächliches Ziel ein, so wie Sie es am Beginn des Experimentes gemacht haben.

2. Assoziieren Sie sich jetzt in die Wahrnehmungsposition von jemandem, der großes Vertrauen in Sie hat, der an Sie glaubt. Für jedes der unten angegebenen Stichworte wiederholen Sie den Glaubenssatz, indem Sie das Stichwort mit einbeziehen und den Satz mit jenem Gedanken, der Ihnen ganz spontan in den Sinn kommt, beenden. Versetzen Sie sich dabei in die Lage der anderen Person und halluzinieren Sie sich selbst als Zuhörer. Verwenden Sie das Wort „du", wenn Sie sich selbst ansprechen, und schreiben Sie die somit erhaltenen Halbsätze auf:

a. [kritischer Glaubenssatz], weil _____
b. [kritischer Glaubenssatz], und daher _____
c. [kritischer Glaubenssatz], nachdem du _____
d. [kritischer Glaubenssatz], wann immer du _____
e. [kritischer Glaubenssatz], sodass du _____
f. [kritischer Glaubenssatz], wenn du _____
g. [kritischer Glaubenssatz], obwohl du _____
h. [kritischer Glaubenssatz], in der gleichen Weise wie _____

3. Kehren Sie zu Ihrem eigenen Blickwinkel zurück und stellen Sie sich vor, jene andere Person, die an Sie glaubt, säße Ihnen gegenüber und verwandelt die neu gewonnenen Halbsätze in Hauptsätze, wobei die

Stichwörter und der kritische Glaubenssatz ausgelassen werden. Die Ausnahme sind die letzten beiden Sätze, da heißt es: „Und obwohl du ..., [die beiden letzten Halbsätze]".

4. Wiederholen Sie jeden der Sätze, nachdem er Ihnen im Geiste „vorgelesen" wurde und ersetzen Sie das Wort „du" durch „ich".

5. Danach bewerten Sie noch einmal die Glaubenssätze. Nur so zum Test. Sie werden staunen.

„Also gut." Alfred erinnerte sich an einen alten Mentor von sich, seinen ersten Chef. Er versetzte sich so gut es ging in seine Position, gerade so, als ob er ihn spiegeln würde. Er nahm seine bevorzugte Sitzposition ein, atmete wie er und machte ähnliche Gesten. Dann stellte er sich vor, wie er selbst am anderen Stuhl saß und aufmerksam zuhörte.

In der Position seines alten Mentors begann er zu lesen:

a. Dein Ziel, in der nächsten Vorstandssitzung mit ausdrucksvoller Körpersprache und variabler Tonalität vorzutragen, ist ökologisch, weil du mit deiner Präsentation für alle Beteiligten positive Ziele verfolgst.

b. Dein Ziel, in der nächsten Vorstandssitzung mit ausdrucksvoller Körpersprache und variabler Tonalität vorzutragen, ist ökologisch, und daher kannst du dich befreit und sicher auf diese Vorstandssitzung freuen.

c. Dein Ziel, in der nächsten Vorstandssitzung mit ausdrucksvoller Körpersprache und variabler Tonalität vorzutragen, ist ökologisch, nachdem dir jetzt klar geworden ist, dass es für einen Mann mit deinen Fähigkeiten sogar eine Art Verpflichtung ist, es möglichst eindrucksvoll zu tun.

d. Dein Ziel, in der nächsten Vorstandssitzung mit ausdrucksvoller Körpersprache und variabler Tonalität vorzutragen, ist ökologisch, wann immer du dazu Gelegenheit hast.

e. Dein Ziel, in der nächsten Vorstandssitzung mit ausdrucksvoller Körpersprache und variabler Tonalität vorzutragen, ist ökologisch, sodass deine Ideen auch rascher Wirklichkeit werden können.

f. Dein Ziel, in der nächsten Vorstandssitzung mit ausdrucksvoller Körpersprache und variabler Tonalität vorzutragen, ist ökologisch, wenn du auch wirklich jede sich bietende Gelegenheit dazu wahrnimmst.

g. Dein Ziel, in der nächsten Vorstandssitzung mit ausdrucksvoller Körpersprache und variabler Tonalität vorzutragen, ist ökologisch, obwohl du weißt, dass auch andere gute Ideen haben.

h. Dein Ziel, in der nächsten Vorstandssitzung mit ausdrucksvoller Körpersprache und variabler Tonalität vorzutragen, ist ökologisch, in der gleichen Weise wie du jetzt schon weißt, wie sehr du nach der nächsten Präsentation stolz auf dich und deine Leistungen sein wirst.

Jetzt kam der dritte Schritt: Alfred kehrte in die eigene Position zurück und stellte sich vor, wie ihm sein alter Mentor gegenüber saß, ihn wohl wollend mit seinen braunen Augen, die immer etwas zu lächeln schienen, anschaute.

Alfred „hörte" die Stimme des Mentors, der jetzt alle gewonnenen Halbsätze in Hauptsätze verwandelte:

a. Du verfolgst mit deiner Präsentation für alle Beteiligten positive Ziele. Dann verwandelte er den Satz in die Ichform: Ich verfolge mit meiner Präsentation für alle Beteiligten positive Ziele!

b. Du kannst dich befreit und sicher auf diese Vorstandssitzung freuen! – Ich kann mich befreit und sicher auf diese Vorstandssitzung freuen!

c. Dir ist jetzt klar geworden, dass es für einen Mann mit deinen Fähigkeiten sogar eine Art Verpflichtung ist, es möglichst eindrucksvoll zu tun. – Mir ist jetzt klar geworden, dass es für einen Mann mit meinen Fähigkeiten sogar eine Art Verpflichtung ist, es möglichst eindrucksvoll zu tun.

d. Du hast Gelegenheit dazu. – Ich habe Gelegenheit dazu.

e. Deine Ideen können auch rascher Wirklichkeit werden. – Meine Ideen können auch rascher Wirklichkeit werden.

f. Du nimmst auch wirklich jede sich bietende Gelegenheit dazu wahr. – Ich nehme auch wirklich jede sich bietende Gelegenheit dazu wahr.

g. + h) Und obwohl du weißt, dass auch andere gute Ideen haben, weißt du jetzt schon, wie sehr du nach der nächsten Präsentation stolz auf dich und deine Leistungen sein wirst. – Und obwohl ich weiß, dass auch andere gute Ideen haben, weiß ich jetzt schon, wie sehr ich nach der nächsten Präsentation stolz auf mich und meine Leistungen sein werde.

Danach bewertete Alfred noch mal seinen problematischen Glaubenssatz. „Jetzt gebe ich auch diesem Satz den Wert 5. Ich frage mich jetzt, wieso ich Zweifel hatte, ob mein Ziel ökologisch sei. Ich denke zwei Gründe haben dazu geführt: Das eigentliche Bedenken war mir nicht bewusst und daher konnte ich mich diesem bisher noch nicht stellen. Mit diesem Prozess geschah dies professionell und tief gehend. Der Erfolg wird mir Recht geben."

Wenn Sie mehreren Statements niederere Werte als 5 gaben, überdenken Sie jedes davon in der vorhin besprochenen Art und Weise.

Glaubenssätze sind generalisierte Erfahrungen. Als Kleinkind machten Sie die Erfahrung, dass eine rechteckige Fläche an der Wand eine Tür ist, durch die man hinauskommt, wenn man die Schnalle drückt. Gelernt und verallgemeinert wissen Sie ab nun, wie Sie einen Raum verlassen können. Generalisierte Erfahrungen sind unsere Ressourcen. Leider funktioniert das auch anders. Auf einer tollen Yacht im offenen Meer einen Sturm erlebt zu haben, bedeutete für viele, niemals mehr Yachting. Schade. Wenn jemand als Kind von anderen gehänselt wurde, weil es lebhaft gestikulierte, wird es ab sofort vorsichtig agieren. Die Erfahrung und Verallgemeinerung kann auch zur Hemmung werden. Die Ursache dieser Hemmung ist längst nicht mehr gültig und wirkt dennoch nach.

Denken Sie jetzt darüber nach, welche hemmenden Glaubenssätze Ihr Leben einschränken. Sie haben jetzt den richtigen Hebel dafür, das zu ändern.

„Die Fähigkeiten hervorragend zu präsentieren habe ich mir zu Eigen gemacht. Jetzt kann ich auch aus tiefstem Herzen daran glauben, dass es für mich Sinn macht, sie im richtigen Augenblick einzusetzen. Da ist nur noch eines, dieses mulmige Gefühl, bevor ich vor die Leute trete, um zu sprechen. Es ist eine innere Angst da, die ich nicht orten kann und deren Ursache sich mir auch nicht wirklich erschließt. Mal sehen, vielleicht kommt da noch etwas. Die Zukunft ist nichts Reales. Sie spielt sich in unseren Köpfen ab. Warum sollten wir unsere Vorstellung, die wir von der Zukunft haben, nicht auch verändern können?“

Das Abenteuer Zukunft

Kein Sieger glaubt an den Zufall.
(Friedrich Nietzsche)

David Gelernter, Professor für Computerwissenschaften an der Yale University, sagte kürzlich: „The future was and remains the quintessential American art form. Other nations sit back and let their futures happen; we construct ours. We can let the future happen, or take the trouble to imagine it." Es stellt sich die Frage: Wollen Sie von der glanzvollen Zukunft nur träumen oder wollen Sie sie auch entstehen lassen? Ist Ihr Motto: „Lassen wir die Dinge einmal an uns herankommen?" Oder wollen Sie der Gestalter Ihres Erfolges sein? Der Proberaum des Managers ist die Zukunft, die Gegenwart ist seine Bühne. Doch was heißt: „Die Zukunft gestalten"? Wir können doch nur verändern, was wir auch wahrnehmen können. Lässt sich die Zukunft wahrnehmen? Also gut, ich möchte Sie nicht länger hinhalten.

Zeit ist eine Erfindung der Menschen. Als wir unsere Begegnungen nicht mehr dem Zufall überlassen wollten, mussten wir ein Regulativ einführen, das nicht nur das Zusammentreffen an einem bestimmten Punkt im Raum, sondern auch in der vierten Dimension, der Zeit, sicherstellt. Das war der Beginn der Zeitmessung.

Wir Menschen haben die Eigenschaft entwickelt, unsere Zeit im Kopf so zu organisieren, dass wir zwischen Vergangenheit, Gegenwart und Zukunft unterscheiden können. Diese Zeitorganisation ist sehr unbewusst. Erst wenn wir uns bewusst mit dieser Frage auseinander setzen und die Antwort darauf gefunden haben, wie wir das tun, können wir mit diesem Konzept arbeiten. Wenn Sie sich jetzt die Frage stellen würden: „Wo im Raum ist für mich die Vergangenheit?", was wäre dann Ihre Antwort? Wenn Sie es nicht sofort wissen, dann denken Sie an etwas, das Sie gestern getan haben. Wo im Raum ist dieses Ereignis für Sie repräsentiert? Und dann denken Sie an ein Erlebnis, das vor einem Jahr stattfand hat, und eines aus Ihrer Kindheit. Sind diese Ereignisse links oder rechts von Ihnen, vor oder hinter Ihnen? Zeigen Sie mit der Hand in Richtung Ihrer Vergangenheit.

Und nun die nächste Frage: „Wo im Raum ist für mich die Zukunft?" Zeigen Sie nun mit Ihrer Hand in Richtung Zukunft. Wenn Sie jetzt eine Hand in die Vergangenheit und eine in die Zukunft richten, können Sie schon erkennen, dass es da eine Verbindung, eine Zeitlinie gibt. Wie eine Perlenschnur, auf der sich die Ereignisse Ihres Lebens von der Geburt bis zur Gegenwart und weiter bis in ferne Zukunft aneinanerreihen. Dies ist die Art und Weise, wie Sie die Dimension Zeit repräsentieren. Wir haben kein Sinnesorgan, um die Zeit wahrzunehmen. Das Gehirn arbeitet also mit den Werkzeugen, die ihm zur Verfügung stehen, den Repräsentationssystemen. Es projiziert die Zeit in die dritte Dimension, den Raum, um sie als Konzept nutzbar zu machen.

Alle bewussten und unbewussten Erinnerungen Ihrer Vergangenheit sind auf dieser Perlenschnur in zeitlicher Reihenfolge aneinander gefügt. Genauso wie Ihre Ängste, Wünsche, Hoffnungen und Ziele in der Zukunft der Zeitlinie darauf warten, für einen kurzen Augenblick Realität, Gegenwart zu werden, um sich dann zu Ihren Erinnerungen der Vergangenheit zu gesellen.

Sie erinnern sich an das Metaprogramm Zeitorientierung.

„Sicher. Mein Kunde, der immer zu spät kommt, ist intime. Ich richte meinen Blick eher in die Zukunft, plane gerne voraus und kann mir vergangene Ereignisse bewusst nicht sehr gut merken. Mein Denken ist through time."

Richten Sie nun Ihre Aufmerksamkeit auf Ihre Zeitlinie. Ist der Teil, der Ihre Vergangenheit repräsentiert, in Ihrem Sichtfeld, also vor Ihnen, oder ist er hinter Ihnen? Es besteht ein direkter Zusammenhang zwischen dem Metaprogramm Zeitorientierungen und der Lage Ihrer Zeitlinie im Raum. Wenn sich die Vergangenheit hinter Ihnen befindet und die Zeitlinie gewissermaßen durch Sie hindurch geht, denken und filtern Sie eher „intime". Sie sind mit der Zeit und insbesondere mit der Gegenwart stark verbunden, assoziiert.

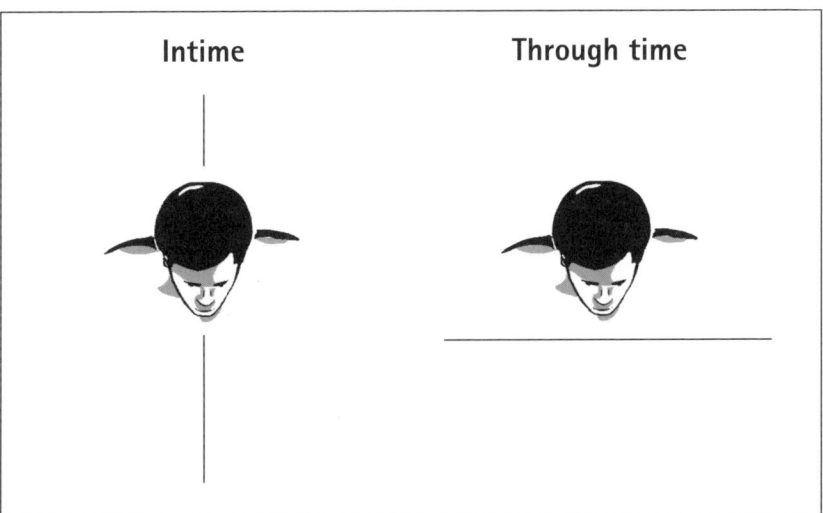

Intime **Through time**

Wenn die Vergangenheit in Ihrem Sichtfeld und die Gegenwart vor Ihnen liegt, denken und filtern Sie „through time". Sie sind von der Zeit dissoziiert und behalten damit stets den zeitlichen Überblick. Sie werden selten so intensiv in einer Aktivität verhaftet sein, dass Sie auf die nächste Verabredung vergessen.

„Meine Zeitlinie ist gekrümmt. Die Vergangenheit liegt genau hinter mir, die Gegenwart scheint irgendwie in mir zu sein und die Zukunft ist etwa Westnordwest. Wenn ich in meinen Gedanken versunken bin, vergesse ich tatsächlich gerne die Zeit. Das bedeutet, wenn ich im Büro mehr auf die Zeit achten möchte, muss ich meine Zeitlinie verändern, sie für mich vollständig sichtbar machen und aus ihr heraus treten. In der Freizeit kann ich sie wieder zurückbiegen. Das werde ich in einer ruhigen Viertelstunde ausprobieren."

Jetzt, wo die Zukunft für Sie sichtbar geworden ist, können Sie sie auch neu gestalten. Geben Sie Ihren Wünschen, Hoffnungen und Zielen darin Raum, sich zu entfalten und einmal Realität zu werden. Sie können sofort damit beginnen:

Denken Sie jetzt an ein Ziel, das Sie sich vorgenommen haben. Sie werden dieses in Kürze in Ihrer Zukunft Wirklichkeit werden lassen. Doch bevor Sie das tun, bedenken Sie: „Ich kann einen hohen Berg nicht mit einem einzigen Sprung überwinden – aber mit vielen kleinen Schritten." Nehmen Sie sich jetzt die Zeit zu erkennen, welche Schritte Sie zum Ziel führen können. Wählen Sie die Schritte in einer Größenordnung, dass Sie Ihr Ziel mit drei bis fünf Schritten erreichen.

Stellen Sie sich nun vor, Sie sind diese Schritte bereits gegangen und sind bei Ihrem Ziel angekommen, was ist dann? Woran erkennen Sie sinnesspezifisch, dass Sie Ihr Ziel erreicht haben? Was und wen sehen und hören Sie, was fühlen, riechen und schmecken Sie, jetzt da Sie an Ihrem Ziel angelangt und vollständig zufrieden mit all den Ergebnissen sind? Sehen Sie sich selbst in diesem Bild und was Sie in diesem Moment des Triumphes tun. Sie wissen bereits um die Macht Ihrer inneren Bilder. Sie haben es in der Hand, Ihre Bilder so zu gestalten, dass Sie in Ihnen Stolz und Befriedigung erwecken. Bringen Sie Klarheit ins Bild, lassen Sie die Farben leuchten, verändern Sie Stimmen, Geräusche und Klänge, sodass es noch mehr Anziehungskraft für Sie erhält. Machen Sie sich auch bewusst, wann in der Zukunft Sie dieses Ziel erreicht haben wollen.

Und nun lehnen Sie sich entspannt zurück und lassen Ihre unbewusste Kompetenz ganze Arbeit leisten bei folgendem Experiment.

Experiment: Machen Sie sich jetzt in dem Wissen, im Geist ganz leicht werden zu können, sodass Sie fast schweben, Ihre Zeitlinie bewusst. Und wenn Sie sich jetzt tatsächlich vorstellen, sich sanft schwebend vom Boden zu erheben, können Sie Ihre Zeitlinie unter sich erkennen. Das macht es Ihnen leicht, noch ein wenig höher zu gleiten, noch höher hinauf, sodass Sie wahrnehmen, wie der Abstand zu Ihrer Zeitlinie größer und größer wird. Genau unter Ihnen liegt die Gegenwart, davor die Vergangenheit mit allen Ihren Erlebnissen, danach Ihre Zukunft. Sehen Sie, wie sich Ihr Lebensband in weite Ferne erstreckt und am Ende in eine Wolke von weichem, hellem Licht eintaucht. Sie können nun entlang Ihrer Zeitlinie in die Zukunft gleiten. Bemerken Sie dann den Zeitpunkt, an dem Sie Ihr Ziel erreicht haben unter sich auf Ihrer Zeitlinie (Position 1 – siehe Abb. rechts) und blicken Sie darauf hinunter. Schweben Sie dann weiter zu Position 3, sodass Sie sich über einem Ereignis befinden, das ca. 15 Minuten, nachdem Sie Ihr Ziel erreicht haben, stattfindet. Sie blicken jetzt in Richtung Gegenwart. Lassen Sie sich auf Ihrer Zeitlinie in Position 4 herabsinken, blicken Sie durch Ihre eigenen Augen und erleben Sie mit allen Sinnen, wie es ist, dieses Ziel erfolgreich gemeistert zu haben. Schauen Sie dann zurück in Richtung Gegenwart. Sie bemerken, wie alle Schritte, die Sie zu Ihrem Ziel geführt haben, in Form einer Kette organisiert sind, die es Ihnen erlaubt, sich leicht und voll Vertrauen auf dieses Ereignis zu und durch dieses hindurch zu bewegen, sodass Sie wissen, wie es möglich war. Wenden Sie sich in Richtung Zukunft und erkennen Sie, was von diesem erreichten Ziel aus für Sie möglich ist. Wofür ist dieses erreichte Ziel erst der Anfang? Nehmen Sie die drei besten Dinge, die von diesem Punkt aus beginnen, und stellen Sie sich vor, wie sich diese in Ihrer Zukunft weiterentwickeln könnten. Erheben Sie sich dann wieder über Ihre Zeitlinie in Position 3 und sehen Sie nochmals die Kette der Schritte von der Gegenwart bis zu Position 4. Gleiten Sie in Richtung Ihrer Gegenwart zu Position 2, direkt über dem Zeitpunkt, an dem Sie Ihr Ziel erreichen, und blicken Sie darauf hinunter, um noch all das zu lernen, das Ihnen erlauben wird, Ihr Ziel leicht und mühelos zu erreichen. Ihr Unbewusstes kann dieses Wissen in Ihre Zukunft hinunterfließen lassen, sodass es abrufbar ist, wenn Sie es in Ihrer Zukunft brauchen. Schweben Sie weiter in Richtung Gegenwart und nehmen Sie auf dem ganzen Weg die Kette aller Schritte wahr, die Ihnen geholfen haben, voll Vertrauen durch Ihr Ziel zu Position 4 zu gehen. Wenn Sie über Ihrer Gegenwart angekommen sind, bemerken Sie, wie die Kette der Schritte die Gegenwart mit Position 4 verbindet, sodass Sie sich, wenn Sie jetzt in Ihre Gegenwart hinuntergleiten, selbst mit der Kette und mit Position 4 verbinden, sodass Sie selbst Auslöser für diese Kette sind, und nehmen Sie wahr, wie sich das anfühlt. Nehmen Sie dieses Gefühl und die Gewißheit, dass Sie Ihr Ziel in der Zukunft bereits erreicht haben, mit in Ihre Gegenwart.

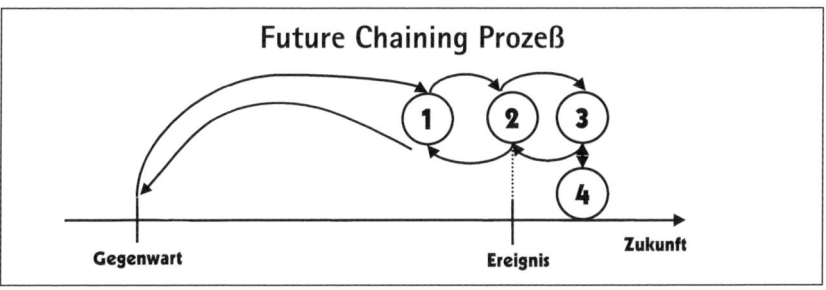

Future Chaining Prozeß

„Eine wunderschöne Reise!" Alfred hatte sich vorgenommen, die Ideenbörse mit dem Wissen, das er nun hatte, auf neue Beine zu stellen. „Ich habe es mir gedacht. So eindrucksvoll und einfach kann es sein, das Programm meiner Zukunft zu schreiben, mein Leben an meinen Wünschen auszurichten." Alfred hatte an dem Ort seiner Zeitlinie, wo er sein Ziel verwirklicht haben würde, noch so etwas wie ein Symbol einer funktionierenden Ideenbörse hinterlassen. Dieses Symbol war plötzlich aufgetaucht und hatte seinem Vorhaben eine starke Ahnung von Kraft und Erfolg hinzugefügt. „Ich werde für die Ideenbörse auch einen anderen Namen finden. Börse hat mit Spekulation zu tun. Vielleicht haben die Kritiker in dem Team auch mit diesem Namen ihr Problem. Nomen est omen."

IMPLEMENTIEREN
Das Mögliche auch wahrscheinlich machen

Ein Labyrinth mit einem Eingang und fünf Ausgängen. Nur hinter Ausgang Nr. 5 wartet Käse auf die Ratten. Klug wie Ratten eben sind, finden sie sich rasch im Labyrinth zurecht und erreichen den Ausgang Nr. 5, wo das Futter lockt. Bei den nächsten Versuchen finden sie rasch und ohne Umwege zu diesem Ausgang. Der Versuchsleiter verändert nun die Anordnung. Er gibt den Käse hinter Ausgang Nr. 3. Die Ratten streben wie gewohnt dem Ausgang Nr. 5 zu. Dort erkennen sie, dass sich die Situation verändert hat. Kein Käse hinter Ausgang Nr. 5! Sie halten kurz inne und machen sich daraufhin sofort auf die Suche nach jenem Ausgang, der jetzt den Käse für sie bereit hält. Wie beim ersten Mal erforschen sie das Labyrinth und werden bei Ausgang Nr. 3 fündig, fressen den Käse und sind zufrieden.

Gleiche Versuchsanordnung, doch nun sind Menschen die Versuchsobjekte. Natürlich finden sie sich im Labyrinth rasch zurecht, finden Ausgang Nr. 5 und die zehn Dollar, die dort als Belohnung warten. Ausgang Nr. 5 wieder zu finden ist eine Kleinigkeit für sie und sie sind stolz auf das leicht verdiente Geld. Wieder greift der Versuchsleiter ein und verschiebt die Belohnung zu Ausgang Nr. 3. Die erste Reaktion der Menschen ist Verständnislosigkeit, unmittelbar gefolgt von Empörung. Sie kehren zum Ausgangspunkt zurück und gehen von Neuem den Weg zum Ausgang Nr. 5. Vielleicht hatten sie irrtümlich den falschen Weg gewählt. Erneut dort angelangt beschimpfen sie den Versuchsleiter: „Bisher gab es immer zehn Dollar hinter Ausgang Nr. 5, wieso auf einmal nicht mehr? Es ist eine Gemeinheit, uns so anzuführen! Der Versuchsleiter muss einen Fehler gemacht haben." Manche wollen sich mit anderen zusammenschließen, die auch an Ausgang Nr. 5 glauben, und einen Sitzstreik vor Ausgang Nr. 5 abhalten, bis sie ihre zehn Dollar bekommen ...

$$E = L \times K^2$$

Erfolg ist Leistung mal Kommunikation zum Quadrat. Oder wie der Satiriker Karl Kraus es – allerdings mit negativem Vorzeichen – ausdrückte: „Es ist zu wenig, keine Ideen zu haben, man muss auch noch unfähig sein, sie auszudrücken." In den wenigsten Fällen hängt es vom Manager alleine ab, ob er ein Unternehmensziel erreicht. Ihr Erfolg hängt, auch nachdem Sie exzellente Problemlösungen entwickelt haben, von der Umsetzung ab. Das heißt, möglichst viele andere müssen davon überzeugt und dafür begeistert werden, Vertrauen in Ihren Weg entwickeln und ihn zielstrebig gehen.

Um das zu erreichen, müssen Sie einen Gesamtzusammenhang schaffen, innerhalb dessen Ihre Veränderungen Sinn machen. Sie müssen wissen, wie wir Menschen aus bloßer Information Bedeutung machen und wie Sie selbst genügend Ressourcen haben können, um diese Zeit an der Spitze der Armada zu genießen.

Die Kraft der Metapher

Ihr seht die Dinge und fragt: Warum?,
ich träume Dinge und frage: Warum nicht?"
(G. B. Shaw)

Ein mittleres Software-Unternehmen bat vor einiger Zeit um Hilfe. Sie fürchteten, dem Konkurrenzdruck nicht mehr lange standhalten zu können. Überall wo ihre Vertriebsmitarbeiter bei Kunden auftauchten, waren andere bereits am Werken. Dieses Unternehmen agierte als sehr homogenes Gefüge. Die Kommunikation lief hervorragend. Die Mitarbeiter verstanden sich ausgezeichnet und unterstützten einander. Eigentlich hervorragende Voraussetzungen für Unternehmenserfolg. Die Ursache ihrer Schwächen lag in der Sichtweise und Einstellung des Unternehmens und der Mitarbeiter zu ihrem Geschäft. Was ihnen fehlte, war die Energie und der starke Erfolgswille, auf dem Markt konsequent Geschäftsabschlüsse zu tätigen. Sie sagten auch: „Wir sind wie eine Familie!", während ihre Hauptkonkurrenten sich als Haie am Markt bezeichneten. Und sie fühlten sich auch so, wie sie sich nannten. Jede Handlung, jede Entscheidung war von dieser Einstellung geprägt. Der Begriff Familie setzte den Mitarbeitern dieses Unternehmens einen Rahmen. Ein Rahmen beschreibt, was Teil des Systems ist und was nicht, was Inhalt und was Nicht-Inhalt ist, was in diesem Rahmen gilt, richtig und wichtig ist.

Der Begriff Familie wird in der Regel assoziiert mit einer Gruppe von Menschen mit sehr enger Beziehung. Die Grundwerte sind Schutz, Erhaltung, Zuwendung und Zusammenleben. Es ist auch wichtig zu erkennen, was außerhalb dieses Rahmens ist: Visionen und Zielstrebigkeit. In diesem Rahmen hat langfristiger Erfolg keinen Platz. Die Metapher der Haie steht für gefährliche Einzelkämpfer, Skrupellosigkeit und letztes Glied in der Nahrungskette. Win-Win-Situationen sind nicht Teil dieses Rahmens. Insgesamt schafft dieses Bild gute Voraussetzungen für kurzfristigen Erfolg.

Wenn also die Unternehmensmetapher großen Einfluss auf Geschäftsstrategie, Taktik und Erfolg hat, welche Metapher ist dann geeignet, langfristigen Erfolg zu sichern? Dabei gibt es auch ein wesentliches Prinzip des NLP zu beachten: Ein Metaziel jeder NLP-Intervention ist, mit minimaler Veränderung maximalen Erfolg zu erzielen. Das entspringt dem ethischen Grundsatz des NLP, Veränderung nur dort und in dem Maß anzustreben, das notwendig ist, um

- genau das zu erreichen, was das Unternehmen oder der Mensch von sich aus erreichen möchte und

- mindestens eine Win-Win-Situation mehr zu schaffen als vorher.

Stellen Sie sich vor, ein Manager bittet seinen Coach, ihn zu unterstützen, eine festgefahrene Beziehung zu einem Kollegen zu verbessern. Wenn dieser Coach ein Interventionsmuster wählt, das gleichzeitig auch die generelle Haltung zu den Mitmenschen des Managers zu ändern versucht, wird es aus NLP-ethischer Sicht problematisch. Der Coach sollte Sicherheit darüber haben, dass der Manager das auch will, das heißt, dass diese Veränderung mit seinen Werten und Zielen konform geht.

Angesichts der Bandbreite und der Wirksamkeit der NLP-Interventionen könnten leicht die Rösser mit uns durchgehen, sodass wir in der Interventionsarbeit über das gewählte Ziel hinausschießen. Veränderung zu versuchen, die der Manager eigentlich nicht will, verursacht bald Rapport-Bruch, der Manager bekommt das Gefühl, manipuliert und nicht unterstützt zu werden. NLP-Meister streben daher möglichst elegante, punktgenaue und minimale Veränderungen an.

In diesem Sinn fand das Software-Unternehmen schließlich eine Metapher, die sich nur wenig vom Begriff Familie unterscheidet. Sie wurden zum Clan. Die Mitarbeiter verstanden den Begriff Clan als eine Gruppe von Menschen, die auch weiterhin starkes Zusammengehörigkeitsgefühl empfinden und sich darüber hinaus auch gemeinsame Erweiterungsziele stecken und zur Wehr setzen können, wenn Gefahr droht. Metaphern wirken im

Modell der Neuro-Logischen Ebenen auf die Ebene der Einstellungen. Wie Sie bereits wissen, strukturiert diese Ebene die der Fähigkeiten und Handlungen. Der Wechsel der Sichtweise und Einstellungen von der Familie zum Clan löste daher eine ganze Reihe von Veränderungsprozessen im Unternehmen aus, sodass dem Unternehmen rasch Erfolg beschieden war.

Auch offizielle Bezeichnungen von Abteilungen wirken auf die Mitarbeiter als Metapher. Es macht einen maßgeblichen Unterschied, ob sich eine Abteilung Beschwerdestelle nennt oder Kundendienst. Abgesehen von der wahrscheinlich geringeren Motivation, in einer Beschwerdestelle zu arbeiten, enthält das Wort Kundendienst das eigentliche Ziel der Abteilung und gibt damit auch ein Leitbild der Tätigkeit.

Alfred kam in diesem Zusammenhang die „Aktion Wiesel" in den Sinn: Vor ein paar Jahren hatte es große Probleme mit der Auslieferung an die Kunden gegeben. Sie hatte sich aufgrund häufiger Kundenbeschwerden als unzuverlässig und langsam erwiesen. In einem Brainstorming mit allen Abteilungsleitern des Unternehmens hatte Alfred den Vorschlag gemacht, das Auslieferungsteam als die Wiesel zu bezeichnen und den Namen auch auf ihre Fahrzeuge zu schreiben. Sein Argument war, den Mitarbeitern damit auch eine neue Identität zu geben, die einen der Erfolgsfaktoren, nämlich Schnelligkeit impliziert. Neben einer Bereinigung der Ablauforganisation war diese Veränderung Ursache für eine deutliche Verbesserung der Liefergeschwindigkeit und Zuverlässigkeit.

Wir Menschen leben mit Metaphern. Vielleicht haben Sie sich auch schon einmal mit einem Tier identifiziert. Der Vergleich „Ich bin ein Elefant" impliziert: nicht leicht verletzbar sein (dicke Haut) und sich Angriffe lang merken, um sich spät, aber doch zu rächen. Die Metapher schließt Einfühlsamkeit aus (Elefant im Porzellanladen) und vergessen oder vergeben können. Und genauso verhält sich ein Mensch, dessen Leitbild diese Metapher ist.

Wir denken nicht nur in Bildern, wir sprechen auch in Bildern. Diese Bilder setzen für Ihre Gesprächspartner Rahmen, die Dinge ein- und ausschließen. Ausschlaggebend dabei ist, was Ihr Gegenüber mit diesem Bild assoziiert. Wenn Sie etwa zu Ihren Mitarbeitern sagen: „Wir werden eine Gratwanderung gehen", werden wahrscheinlich sportliche Bergfexe ein angenehmes und schönes Erlebnis damit assoziieren. Andere werden das Bild eines Bergrückens vor sich haben, an dem links und rechts die Hänge steil und gefährlich abfallen, sodass es riskant ist, diesen Grat entlang zu wandern. Anders wirkt die Metapher des goldenen Mittelweges, die inhaltlich vielleicht sogar dasselbe bedeutet.

„Die Spinne" war ein sehr treffendes Bild für einen Vorgesetzten, für den Alfred vor vielen Jahren tätig gewesen war. Dieser Mensch war wie eine Spinne in seinem Informationsnetzwerk gesessen. Er hatte in seiner Abteilung die Kommunikation sternförmig aufgebaut, wie ein Spinnennetz, sodass jedem seiner Mitarbeiter an den Rändern des Netzes nur seine eigenen Informationen zugängig waren. Nur die Spinne allein wusste über alles Bescheid und spielte diese Informationsmacht auch glänzend aus. Die Mitarbeiter hatten ohne umfassende Informationen wenig Chance, erfolgreich zu sein. Nur er konnte das. Die Abteilung erreichte selten ihre Ziele, doch für die Spinne bestand nie die Gefahr, dass einer seiner Mitarbeiter groß genug wurde, ihn zu überflügeln. Kein Mitarbeiter mochte die Spinne und doch war es lange Zeit niemandem möglich gewesen, dieses System zu durchbrechen. Bis sich doch einmal eine kleine Gruppe entschloss, den Chef in seinem eigenen Netz zu fangen, indem sie informell ein zweites, für alle durchgängiges Informationsnetz organisiert hatten, das besser funktionierte als das offizielle.

Und welche Metapher von Ihrer Person bieten Sie Ihren Mitarbeitern? Sind Sie der Aufpasser, der Polizist, der keinen Regelverstoß zulässt, oder der Visionär, der große Ziele vorgibt? Wenn Sie zu Ihren Mitarbeitern ein gutes Verhältnis haben, wissen Sie vielleicht sogar, wie Ihre Mitarbeiter Sie sehen. Stimmt dieses Bild mit Ihrer Vorstellung überein?

Wie wird in Ihrem Unternehmen das Management erlebt, mit welcher Metapher wird es von Ihren Mitarbeitern verknüpft? In einem funktionierenden Unternehmenssystem gehen Veränderungen primär vom Management aus. Eine Schlüsselfrage für durchgreifenden Erfolg des Managements mit seinen Innovationszyklen ist: Wie sehen die betroffenen Mitarbeiter diese Veränderungen? Erleben sie sich in diesen Veränderungsprozessen etwa als Windrad, das ständig bewegt wird, aber immer auf derselben Stelle bleibt? Oder sind die Manager so etwas wie die Fahnenträger, die an der Spitze das Unternehmen zum Erfolg führen? Metaphern setzen Denkrahmen. Als Gruppe mit der Fahne voran zu marschieren, impliziert Stolz, gemeinsame Identität und Ziele. Das Windrad impliziert verspielte Schönheit, es schließt Nutzen und Ziele aus.

Experiment: Machen Sie sich jetzt konkrete Gedanken über Ihre Unternehmensmetaphern. Nehmen Sie sich ein paar Minuten Zeit und denken Sie nach. Gibt es eine Metapher für die Abteilung, die Sie leiten oder der Sie angehören? Wenn ja, was schließt diese Metapher ein, was gilt, was ist richtig und wichtig? Sind Sie mit dieser Metapher zufrieden, dann überlegen Sie, wie Sie sie noch verstärken können. Sind Sie damit unzufrieden oder gibt es keine, erfinden Sie die Abteilungsmetapher jetzt.

Wählen Sie eine Metapher, die allen Beteiligten genügend große Denkräume eröffnet, in die richtige Richtung führt und die Managementziele einschließt. Überlegen Sie auch, ob diese Metapher mit den Intentionen der anderen Abteilungen konform geht. Sie wissen: Jede Veränderung, die Sie anstreben, hat das Ziel, mindestens eine Win-Win-Situation mehr zu schaffen.

Alfred ließ ein Gedanke nicht los. „Jedes Denken ist gleichzeitig auch Begrenzung. In Gedanken ein Thema zu fokussieren heißt bereits Grenzen zu schaffen. Je mehr ich mir von etwas eine Meinung bilde, um so stabiler und enger mache ich diesen Rahmen." Gestern hatte ein Freund Alfred am Abend ein Erlebnis erzählt, das dafür ein gutes Beispiel war. Der Freund war in der U-Bahn neben einem Mann in Soldatenuniform gestanden. Diese erste Wahrnehmung hatte seinen gesamten Wahrnehmungsrahmen sofort eingeengt. Als pazifistisch Denkender hatten – er gab das offen zu – sehr rasch einige Klischeevorstellungen ihre Wirkung gezeigt: bulliger Nacken, leicht fliehende Stirn und ungepflegtes Haar kann nur bedeuten: ein dumpfer, brutaler, unmenschlicher Typ. „Sicher ist er einer dieser Ausbildner, die junge Menschen durch den Dreck schleifen und sie lehren, die Waffe auf andere Menschen zu richten." Das Äußere dieses Mannes hatte den Freund so abgeschreckt, dass er unbewusst einen Schritt zurückgetreten war. Durch den neuen Blickwinkel nahm er am Ärmel der Uniform den Schriftzug „KVOR" wahr. Mit „KVOR" assoziierte sein Freund eine Truppe, die im ehemaligen Jugoslawien die Aufgabe hat, in einem hoch brisanten militärischen und zwischenmenschlichen Konflikt Frieden zu bringen und wieder Zusammenleben zu ermöglichen. Plötzlich erhielten seine Wahrnehmungen eine vollständig andere Bedeutung. Alfreds Freund sah den Soldaten in einem anderen Rahmen. „Vielleicht kehrt er gerade von einem überaus strapaziösen und gefahrvollen Einsatz nach Hause zurück, müde und ungepflegt von der langen Reise." Der Soldat war in seinen Augen unversehens beinahe zum Helden geworden. Dieser unmittelbare und drastische Wechsel der Wahrnehmung hatte ihn aus dem Gedankenfluss gerissen, ihn zum Grübeln veranlasst: „Ich habe noch kein einziges Wort mit diesem Menschen gewechselt und dennoch habe ich innerhalb kürzester Zeit bereits zwei Meinungen über ihn entwickelt. Wie ist das möglich?"

Kunstwerk mit Rahmen

Rahmen

Backtrack-Rahmen

Kontrastrahmen

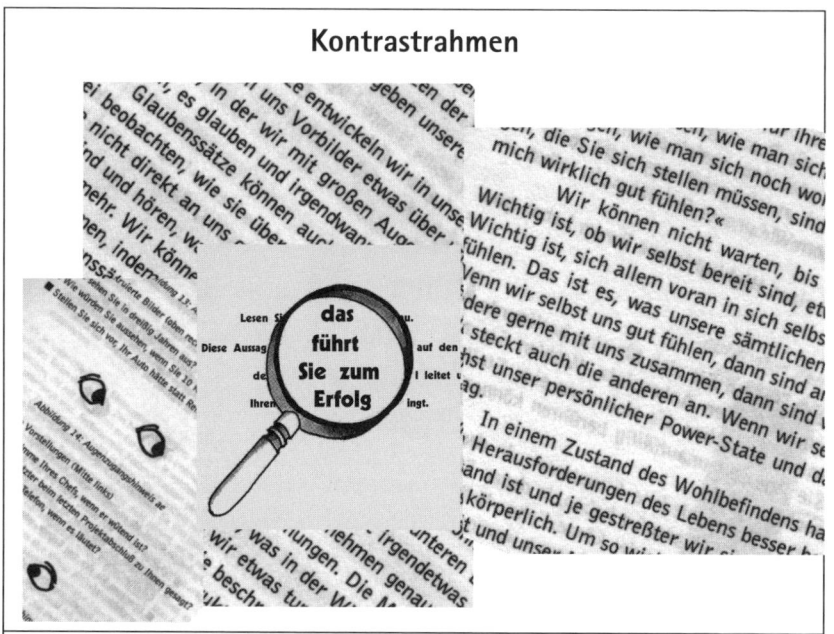

Zielrahmen

Als-ob-Rahmen

Die Kunst des Denkens ist es, die richtigen Rahmen zu setzen. Rahmen, die uns Denkweite und Denkrichtung geben. Gibt es Regeln für diese Art des Metadenkens, die exzellente Manager nützen, um erfolgreich zu wirken? Wie können Sie als Manager das Denken und Handeln der Mitarbeiter an den Zielen ausrichten, die in die richtigen Bahnen lenken? Und wie können wir damit die Effizienz der Kommunikation steigern? Exzellente Kommunikatoren geben als Moderator dem Gespräch Rahmen mit unterschiedlicher Wirkung.

Zielrahmen:

Sie erinnern sich an das T.O.T.E.-Modell. Der erste Schritt besteht darin, sich ein Kommunikationsziel zu setzen, das auch Ihrer Absicht als Initiator (siehe Disney-Strategie) entspricht. Definieren Sie als Moderator von Gesprächen, Meetings, Diskussionen oder Vorträgen zuerst gemeinsam mit den Teilnehmern das Ziel, das gewünschte Ergebnis, zu dem sich alle Beteiligten bekennen können. Sie schaffen damit einvernehmlich Grenzen des Gesprächs, innerhalb derer sich die Teilnehmer bewegen können.

Achtung: Der Motor unseres bewussten und unbewussten Denkens sind die Repräsentationssysteme. Wir können nur dann überprüfen, ob wir schließlich das Ziel erreicht haben, wenn wir es wahrnehmungsspezifisch formulieren. Ungenaue Ziele haben keine große Anziehungskraft und sind nicht kontrollierbar. Sie werden nicht wirklich wissen, ob Sie das Ziel: „Wir wollen die Beziehung zum Kunden A verbessern", erreicht haben. Besser geht das schon mit: „Ich möchte am Ende des Geschäftsjahres auf der Score Card des Kunden A beim Punkt Zufriedenheit eine Zahl über 70 lesen." Oder: „Wenn ich Kunden A im Juni besuche, will ich nicht mehr die sorgenvollen Falten auf seiner Stirn, sondern ein breites Lächeln in seinem Gesicht sehen und positive Aussagen über unsere Beziehung zu hören bekommen."

Fragen Sie daher: Wie (wahrnehmungsspezifisch) werden wir wissen, dass wir dieses Ziel erreicht haben?

Zirkuläre Systeme haben große Stabilität. Das zweite T des T.O.T.E.-Modells sorgt als Testphase für den Kreislauf, der sicherstellt, dass Sie auf der richtigen Spur bleiben. Auch die Disney-Strategie gibt dem Initiator wiederkehrend die Chance, den Prozess an Ihrer Absicht neu auszurichten. Überprüfen Sie permanent und häufig, ob Sie das Gespräch den Zielen näherbringt. Erinnern Sie die Gesprächspartner an das gemeinsame Ziel, an die Begrenzungen des Gesprächs. Solche Aussagen haben auch bindende Wirkung: „Wir haben ein gemeinsames Ziel, das uns eint." Machen Sie den Zielrahmen insbesondere dann deutlich, wenn die Richtung des Gespräches nicht mehr stimmt.

Die Leiterin der Marketingabteilung war so eine, die in Meetings nicht nur sehr ausschweifend zu sprechen pflegte, sondern auch immer wieder vom Thema abwich. Alfred, der die Wirksamkeit des Zielrahmens zu nutzen gewohnt war, versuchte dann stets, sie wieder in die Spur zurück zu lenken, geriet dabei aber häufig mit ihr in Konflikt, weil sie sich damit im Denken eingeengt fühlte. Mit dem NLP-Wissen, über das Alfred jetzt bereits verfügte, konnte er sie recht gut verstehen. Ihre Aufgabe setzte Denkweite voraus, sie war gewohnt, aus Bahnen auszubrechen, neue zu denken. Was konnte also die Lösung dieses Kommunikationsproblems sein?
„Nun, ich sehe drei Möglichkeiten:
Erstens den Rapport intensivieren, ihre Persönlichkeit, ihre Landkarte mehr und besser verstehen. Zweitens im Konsens mit ihr besser zwischen Brainstorming und zielorientiertem Gespräch unterscheiden. Und drittens sollte ich im zielorientierten Gespräch den Rahmen nicht zu eng definieren. Ich denke, das sind drei Maßnahmen, die sowohl die Effizienz als auch die Ideenfülle der Marketingleiterin berücksichtigen." Alfred war mit sich sehr zufrieden.

Wenn Sie wahrnehmen, dass das Thema abgleitet oder sich das Gespräch im Kreis dreht, ist es Ihre Aufgabe als Moderator, weiterhin im Rapport mit den Teilnehmern das Gespräch wieder in die Spur zu lenken. Feststellungen, wie „das hat jetzt nichts mit unseren Zielen zu tun" verursachen nur Rechtfertigungen und Rapport-Bruch. Die richtigen Fragen geben den Blick auf das gemeinsam Ziel wieder frei. Sagen Sie einfach: „Stellen Sie bitte den Zusammenhang Ihrer Aussage zu unseren gemeinsamen Zielen her." Oder fragen Sie: „Ich verstehe den Zusammenhang Ihrer Aussage mit unseren Zielen nicht. Können Sie das bitte erläutern?"

Backtrack-Rahmen:

Leicht geschieht es, dass Sie im Fluss des Gespräches treiben und so rasch vorankommen, dass Sie dabei nicht wahrnehmen, die Zustimmung einzelner Teilnehmern verloren zu haben. Darum ist es hilfreich, die gemeinsame Basis, mit der noch alle konform gehen, zu kennen und anzusprechen. Je konkreter und näher das gemeinsame Ziel im Gespräch ist, desto kleiner wird auch der Rahmen, in dem wir uns bewegen können. Sobald Sie sich geeinigt haben, ist er minimal groß. Es gibt nur mehr insofern Bewegungsfreiheit, als das Ergebnis Wahlmöglichkeiten offen lässt. Immer wenn Sie den Eindruck haben, es sind nicht mehr alle im Boot, erweitern Sie den zu eng gewordenen Denkrahmen wieder auf das Maß, in dem sich noch alle

Partner wieder finden. Auch wenn der Weg zum Konsens mühevoll ist, weil Sie oft sehr unterschiedliche Interessen zu integrieren haben, führen Sie die Teilnehmer noch einmal auf die sichere und gemeinsame Basis zurück und lassen Sie sie noch einmal mit wenigen Worten den Weg zum Ziel erleben. Damit schaffen Sie auf einer Metaebene auch ein gemeinsames Verständnis über den Prozess, der gemeinsam bewältigt wurde, und sichern so den Konsens.

Etwa so: „Wir waren uns zu Beginn bereits einig, die zusätzlichen Werbemaßnahmen auf unsere A-Kunden zu beschränken. In weiterer Folge haben wir diese Maßnahmen gemeinsam definiert. Wir werden also ... Dann haben wir uns auf ein Budget von ... geeinigt. Jetzt gilt es noch, einen Verantwortlichen für die Ausarbeitung des Konzepts zu bestimmen."

Kontrastrahmen:

Wer schon einmal mit dem Design von Individualsoftware zu tun hatte, weiß, wie wichtig es oft ist zu beschreiben, was diese Software, wenn sie den Anwendern zur Verfügung steht, nicht können wird. Anwender haben oft ungenaue Vorstellungen vom Umfang solcher Systeme. Die Inhalte zu beschreiben genügt da oft nicht. Es muss auch Einigkeit darüber herrschen, was nicht Inhalt ist, um später niemanden zu enttäuschen.

Das konnte Alfred nur bestätigen. Da er eher global orientiert dachte, neigte er dazu, seine Aufträge nicht genug zu detaillieren. Er musste daher immer wieder erleben, dass die Mitarbeiter den Auftrag manchmal kleiner sahen als er und demzufolge das Ergebnis nicht umfassend genug war. Oft wunderte er sich darüber, dass das Ergebnis noch nicht vorlag, bis er merkte, dass der Mitarbeiter ohnehin vielmehr tat als notwendig. Das hatte natürlich auch mit dem Eifer, dem Grad der Begeisterung für die Aufgabe und den Fähigkeiten der Mitarbeiter zu tun. Das war ihm schon klar. Um wirklich das zu erhalten, was er brauchte, hatte sich Alfred deshalb zur Gewohnheit gemacht, den Mitarbeiter wiederholen zu lassen, was er als seine Aufgabe verstanden hatte und darüber hinaus noch zu ergänzen, was damit nicht gemeint war. Vor kurzem hatte er ein Team von Verkäufern beauftragt, ihm einen Vorschlag zu unterbreiten, auf welche Art und Weise alle Verkäufer vom NLP-Wissen profitieren können: „Ich meine damit nicht ein komplettes Schulungskonzept mit Modulen, Zielgruppen, Budget und Zeitplänen, sondern einfach grundsätzliche Ideen, wie es effizient und kostengünstig machbar ist."

Wenn Sie beschreiben, was Thema ist und was nicht, machen Sie die Denkgrenzen für die Gesprächspartner deutlich und unmissverständlich. Grenzen zu schaffen ist der Schlüssel effizienter und zielorientierter Gesprächsführung. Selbst in einem Brainstorming oder in der Anwendung der Disney-Strategie, wo es um Denkweite, um Denken außerhalb gewohnter Bahnen geht, brauchen wir Grenzen, um die Ideen in die richtige Richtung zu führen. Wir brauchen nicht nur inhaltliche Grenzen, sondern auch einen methodischen Rahmen, um die Qualität eines Gespräches oder Denkprozesses zu sichern. Die Regeln der Disney-Strategie, die Reihenfolge der Akteure einzuhalten, den jeweils Aktiven unbeeinflusst von den anderen wirken zu lassen und die Arbeit jedes Akteurs zu würdigen, sind solche Regeln.

> *Die meisten (Lehrer) vertrödeln die Zeit mit Fragen,*
> *und sie fragen, um herauszubekommen, was der Schüler*
> *nicht weiß; während die wahre Fragekunst sich darauf*
> *richtet zu ermitteln, was der andere weiß oder*
> *zu wissen fähig ist.*
> *(Albert Einstein)*

Als-ob-Rahmen:

Rahmen eröffnen auch neue Möglichkeiten, wenn sie einen neuen Blickwinkel bieten:
Wenn Sie in diesem Moment wüssten, dass es Ihnen auf jeden Fall gelingt, das nächste Ziel umzusetzen, womit würden Sie dann in Ihrem Unternehmen jetzt beginnen?

„Ich würde mich dafür einsetzen, dass die Streuwerbung stark reduziert und dafür der persönliche Kontakt mehr ausgebaut wird." Alfred war erstaunt über den spontanen Gedanken, der durch diese Frage in ihm entstand. Der Aufwand für Streuwerbung war nach seinem Geschmack zu hoch, er zweifelte die Kostendeckung an. Ihm war klar, dass mehr Vertriebsrepräsentanten auch höhere Fixkosten bedeuten. Aber sie würden sich rechnen. Erst die Frage des Seminarleiters hatte ihm Mut gemacht, über diesen Gedanken intensiver zu reflektieren. Offensichtlich hatte er es bisher nicht gewagt, darüber bewusst nachzudenken. Ein Grund dafür konnte sein, dass dieses Thema seine Kompetenz überschritt und noch dazu in den Bereich der Marketingleiterin fiel, mit der er oft geteilter Meinung war.

Denken ist Grenzen setzen. Wir tun das permanent. Wenn Sie in Ihrem Büro einmal etwas umräumten, das lange Zeit an einer bestimmten Stelle aufbewahrt war, haben Sie dieses Ding wahrscheinlich noch einige Zeit am ursprünglichen Ort gesucht und sich dann darüber geärgert, diesen alten Ort nicht rasch genug vergessen zu haben, sodass nur mehr der neue Ort in Ihrer inneren Landkarte vorhanden war. Wenn wir nicht, wie im genannten Beispiel, durch die Umwelt dazu gezwungen werden, überprüfen wir gewohnte Grenzen später kaum mehr dahingehend, ob sie noch Sinn machen. Die Frage, die ich Ihnen vorhin stellte, weitet Ihre Grenzen plötzlich aus und ermöglicht neue, mutige Gedankengänge, die vorher nicht denkbar waren. Sie räumt vermeintliche Hürden aus dem Weg und macht die Bahn frei für Ideen.

Wir schicken mit Als-ob-Fragen den Gesprächspartner auf seiner Zeitlinie in die Zukunft und lassen ihn dort den Erfolg erleben und gleichzeitig zurückblicken, um wahrzunehmen, wie er diesen Erfolg möglich machen konnte.

Experiment: Denken Sie voraus an Ihr nächstes Meeting und stellen Sie fest, wie Sie zumindest drei der genannten Rahmen sinnvoll einsetzen werden. Gehen Sie im Geist Standardsituationen durch und erproben Sie die Anwendung dieser drei Rahmen. Erleben Sie dabei die positiven Veränderungen und lassen Sie sich davon überraschen, was sich Neues daraus ergeben wird.

Der Schritt zur Exzellenz

Alfred hatte vor kurzem den Bericht über eine internationale Umfrage gelesen. Manager großer Unternehmen waren befragt worden, was ihnen in ihrem Beruf die größte Angst bereitet. Das Ergebnis war für Alfred erstaunlich und doch auch nachvollziehbar: Die Manager dieser Welt haben Angst vor der Kündigung ihres Vertrages, vor groben Managementfehlern, finanziell zur Rechenschaft gezogen zu werden und vor schweren gesundheitlichen Problemen. Aber eine Angst überragt das alles: die Angst vor Gruppen zu sprechen. Das lässt Manager schwitzen und raubt ihnen den Schlaf.

Alfred konnte sich erinnern, dass es ihm vor gar nicht allzu langer Zeit ganz ähnlich ergangen war – selbst bei Präsentationen vor der eigenen Mannschaft hatte er eine gewisse Nervosität nicht verbergen können. Doch diese Zeiten waren vorbei! Alfred hatte jetzt die notwendigen Fähigkeiten und den festen Glauben, dass es sinnvoll ist, sie auch einzusetzen. Aber damit war er noch nicht zufrieden. Er wollte mehr, er wollte sich wirklich wohlfühlen dabei, er wollte das Sprechen vor Gruppen zu den besten Momenten seines Lebens machen. In der Pause sprach er mit dem Seminarleiter über seinen Wunsch und dieser versprach ihm einen Weg, es zu verwirklichen.

Wenn die Angst groß ist, kennt unser Unbewusstes nur zwei Wege: Angriff oder Flucht. Unsere Zivilisation lässt beides nicht zu, das Ergebnis ist Paralyse und Stress, ein Blockadezustand, den wir „Stuck State" nennen. Denken und Handeln sind eingeschränkt, von kreativem Freiraum kann keine Rede mehr sein. Hervorragende Kommunikation ist da nicht möglich. Wenn Sie bewusst darüber nachdenken, fällt Ihnen meist kein plausibler, rationaler Grund dieser Vortragsangst ein. Ihr entstehen ist wahrscheinlich nur schwer nachvollziehbar. Trotzdem ist sie da und niemand ist davor gefeit.

Manche Menschen haben Mittel und Wege gefunden, damit umzugehen und die Angst in exzellentes Verhalten umzuwandeln. Eine einfache Übung, Sie werden sehen. Was Sie brauchen, ist Ihre Vorstellungskraft. Gefühle sind das Resultat von Prozessen der Informationsverarbeitung in Ihrem Kopf. Diese Tatsache werden wir jetzt nützen.

Suchen Sie einen ruhigen Platz im Raum, wo Sie ungestört sind. Sie werden diesen Prozess im Stehen ausprobieren.

Experiment: Malen Sie im Geist am Boden vor Ihren Füßen einen Kreis mit etwa einem Meter Durchmesser. Geben Sie diesem Kreis jene Farbe, die Sie mit Erfolg, Selbstvertrauen, Stärke und Exzellenz verbinden. Er kann auch in mehreren Farben schillern. Geben Sie ihm jedenfalls kräftige Farben, intensive Leuchtkraft, lassen Sie ihn strahlen.

Und nun zum nächsten Schritt. Sie wissen, alle in unserem Unbewussten aufbewahrten Erinnerungen an gelungene Situationen sind unsere größte Ressource. Wenn ich daher Ihr Unbewusstes fragen würde: Wann in Ihrem Leben konnten Sie eigenen Erfolg, Stärke und Exzellenz besonders freudig und intensiv verspüren? Welche Antwort kommt dann? Die erste Antwort ist meist auch die beste.

Versetzen Sie sich in Gedanken nun in dieses Ereignis Ihrer Vergangenheit. Schlüpfen Sie in Ihren Körper von damals. Was sehen Sie da um sich herum? Sind Sie im Freien oder in einem Raum? Sind Sie von Menschen umgeben? Wie sehen Sie aus, was tragen Sie, wie bewegen Sie sich? Welche Gegenstände, Formen und Farben sind für Sie in dieser Szene in unmittelbarer Nähe und weiter weg erkennbar? Welche

Geräusche können Sie wahrnehmen – Wind, Straßenlärm, Musik, Gemurmel oder deutliches Sprechen? Ist es laut oder leise, weit weg oder nah, harmonisch oder dissonant? Und was fühlen Sie in diesem Moment an Ihrem Körper? Spüren Sie eine Lufthauch, Sonnenstrahlen, die Kleidung, die Sie tragen, den Boden unter Ihren Füßen oder einen Stuhl? Wie ist dieses wachsende Gefühl von Erfolg, Kraft und Exzellenz? Wo genau spüren Sie es und welche Qualität hat es? Was können Sie in dieser Szene riechen und vielleicht auch schmecken? Lassen Sie das Ereignis jetzt weiterlaufen, bis dieses Gefühl fast seinen Höhepunkt erreicht. Intensivieren Sie nun die Farben in diesem Bild, machen Sie es noch klarer, verstärken Sie die Kontraste, verändern Sie es so, dass sich dieses hervorragende Gefühle noch verstärkt. Verändern Sie auch Geräusche und Stimmen und steigern Sie damit das Gefühl zu maximaler Intensität. Gleichzeitig steigen Sie in diesen farbigen Kreis und genießen das kraftvolle Gefühl, mit exzellentem Verhalten dermaßen erfolgreich zu sein.

Bevor das Gefühl schwächer wird, verlassen Sie den Kreis.

Fragen Sie Ihr Unbewusstes nun, welche weitere Erfahrung der Vergangenheit mit einem Gefühl von Kraft, Erfolg, Selbstvertrauen und Exzellenz verbunden ist. Machen Sie sich dieses Gefühl noch einmal zugänglich. Schlüpfen Sie in Ihre Haut von damals. Erleben Sie das Ereignis mit allen Sinnen. Intensivieren Sie die Sinnesreize, bis das Gefühl beinahe seinen Höhepunkt erreicht, und steigen Sie wieder in den farbigen Kreis.

Tun Sie das noch mit einer dritten derartigen Erfahrung.

„Beim zweiten Mal war es schon viel leichter, mir dieses tolle Gefühl zugänglich zu machen. Es war auch deutlich intensiver. Der Kreis schien beim dritten Mal dieses Gefühl bereits auszustrahlen, sodass es sich mit dem hineingetragenen vermischte und zusätzliche Qualität erreichte. Ich habe so etwas noch nicht erlebt.“

Wenn Sie jetzt den Kreis betreten, werden Sie einen Cocktail der besten Gefühle erleben. Nutzen Sie nun Ihre Fähigkeit des Ankerns und verbinden Sie eine Handbewegung und ein Schlüsselwort mit diesem Erfolgscocktail. Treten Sie ein paar Mal in den Kreis, lassen Sie die Gefühle hochkommen und machen Sie Ihre Handbewegung, sagen Sie innerlich Ihr Schlüsselwort.

Testen Sie danach die Handbewegung und das Schlüsselwort, um zu erleben, ob es bereits gut genug erlebbar ist. Wenn nicht, bauen Sie Ihre Anker im Kreis noch weiter aus, bis Sie damit zufrieden sind. Testen Sie nun Ihren Kreis. Steigen Sie hinein und spüren Sie die Wirkung. So einfach ist es, mit einem Schritt einen exzellenten Zustand zu übernehmen. Jetzt ist wohl auch der richtige Zeitpunkt zu überlegen, was mit diesem Instrument ab jetzt für Sie möglich ist. Wann im Beruf oder in Ihrem Privatleben wollen Sie sich künftig in diesen Zustand versetzen, um erfolgreich und frei von Angst zu agieren?

Alfred stieg noch einige Male in den Kreis. Er genoss das Feeling und verband es mit einer Handbwegung, die ganz natürlich war, und sagte innerlich sein Schlüsselwort. Nach einigen Versuchen reichten ihm die Handbewegung und das Schlüsselwort, um in diesen exzellenten Zustand zu kommen. „Mir fallen neben Präsentationen auf Anhieb viele Möglichkeiten ein, den Kreis der Exzellenz zu nützen: Kundengespräche, Planungssitzungen, Tennis, der nächste Schachwettbewerb. Es gibt viele Situationen, wo ich einen hervorragenden Gefühlszustand gut brauchen kann.
Ich kann ja auch einen Kreis für besonderes Wohlbefinden und Glücksgefühle installieren. Dem gebe ich meine Lieblingsfarbe. Ich sollte einen Teil meiner Persönlichkeit dafür verantwortlich machen, meinen Gefühlszustand zu managen. Er wird mich stets Fragen: Wie, Alfred, willst du dich jetzt gerade fühlen? Welchen inneren Zustand kannst du jetzt ganz besonders gut brauchen? Ich mixe ihn dir, du erlangst ihn mit einem einzigen Schritt.“

Sie wissen nun, mit welchen NLP-Bausteinen Sie als Vorbild Ihre Visionen in das Unternehmen projizieren können. Diese Bausteine sind sehr effizient. Ich möchte Sie daher neuerlich an Ihr Versprechen erinnern, Sie nur dafür und in dem Maß zu nützen, wie sie mit den Werten und Zielen Ihrer Mitmenschen konform gehen. Das ist die Formel für langfristigen Erfolg.

Alles wirklich Wertvolle entsteht nicht aus dem Ehrgeiz oder aus dem Pflichtgefühl, sondern aus der Liebe und Devotion gegenüber Menschen oder objektiven Dingen.
(Albert Einstein)

C³ – Die Organisation

Seit dem letzten Seminarblock, den „Visionen" des magischen Dreiecks, hatte sich viel getan. Am liebsten hätte Alfred alle NLP-Bausteine zugleich in der Praxis erprobt. Er war ständig auf der Suche nach Gelegenheiten, sein NLP-Wissen zu nützen.

Aus der Ideenbörse war eine Ideenwerkstatt geworden. Die Metapher der Börse hatte nicht ausgedrückt, was gemeint war. In der Werkstatt werden Ideen in die Welt gesetzt und ausgefeilt, bis sie praxistauglich sind. Alfred hatte die Rolle des Initiators im Sinne der Disney-Strategie übernommen und die Zusammensetzung des Teams, das für die Bearbeitung und Umsetzung der Ideen verantwortlich ist, ein wenig verändert. Minimal, wie es NLP-Meister eben tun, nur so viel, dass alle Rollen gut besetzt sind. Innerhalb kurzer Zeit waren damit bereits zwei Ideen von Mitarbeitern realisiert worden. Ein toller Erfolg!

Ein Konflikt hatte Alfred sehr unangenehm berührte. Einer seiner Verkäufer hätte aus privaten Gründen dringend Geld gebraucht. Alfred hatte versucht, eine offene Provision früher als üblich auszahlen zu lassen. Der unterschriebene Kaufvertrag hätte nur etwas rascher als üblich in der Buchhaltung behandelt werden müssen. Die dadurch ausgelöste Diskussion mit dem Chef der Buchhaltung war für Alfred mühsam gewesen. „Wir haben vor einiger Zeit ein Verfahren eingeführt, das Fehlbuchungen weitgehend ausschließt. Ich werde in dieses Verfahren nicht eingreifen. Oder wollen Sie für Fehler die Verantwortung tragen?" Auf den Einwand, es handle sich doch um ein zutiefst menschliches Problem, der Verkäufer sei schuldlos in finanzielle Schwierigkeiten geraten, antwortete der Chef der Buchhaltung: „Das wäre ja noch schlimmer, wenn er selbst daran Schuld ist." Alfred hatte diese Antwort erschüttert. Wie konnte man nur so wenig menschliches Einfühlungsvermögen zeigen? Hatten menschliche Schicksale keine Bedeutung für ihn? War ihm wirklich wichtiger, keinen Fehler zu machen? Es musste offensichtlich große Unterschiede zwischen seinen Werthaltungen und denen des Chefs der Buchhaltung geben. Alfred hatte diesen Menschen schließlich umgangen und sich direkt an die Firmenleitung gewandt. Die daraufhin erfolgte positive Zusage hatte den Chef der Buchhaltung anscheinend schwer getroffen, sodass er sich bei Alfred noch einmal telefonisch gemeldet hatte: „Herr Alfred, ich bin von Ihnen schwer enttäuscht. Sie missachten meine Autorität und zwingen mich dazu, sinn-

volle Regeln zu brechen. Das ist ein inakzeptables Verhalten, das wird Folgen haben!" Alfred fürchtete sich keineswegs vor den Folgen, aber er machte seitdem einen großen Bogen um diesen Mann.

Oft verzweifeln Manager an der Problematik, die richtigen Leute an die richtige Stelle zu setzen. Kein Mitarbeiter trägt eine Tafel auf dem Rücken, auf der steht: Ich bin bestens geeignet für ... Immer wieder haben Mitarbeiter auch falsche Vorstellungen von einer Tätigkeit. Manche streben eine Karriereleiter an, für die sie weder Voraussetzungen noch Interesse mitbringen, es geht dabei nur um den Wunsch nach Prestigegewinn und Aufstieg. Andere wiederum hätten die Voraussetzungen, ihnen fehlt jedoch der Mut, die Herausforderung anzunehmen. Das Streben aller Beteiligten nach Erfolg kann zur gefährlichen Stampede werden, die Flurschaden und Verletzungen hinterlässt. Seelische Wunden sind die Folge.

Wie können Sie als Manager damit umgehen? Wie erschaffen oder verändern Sie als Manager die richtige Organisationen, die harmonisch imstande ist, Ihre Vision Realität werden zu lassen? Was ist der Schlüssel gut funktionierender Abläufe, zufriedener Mitarbeiter und hervorragender Qualität der Ergebnisse? Welche Gestaltungsmöglichkeiten und Stellhebel haben Sie in Ihrer Organisation?

Wenn es darum geht, eine effektive Organisation aufzubauen und zu stärken, müssen Sie noch mehr darüber Bescheid wissen,

■ wie Werte unsere täglichen Entscheidungen lenken und wie sie uns, im Großen wie im Kleinen, motivieren,

■ wie man das Ganze teilen und aus den Teilen ein größeres, mächtigeres Ganzes schaffen kann und

■ wie man es den Menschen in der Organisation ermöglichen kann, Mensch zu bleiben und damit in Kontakt mit den mächtigsten Ressourcen, die wir als Individuen im Zusammenschluss zu größeren Systemen haben.

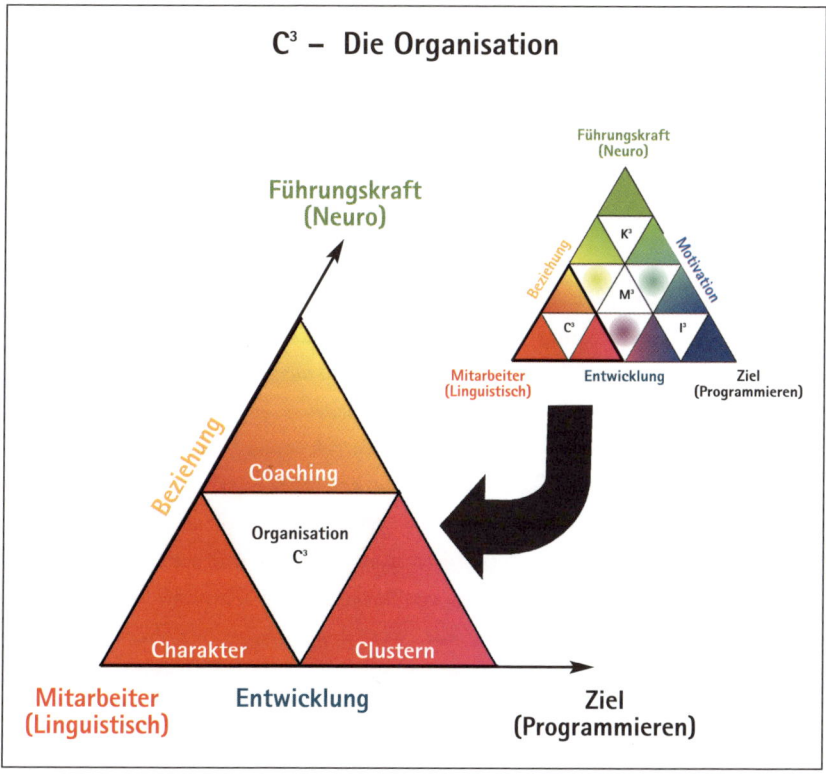

CHARAKTER
Der gute Kern gibt die beste Frucht

Rank Xerox wollte es genau wissen. Wie finde ich aus vielen Bewerbern die guten Verkäufer heraus? Ein Assessment Center wurde gestaltet. Jeder Bewerber musste sich selbst in einem kurzen Vortrag präsentieren. Die Zuhörer der Präsentation waren die Mitbewerber. Es wurde den Teilnehmern gesagt, dass sie im Präsentationsraum mit Kameras aufgenommen und anhand ihrer Performance bewertet würden. Sie bereiteten sich in der kurzen zur Verfügung stehenden Zeit eifrig vor, überlegten die Struktur der Präsentation, malten sogar bunte Charts und Folien und formulierten Texte. Sie waren der Meinung, die hervorragendsten Präsentatoren würden in diesem Assessment Center das Rennen machen. Weit gefehlt. In Wahrheit war die Qualität der Präsentation für das Auswahlverfahren völlig irrelevant. Eine Kamera war auf das Publikum gerichtete. Sie lieferte die entscheidenden Informationen, nämlich die Reaktionen der Zuhörer auf ihre präsentierenden Kollegen. Erfolgreich waren jene Bewerber, die den Präsentator, obwohl Konkurrent, durch interessiertes Zuhören, Applaus, Lächeln und Aufmerksamkeit positiv unterstützten. Das Unternehmen war überzeugt, dass gute Verkäufer Menschen sind, die an anderen Menschen interessiert sind. Bewerber, die mit dem Vortragenden mitgefiebert hatten, wenn der Vortrag ins Stocken geriet, fast körperlich mithelfen wollten, waren die Richtigen für Rank Xerox.

Hire for attitude – train for skills!

Sie haben sich als zukünftiger NLP-Meister schon überlegt, was Ihnen im Leben wichtig ist, was den Sinn Ihres privaten und beruflichen Lebens ausmacht. Die Erforschung Ihrer Neuro-Logischen Ebenen hat Ihnen dazu Gelegenheit gegeben. Sie wissen auch, dass jeder Mensch über seine eigene Landkarte mit ganz spezifischen Werten und Interessen verfügt.
Die Kraft der Gestaltung und Innovation, die Ihnen als Manager zu Verfügung steht, sind die Menschen, die mit Ihnen gemeinsam Unternehmenszie-

len folgen. Im Motor der Veränderung sind Sie selbst die Zündkerze, doch die Kraft geht von Ihren Mitarbeitern aus. Mit einer hoch motivierten Mannschaft lassen sich viele Hindernisse überwinden. Es sollte einen Indikator für die Arbeitsfreude und Leistungsbereitschaft der Mitarbeiter eines Unternehmens geben. Ich würde mich jenseits aller anderen Faktoren, welche die Qualität eines Unternehmens definieren, aufgrund dieses Indikators entscheiden, ob ich in das Unternehmen investiere oder nicht. Zufriedene und motivierte Mitarbeiter sichern langfristigen Erfolg. Manche Manager meinen, die beste Methode, die richtigen Mitarbeiter zu finden, sei es, so viele neue Mitarbeiter auszuprobieren, bis man endlich den richtigen hat. Sie tun das nicht ungestraft. Menschen sind nicht etwas zum Ausprobieren. Ein System, in dem bedeutende Komponenten – und damit meine ich Mitarbeiter – bewusst und gezielt negativem Stress ausgesetzt werden, kann auf Dauer nicht erfolgreich sein. Selbst wenn nur Einzelne von diesem Verhalten betroffen sind, solche negativen Interaktionen übertragen sich auf das gesamte System und machen schlussendlich alle Mitarbeiter zu Betroffenen, alle nur denkbaren negativen Auswirkungen sind damit vorgezeichnet. Es gilt also, Mittel und Wege zu erkennen, den richtigen Mitarbeitern die richtigen Aufgaben zu geben, ohne erst lange ausprobieren zu müssen.

Sie müssen in der Lage sein, die Werte eines Mitarbeiters rasch zu erkennen, um zu wissen, ob er oder sie die richtige Person am richtigen Platz ist. Und Sie müssen in der Lage sein, Teams zusammen zu stellen und zu führen, die aus verschiedenen Typen bestehen und gerade durch ihre Verschiedenartigkeit mehr bewältigen und flexibler reagieren können als Team-„Monokulturen".

Die entscheidende Hierarchie

Hat man sein warum? des Lebens, so verträgt man sich fast mit jedem wie?
(Friedrich Nietzsche)

Bevor wir die Werte und Interessen Ihrer Kollegen und Mitarbeiter betrachten, möchte ich Sie Ihre eigenen Werte intensiv erleben lassen. Sie wissen wahrscheinlich schon, was jetzt zu tun ist. Suchen Sie einen ruhigen, ungestörten Ort auf und lassen Sie sich ein auf dieses kleine

Experiment: Stellen Sie sich vor, Sie sind gerade dabei, in Ihrem Büro eine Aufgabe zu erledigen. Wählen Sie eine ganz banale Tätigkeit, eine die nur geringe Bedeutung für Sie hat. Nennen wir diese Aufgabe „ixen".

Und nun stellen Sie sich die Frage: „Was müsste in dieser Situation wahr sein, damit ich mich entscheide, etwas anderes zu tun?" Lassen Sie jetzt nicht gleich das Haus einstürzen. Wählen Sie eine minimale Veränderung, die Sie etwas anderes tun lässt.

Und nun die nächste Frage: „Was ist mir da wichtig? Was bewegt mich, jetzt etwas anderes zu tun?" Schreiben Sie das, was Ihnen dazu einfällt, den Wert, der sich dabei zu erkennen gibt, ganz unten auf ein Blatt Papier.

Fragen Sie sich nun: „Was müsste sich zusätzlich zu dem, was ich vorhin als wahr annahm, noch verändern, sodass ich doch wieder zur ursprünglichen Entscheidung zurückkehre, also zu ixen." „Und was ist mir da wichtig? Was bewegt mich, doch zu ixen?" Schreiben Sie diesen Wert über dem vorherigen auf das Blatt.

Stellen Sie sich die letzten beiden Fragen, so oft Sie sinnvolle Antworten dazu finden können. Auf Ihrem Blatt können Sie schließlich einige übereinander stehende Worte lesen. Sie entsprechen Ihrer Wertehierarchie.

„Meine Wertehierarchie? Jetzt bin ich aber neugierig.
Welche Aufgabe könnte ich nehmen? Ach ja: den Tagesberichte lesen.
Was müsste passieren, das mich veranlasst, den Tagesbericht wegzulegen und etwas anderes zu tun? Etwas Geringfügiges, wie der Seminarleiter meint. Ich könnte mich anders entscheiden, wenn Kaffee auf mein Hemd tropft. Ich würde rasch ein neues Hemd besorgen.
Warum ist mir das wichtig? Nun, ich möchte keinen ungepflegten Eindruck machen, eine tadellose Erscheinung zeigen. Es geht mir schließlich um mein Ansehen bei den Kollegen. Ich schreibe also ‚Ansehen' unten auf mein Blatt.
So, was müsste noch geschehen, sodass ich mich doch wieder entscheide, den Tagesbericht zu lesen, obwohl dieser Kaffeefleck mein Hemd verunziert? Ich weiß schon. Ich würde dennoch lieber den Tagesberichte lesen, wenn ich mich daran erinnere, dass heute Faschingsdienstag ist. Ich würde das Hemd mit noch ein paar schönen Kaffeeflecken verzieren, sie mit Filzstift einrahmen, Fransen in meine Krawatte schneiden und mir das Haar raufen. Dieses Kostüm hat sicher niemand. ‚Spaß' muss sein.
Um doch ein neues Hemd zu erwerben, müsste meine Sekretärin mir mit-

*teilen, dass der Vorstandsvorsitzende heute am Morgen-Meeting teilneh-
men wird. Warum ist mir das wichtig? Also um ehrlich zu sein, geht es
mir schon darum, den guten Eindruck zu erhalten. Und es geht um meinen
Traum, Vorstandsmitglied zu werden. Kurz gefasst: meine Karriere. Das
schreibe ich über das Wort ‚Spaß‘.*
*Und welches Ereignis müsste noch geschehen, zusätzlich zum Kaffeefleck,
Faschingsdienstag und der Teilnahme des Vorstandsmitglieds, um mich
dazu zu bewegen, den Tagesbericht zu lesen? Natürlich! Meine Frau ruft
an und erzählt aufgeregt, unsere Tochter hat ein gesundes Baby zur Welt
gebracht. Wir könnten die beiden zu Mittag besuchen. Ich würde sehr
rasch den Tagesberichte überfliegen, das Morgen-Meeting kurzfassen und
mich dann um ein liebes Geschenk für unsere Tochter und das kleine Enkelkind umsehen. Meine Familie gibt mir Halt, wir erleben gemeinsam viele glückliche Stunden.*
*Ich muss schon sagen, ein ereignisreicher Morgen. Kaffeefleck, Faschings-
dienstag, Besuch des Vorstandsmitglieds, ein Enkelkind geboren. Was
muss noch passieren, dass es Sinn macht, ein neues Hemd zu kaufen?
Wenn mir der Arzt sagen würde, ich müsste mich sehr schonen, ich sei
gesundheitlich stark gefährdet. Ich bin kein Workaholic um jeden Preis.
Meine Gesundheit ist mir wichtig. Nur aus Liebe würde ich die Warnung
des Arztes in den Wind schlagen. Wenn es zum Beispiel notwendig ist,
viel Geld zu verdienen, um eine teure Behandlung meiner Frau bezahlen
zu können.*
*Ich kann mir keinen Grund mehr vorstellen, mich angesichts einer solchen
Tatsache doch zu entschließen, ein neues Hemd zu kaufen. Das heißt also,
meine Wertehierarchie ist komplett." Alfred las:*
Liebe
Familie
Karriere
Spaß
Ansehen
*„Meine Wertehierarchie. Es ist ein Gefühl von Erkennen, Wärme und
Stolz, das sich in mir breit macht, wenn ich sie betrachte. Das ist wie die
komprimierte Fassung meines Lebens. Jedes dieser Wörter löst eine Unzahl
Erinnerungen aus. Es ist wie ein Bestandteil meines Ich-Bewusstseins, das
mir bisher noch fehlte."*

Versuche nicht, ein erfolgreicher, sondern ein wertvoller
Mensch zu werden.
(Albert Einstein)

Das ist Ihre Wertehierarchie. Waren Sie sich Ihrer bisher bewusst? Sie sehen jetzt vor sich den Maßstab Ihrer Entscheidungen, Handlungen und Meinungen. Ihre Werte sind die Ursache, wenn Sie sagen: „Ich kann nicht zum Tennis, ich muss den Bericht fertig schreiben" oder „Herr Kollege, lassen Sie die Späße, wir müssen ernsthaft arbeiten" oder „Liebling, ich kann doch nicht zum Abendessen zuhause sein. Ich habe im Büro noch Arbeit." Jede dieser Aussagen spiegelt nicht nur Ihre Werte wider, sie gibt auch zu erkennen, welcher Wert höherrangig ist. Familie oder Karriere. Spaß oder Arbeit.

Eines der Kriterien für Charisma ist das klare Bewusstsein Ihrer Werte und deren Rangordnung. Charismatische Menschen wissen, was sie wollen. Sie wissen es, weil ihr Entscheidungsmaßstab perfekt funktioniert. Sie sind in sich kongruent. Oder anders gesagt: es gibt keine gleichrangigen Werte. Wenn Sie bei der vorigen Aufgabe nicht recht wussten, ob Ihnen das eine oder das andere wichtiger ist, kann es sein, dass diese Werte für Sie gleichrangig sind. In einer Situation, in der Sie sich zwischen diesen zwei Werten entscheiden müssen, stehen Sie in einem Wertekonflikt.

Ein typisches Beispiel dafür ist die Situation eines beruflich geforderten Managers. Was hat Vorrang? Der berufliche Erfolg oder familiäres Zusammensein? Wenn beide Werte gleichrangig sind, stehen Sie vor einem Dilemma. Es wirkt sich permanent auf Sie aus. „Ich habe einfach keinen Platz mehr für diesen Termin. Soll ich ihn in die Abendstunden setzen und meine karge Freizeit mit der Familie noch mehr reduzieren?" Dieser Konflikt verursacht in den Menschen im Beruf und in der Freizeit schlechtes Gewissen, einer der beiden Werte wird immer verletzt.

Alfred kannte das. Vor ein paar Jahren war er noch genau vor diesem Dilemma gestanden. Bereits seit einiger Zeit war er jedoch mit sich ins Reine gekommen. Er hatte wahrgenommen, dass Erfolg und eingesetzte Zeit nicht gleichermaßen steigen. Er war permanent auf der Hut, die Arbeitszeit bestmöglich zu nützen. Die 40-Stunden-Woche, manchmal ein paar Stunden darüber, reichte aus zu tun, was geboten war. Sein Motto war: Mehr ist nicht besser. Er hatte mit dieser Maxime sein Glück gefunden.

Intrapersönliche Wertekonflikte werden sehr unangenehm erlebt. Solche Menschen fühlen sich schuldig. Egal wie sie sich entscheiden, verletzen sie

einen ihrer Werte. Es ist Aufgabe von Therapeuten und Coaches, solche Konflikte zu lösen, eine klare und eindeutige Rangordnung herzustellen. Viele Menschen schaffen das auch selber.
Ein anderes Thema sind interpersönliche Wertekonflikte. Wenn also Person A aufgrund ihrer Wertehierarchie anders entscheiden würde als Person B.

„Genau! Der Chef der Buchhaltung hat die Provisionszahlung nicht beschleunigt, weil ‚keinen Fehler machen' für ihn anscheinend einen Wert darstellt. Ich kann das nicht nachvollziehen! Das kann doch keine Maxime sein. Fehler haben auch ihr Gutes. Wie sollten wir sonst die Möglichkeit haben zu lernen, uns zu verbessern? Keinen Fehler machen setze ich gleich mit Stillstand. Vielleicht glaubt er, damit erfolgreich zu sein. Wenn er sich so unflexibel zeigt, ist aber das Gegenteil der Fall. Ob er das begreift? Jedenfalls muss dieser Wert für ihn höher sein als Mitmenschlichkeit. Der Verkäufer war wirklich in einer prekären Situation gewesen! Unser Streitgespräch entsprang einem deutlichen Wertekonflikt. "

Hier zeigt sich die NLP-Meisterschaft. Win-Win-Situationen zu schaffen heißt, Lösungen zu finden, die beiden Wertehierarchien entsprechen. Das ist Ihre künftige Aufgabe.

„Das war es nun wirklich nicht. Ich habe ein Nullsummenspiel gespielt. Der Verkäufer und ich haben gewonnen, er ist der Verlierer. Vielleicht bin ich der Verlierer, wenn ich das nächste Mal etwas von ihm haben will! Aber was hätte ich sonst tun können? Na ja. Ich hätte zum Beispiel mit ihm gemeinsam in einem kurzen Meeting einen Geschäftsfall entwickeln können, der so dringliche Buchungen mit hoher Qualität (oder fehlerlos) ermöglicht. Wir hätten diesen Vorgang zur Regel gemacht. Das wäre es gewesen. So entstehen WIN-WIN-Lösungen!"

Denken Sie daran, als NLP-Meister und -Manager, der langfristigen Erfolg anstrebt, ist das ab jetzt Ihr Kommunikations-Konzept.
Haben Sie die Genugtuung gespürt, als Sie Ihre Wertehierarchie vor sich sahen? So geht es jedem Menschen, auch Ihren Kunden. Fragen Sie doch einmal einen Ihrer Kunden, was ihm an dem, was Sie ihm bieten, wichtig ist. Sie werden Dinge zu hören bekommen wie Zuverlässigkeit, Pünktlichkeit, Handschlagqualität oder Fairness. Und beobachten Sie diesen Kunden, während Sie ihm seine Werte mit genau seinen Worten zusichern. Die meisten von ihnen werden mit einem strahlenden Lächeln quittieren. Sie werden sich verstanden fühlen.

Für langfristigen Erfolg reicht es aber nicht, dem Kunden Worte zu schenken. Es müssen auch Taten folgen, welche die Werte des Kunden erfüllen können. Und hierin scheiden sich die Geister. Denn was heißt eigentlich Zuverlässigkeit oder Pünktlichkeit? Ist die Lieferung an einem bestimmten Tag oder zu einer bestimmten Stunde für den Kunden eine pünktliche? Heißt Zuverlässigkeit für den Kunden, die Liefermenge hundertprozentig einzuhalten, oder sind Schwankungen akzeptabel? Ein Wort allein definiert noch lange nicht, was wir darunter verstehen. Immer mehr Unternehmen achten sehr darauf, in den Verträgen mit den Kunden die Service Level Agreements exakt zu vereinbaren. Diese beschreiben sehr detailliert, was der Kunde unter seinen Werten wahrnehmungspezifisch versteht, sodass deren Erfüllung für beide Seiten messbar ist.

Alfred musste an die erste Auseinandersetzung mit seiner jetzigen Frau denken. Sie hatten beide Lust auf einen tollen Abend gehabt. Alfred hatte im elegantesten Restaurant der Stadt einen Tisch reservieren lassen. Das Essen war hervorragend gewesen, der Wein exzellent. Doch irgendwie hatte er gefühlt, dass der Abend nicht ganz so lief, wie sie sich das vorgestellt hatte. Sie hatte ihm schließlich auch sehr mürrisch zu verstehen gegeben, dass sie sich langweile. Ein toller Abend sei doch, ein paar verrückte Lokale besuchen, viel tanzen und Spaß haben. Das hatte er ihr nun wirklich nicht geboten.

Die Namen, welche wir unseren Werten geben, sind sprachliche Tilgungen. Der Name allein kann nicht erklären, was wir darunter verstehen. Wir nennen diese Erklärungen Erfüllungsbedingungen unserer Werte. Sie beschreiben wahrnehmungsspezifisch, was geschehen muss, wahr sein muss, damit wir diesen Wert als erfüllt betrachten können. Eine Erfüllungsbedingung für Zuverlässigkeit kann sein: Lieferung der vereinbarten Liefermenge +/− 10 % am vereinbarten Liefertag bis spätestens 16:00 Uhr, exakt im vereinbarten Qualitätsrahmen. Damit wissen Sie, was Sie zu tun haben.

„Und ich hätte auch gewusst, welche Vorstellungen meine Frau von einem tollen Abend hat. Wir hätten vorher abklären können, was jeder von uns unter einem ‚tollen Abend' versteht, damit wir uns beide wohlfühlen."

Experiment: Nehmen Sie Ihre Wertehierarchie von vorhin und schreiben Sie zu Ihrem wichtigsten Wert drei Erfüllungsbedingungen auf. Das heißt, denken Sie darüber nach, was in der wirklichen Welt passieren muss, damit Sie das Gefühl haben, Ihr höchster Wert wird erfüllt.

Wenn Sie das gemacht haben, tun Sie das auch mit Wert Nummer zwei usw. Bis Sie zu jedem Ihrer Werte zumindest drei Erfüllungsbedingungen haben.

Wenn es sich um private Werte handelt, könnte es ganz hilfreich sein, Ihren Lebenspartner in die Erfüllungsbedingungen einzuweihen. Von anderen zu erwarten, dass sie wissen, was wir wollen, ist eine perfekte Lebenseinstellung – allerdings nur für das erste Lebensjahr, danach haben andere ein Recht darauf, von uns zu hören, was wir wollen.

Komplexität meistern

Alles, was von den Menschen getan oder erdacht wird, gilt der Befriedigung gefühlter Bedürfnisse sowie der Stillung von Schmerzen. Dies muss man sich immer vor Augen halten, wenn man geistige Bewegungen und ihre Entwicklung verstehen will. Denn Fühlen und Sehnen sind der Motor alles menschlichen Strebens und Erzeugens, mag sich dies Letztere auch noch so erhaben darstellen.

(Albert Einstein)

Werte sind Motive, die uns zu Handlungen bewegen. Wenn Sie verstehen, was Ihrem Partner wichtig ist, Sie sich diese Werte also für kurze Zeit zu Eigen machen, können Sie mit einiger Gewissheit auch darauf schließen, was seine/ihre Handlungen in einem bestimmten Kontext sein könnten. Voraussehen zu können, ob jemand die richtige Einstellung zu einem Auftrag, einer Aufgabe hat und diese daher mit Freude und Qualität erledigen wird, ist der Wunsch jedes Managers. Angesichts der Individualität der Mitarbeiter und ihrer Wertehierarchien sowie oft auch der großen Zahl an Mitarbeitern steigt die Komplexität dieser Herausforderung enorm. Wie können wir diese als Manager in den Griff bekommen? Wie können wir den NLP-Baustein des Werteverständnisses trotz der Vielfältigkeit effizient nützen? Immer dann, wenn Sachverhalte komplex werden, bieten sich Modelle, die sinnvoll und pragmatisch vereinfachen, als Lösung an.

Ein derartiges Modell wurde in den frühen 80er-Jahren von Professor Dr. Clare W. Graves entwickelt. Das Modell entstand im Zuge seiner 30-jährigen Forschungstätigkeit. Unzählige psychologische Tests wurden von ihm ausgewertet, mit dem Ziel herauszufinden, was Menschen motiviert. Er entdeckte, dass wir uns entsprechend den Herausforderungen, denen wir uns stellen müssen, stufenweise entwickeln. Er beschrieb diese Entwicklungsstufen klar und signifikant, sodass es Ihnen leicht fallen wird, sie bei Ihren Mitmenschen zu identifizieren. Diese Entwicklungsstufen gelten gleichermaßen für Individuen, Gruppen, Teams, Organisationen, Unternehmen und Volksgruppen.

Neugierig geworden? Da Sie nun bereits sehr fortgeschrittene NLP-Schüler sind, werde ich Ihnen diese Stufen anhand der Neuro-Logischen Ebenen erläutern.

Graves identifizierte einige Gesetzmäßigkeiten dieses Modells. Als Baby befinden wir uns in der ersten Entwicklungsstufe. Ein Säugling schreit, wenn er Hunger hat oder ihm etwas wehtut. Das gesunde Überleben ist einziges Ziel. Solange der Mensch mit seinen Neuro-Logischen Ebenen die momentanen Herausforderungen des Lebens im Griff hat, bleibt er in dieser Entwicklungsstufe. Erst wenn neue Herausforderungen entstehen, reagiert der Mensch mit einem neuen Modell Neuro-Logischer Ebenen. Sobald die Wahrnehmung des Kindes es zulässt, entstehen die ersten großen Herausforderungen, an denen sich die Identität des Kindes neu ausrichtet. Die intensive Wahrnehmung der Familie und die Erkenntnis, dass es nicht nur Familienmitglieder, sondern auch andere Menschen auf der Welt gibt, die möglicherweise nicht wohlgesonnen sind, lässt Zugehörigkeitsgefühl entstehen. Der Schutz durch die Familie gewinnt an Bedeutung. Das Kind nimmt die nächste Entwicklungsstufe. Graves erkannte, dass Menschen keine Entwicklungsstufe überspringen können. Wird die Herausforderung zu groß, zieht sich der Mensch auf eine scheinbar sichere Basis, eine frühere Entwicklungsstufe zurück. Graves identifizierte sieben Stufen. Ihm war bewusst, dass sich die menschliche Entwicklung der modernen Gesellschaft rasant vollzieht, sodass auch neue Stufen entstehen können. Zurzeit ist eine achte Stufe noch nicht erkennbar. Menschen in unterschiedlichen Entwicklungsstufen verstehen einander und ihre Handlungen nur selten. Das Verhalten anderer Stufen wird meist als dumm oder böse empfunden.

Dieses Modell schien Alfred in hohem Maße wertvoll. „Motivation ist ein großes Thema in meiner Abteilung. Meine Verkäufer holen sich sehr viele ‚Nein' und ‚Vielleicht' von ihren Kunden. Oft sind sie enttäuscht und ausgepowert." Manchmal saßen sie lange zusammen, damit er ihnen ausreichend Gelegenheit geben konnte, sich ihren Kummer von der Seele zu reden. Jede Möglichkeit, ihre Selbstmotivation zu fördern, war ihm Gold wert.

Die reaktive Stufe

Motto: Ich bin allein
Identität: Einzelkämpfer
Werte: Existenzerhaltung
Fähigkeit: Instinkte
Handlung: Auf Bedrängnis reagieren
Umgebung: Feindlich

Menschen, die übergroßem beruflichem und privatem Druck ausgesetzt sind, extrem unter Stress stehen, ziehen sich manchmal vollständig zurück. Sie fühlen sich in einer feindlichen Umwelt allein gelassen. Ihr Ziel ist reine Selbsterhaltung.

Motivation:

Signalisieren Sie einem Mitarbeiter in dieser Situation, dass Sie ihm Schutz und Sicherheit geben können. Lassen Sie ihn seine Sorgen und Ängste aussprechen. Geben Sie schützende Berührung und Zuwendung. Sagen Sie, wenn möglich, existenzsichernde Maßnahmen zu.

Sie werden im Berufsleben Menschen selten in dieser Entwicklungsstufe antreffen. Sobald der lastende psychische Druck nachlässt, kehren sie in ihre vorherige höhere Entwicklungsstufe zurück.

Die tribalistische Stufe

Motto: Die Gemeinschaft schützt!
Identität: Mitglied
Werte: Sicherheit, Tradition
Fähigkeit: Integration, Loyalität
Handlung: Rituale
Umgebung: Bedrohte Gruppe

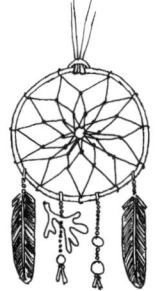

Stabile Arbeitsgruppen, die sich von anderen angefeindet glauben, entwickeln ein starkes Gefühl der Zugehörigkeit. Sie schaffen rituelle Gewohnheiten, die das Gruppengefühl noch stärken und auch als Schutzfunktion verstanden werden. (Wir wollen auf Holz klopfen, dass uns so etwas nicht zustößt.) Gemeinsame Signale oder Erkennungszeichen entstehen. Manchmal gleichen sich die Menschen sogar bewusst oder unbewusst in der Kleidung an. Gemeinsame Nahrungsaufnahme wie etwa die Kaffeepause hat große Bedeutung. Wichtig ist, dass dabei alle die gewohnten Zeiten einhalten. Die Mitglieder nehmen einander vor anderen energisch in Schutz.

Motivation:

Akzeptieren Sie die Rituale. Die Kaffeepause in vernünftigem zeitlichem Ausmaß, manchmal auch durch Ihre Beteiligung gewürdigt, stärkt und motiviert die Mitarbeiter. Führen Sie kleine Feste oder gemeinsame Treffen ein, eine Gelegenheit gut zu essen, über Berufliches und Privates zu tratschen.
In solchen Gruppen gibt es Starke und Schwache. Aus den Starken werden Anführer, formelle oder informelle Gruppenleiter.

Die egozentrische Stufe

Motto: Macht schafft Recht!

Identität: Gruppenführer

Werte: Macht, Achtung

Fähigkeit: Durchsetzungskraft

Handlung: Impulsiv und dominant

Umgebung: Verfeindete Gruppen

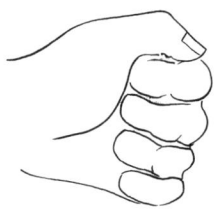

Regeln und Recht spielen hier keine Rolle, Schuld ist kein Thema. Wichtig ist, Macht und Prestige zu gewinnen und in heiklen Situationen das Gesicht zu wahren. Diese Menschen wollen die Anführer sein, stellen sich vor die Gruppe, geben ihr Schutz, lassen aber niemanden stark werden. Sie umgeben sich gerne mit Statussymbolen. Tolle Autos, schöne Partner, teure Accessoirs, mehrere Handys, beeindruckende Büros.
Im Reifungsprozess junger Menschen ist das die Phase der Auflehnung gegen die Eltern, andere Erwachsene oder die Schule. Sie bezweifeln alles, stellen in Frage, schaffen Distanz zu Etabliertem. Im Berufsleben ist das der ideale Mitarbeiter, um Bestehendes radikal zu verändern. Sie brechen eingefahrene Strukturen und Abläufe auf und bringen neue Ideen ins Spiel. Mit-

arbeiter dieser Stufe sind leicht zu erkennen. Sie wollen auffallen, eine machtvolle Rolle spielen. Sie reizen die Vorteile, die eine Organisation bietet, weitgehend aus.

Motivation:

Geben Sie diesen Menschen für gute Leistung unmittelbare Anerkennung. Alles was ihrem Ansehen gut tut, motiviert. Schriftliche Auszeichnungen, klingende Titel, ein besonders eindrucksvolles Namensschild an der Bürotür. Zeigen Sie aber permanent, dass Sie stärker sind, sonst werden Sie als Vorgesetzter nicht mehr akzeptiert.

Aufreibende Kleinkriege zwischen den verfeindeten Gruppen mit letztendlich großen Substanz- und Imageverlusten leiten die Entwicklung der nächsten Stufe ein.

Die absolutistische Stufe

Motto: Ordnung muss sein!

Identität: Teil des Systems

Werte: Recht und Ordnung

Fähigkeit: Genauigkeit

Handlung: Disziplin

Umgebung: Geordnetes System

Am Ende der pubertären Phase erkennen Jugendliche die Sinnhaftigkeit geregelter Systeme wie Familie, Schule, Universität oder Vereine.

Mitarbeiter dieser Stufe brauchen Regeln und Richtlinien. Sie sind diszipliniert und achten Konventionen. Geben Sie diesem Mitarbeiter ein Papier mit genauen Vorgaben und er wird alles exakt befolgen. Ohne Regeln auf eine Aufgabe losgelassen, sieht er sich gezwungen, solche sofort zu definieren und vom Chef absegnen zu lassen (Metaprogramm Prozessorientierung). Die Parole heißt: Jetzt gehorchen, der Lohn folgt später (vielleicht in der Pension).

Motivation:

Bestätigen Sie diesem Mitarbeiter, dass er korrekt und fehlerlos gearbeitet und sich genau an die Regeln gehalten hat. „Ich weiß, ich kann mich auf Sie verlassen."

Andere machen (vielleicht sogar mit weniger guter Arbeit) deutlich mehr
Gewinn und können sich damit ein schöneres Leben leisten. Das führt zur
nächsten Entwicklungsstufe.

Die materialistische Stufe

Motto: Alles ist möglich!

Identität: Macher

Werte: Gewinn, Genuss

Fähigkeit: Flexibilität

Handeln: Wettbewerbsorientiert

Umgebung: Wachstumsgesellschaft

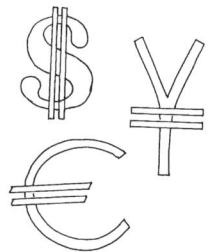

Diese Menschen sind permanent auf der Suche nach Chancen, Gewinn zu
machen. Sie sind karriereorientiert und risikofreudig. Viele Möglichkeiten
(Metaprogramm Optionsorientierung) bieten sich an, in dieser Fortschritts-
gesellschaft erfolgreich zu sein. Sie nützen Werbung als ihr Werkzeug. Mitarbeiter zu motivieren, fällt ihnen leicht.

Motivation:

Zeigen Sie Mitarbeitern dieser Stufe, welche Vorteile sie lukrieren können,
welche Chancen sich ihnen eröffnen wenn sie diese oder jene Aufgaben
übernehmen. Diese Gruppe will das Leben sofort und unmittelbar genießen
können. Dafür müssen sie ständig viel Geld verdienen. Finanzielle Anreiz-
systeme werden von ihnen geschätzt. Sie wollen für Leistung und intensiven Arbeitseinsatz gutes Geld sehen.
Die nächste Herausforderung: Wachstum und Profit gehen auf Kosten der
Menschlichkeit und der Umwelt. Grenzen menschlicher und ökologischer
Ausbeutung werden gesehen.

Die personalistische Stufe

Motto: Alle Menschen werden Brüder (und Schwestern)!

Identität: Mensch

Werte: Gemeinsamkeit

Fähigkeit: Teamgeist

Handeln: Kooperativ

Umgebung: Technisiert

Im Streben nach Erfolg und Karriere geht die Menschlichkeit verloren. Man hat keine Zeit, einmal über anderes als den Beruf zu plaudern. Ein Termin jagt den anderen, die Freizeit wird reduziert. Dadurch leidet die Gesundheit und die Beziehung zu anderen Menschen, Familie, Freuden, Kollegen. Ziel ist, den Wohlstand nicht auszubauen, sondern zu erhalten, um die Früchte an alle verteilen zu können.

Mitarbeiter dieser Stufe geben dem Miteinander mehr Bedeutung. Sie sind bestrebt, die Kollegen auch einmal zu einem gemütlichen Gespräch zusammenzuführen, um dem zwischenmenschlichen Kontakt mehr Raum zu geben. Sie sind hervorragende Teamarbeiter und Meister des informellen Weges.

Motivation:

Bieten Sie Events und gesellschaftliche Ereignisse, welche die Kollegen zusammenführen und sie schöne Dinge erleben lassen. Erkennen Sie im Mitarbeiter primär den Menschen an. Lassen Sie ihm gegenüber Gefühl und Wärme zu. Mitarbeiter dieser Stufe besuchen gerne persönlichkeitsbildende Seminare.

Mit dem Fokus auf Menschlichkeit verlieren wir die Verbesserung des Lebens aus dem Auge. Wenn wir das Erreichte an alle verteilen, bleibt für niemanden ausreichend Wohlstand. Die Menschen geraten in Gefahr, in Eintracht unterzugehen. Diese Erkenntnis löst die bislang letzte Weiterentwicklung aus.

Die systemische Stufe

| Motto: Ich lerne! |
| Identität: Teil vieler Systeme |
| Werte: Information |
| Fähigkeit: Vernetztes Denken |
| Handeln: Flexibel |
| Umgebung: Mangel an Zielen |

Ihr Ziel ist es, Fortschritt zu ermöglichen, ohne dabei das Wohl aller aus den Augen zu verlieren. Menschen dieser Stufe sind von Natur aus flexibel. Sie arbeiten gerne gleichzeitig in mehreren Teams, nützen die technischen Errungenschaften, um ortsunabhängig zu sein und bestmögliche Informationen zu erhalten. Sie sind die Wegbereiter des Home Office. Sie lernen permanent. Internet ist für sie ein brauchbares Werkzeug, sie nützen die Vorteile und umgehen die Nachteile. Sie haben die Hürde des virtuellen Charakters des Internet und der Komplexität der darin vorhandenen Informationen überwunden. Sie erkennen Zusammenhänge auch in größeren Strukturen sehr rasch. Menschen der systemischen Stufe akzeptieren die Probleme und Schwächen der anderen Stufen und meiden sie auf dem Weg zum Ziel.

Motivation:

Lassen Sie solchen Mitarbeitern möglichst viel Freiraum. Routineaufgaben sind ihnen ein Gräuel. Sie kommen mit komplexen Aufgaben gut zurande, sehen darin eine Herausforderung, die sie mit all ihrem wachsenden Wissen annehmen. Vermeiden Sie Regeln, fördern Sie Selbständigkeit und geben Sie ausreichend Möglichkeit zur Weiterbildung.

„Der Chef der Buchhaltung ist ein Protagonist der absolutistischen Stufe. da war kein Funke Menschlichkeit zu erkennen. Inflexibel und korrekt. Damit wird er weder erfolgreich noch beliebt. Meine prompte Reaktion, ihn zu umgehen, war zwar effektiv, aber nicht langfristig effizient. Es ist gut, wenn ich das als Lektion verstehe, wie ich mit derartigen Situationen umgehen kann."

Professor Dr. Clare M. Graves erkannte eine weitere Gesetzmäßigkeit dieses

Modells. Beginnend mit der reaktiven Entwicklungsstufe, die introvertierten Charakter hat, wechseln die Stufen zwischen Introversion und Extraversion. Das heißt, in der reaktiven, egozentrischen, materialistischen und systemischen Stufe ist das Denken und Handeln eher nach innen gerichtet, in der tribalistischen, absolutistischen und personalistischen dagegen eher nach außen. Graves meinte, dass sich die Entwicklung auch so fortsetzen werde.

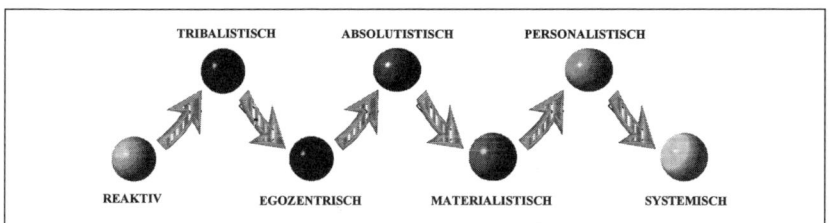

Manche, vor allem große monopolistische Unternehmen agieren heute noch im Sinne der absolutistischen Stufe. Bürokratische Strukturen und Abläufe, übergroßer Kontrollaufwand zur Fehlervermeidung, starke Orientierung an Regeln und Befehlsketten sind typische Ausprägungen. Die Entwicklung solcher Unternehmen zur materialistischen Stufe, zu einem gewinnorientierten Unternehmen ist je nach Konkurrenzdruck mehr oder weniger fortgeschritten. Viele Unternehmen sind bereits in einem Veränderungsprozess zur personalistischen Stufe. Shareholder Value wird nicht mehr als einzige Messgröße erkannt.
Manager erkennen, dass langfristiger Erfolg mehr mit Menschen als mit Zahlen zu tun hat.

„Ziele zu setzen und Zielerreichung zu kontrollieren ist eine Voraussetzung für Erfolg. Die wesentliche Frage ist: Wie, auf welchem Weg erreiche ich dieses Ziel? Mit und im Sinne der Mitarbeiter und Partner oder bleiben Verwundete auf dem Weg? Verbrauche und reduziere ich oder nütze ich – und vermehre dabei auch noch – die menschlichen Ressourcen, die gerne mit mir dem Ziel zustreben? Langfristiger Erfolg, davon bin ich fest überzeugt, wird nur dann möglich, wenn wir nicht nur finanzielle, sondern auch personelle Wertschöpfung messen."

Der Wandel von Unternehmen in die nächste Entwicklungsstufe ist immer schmerzhaft. Mit Ausnahme der systemischen Stufe haben die Protagonisten einer Stufe kein Verständnis für die Einstellungen einer anderen Stufe. Sie halten diese Menschen oft für dumm oder gemein. Mitarbeiter in der absolutistischen Stufe sind darüber empört, dass die anderen fest verankerte

Regeln einfach brechen oder gar nicht beachten. Gleichermaßen ärgern sich die anderen über die totale Inflexibilität dieser Menschen. Mitarbeiter in der egozentrischen Stufe halten alle anderen Menschen für Waschlappen, die sich nichts trauen. Die Waschlappen finden es wiederum unfassbar, mit welcher Brutalität und Skrupellosigkeit Menschen der egozentrischen Stufe handeln können.

Der Wandel in Unternehmen vollzieht sich schrittweise. Es bilden sich Zellen von Entscheidungsträgern einer höheren Entwicklungsstufe, die versuchen, die anderen zu überzeugen, neue Fähigkeiten und Handlungsweisen zu entwickeln, die der höheren Stufe entsprechen. Wie Sie aus dem Modell der Neuro-Logischen Ebenen wissen, geht das so nicht. Sie können langfristig nicht jemanden, für den Regeln einen hohen Wert besitzen, zu variablem und flexiblem Handeln motivieren. Die höheren Neuro-Logischen Ebenen strukturieren die darunter liegenden. Es muss sich daher zuerst die Einstellung dieser Menschen verändern, um ein Motiv für neue Fähigkeiten und Handlungsweisen zu bilden. Menschen nehmen dann einen neuen Standpunkt ein, wenn sich die Umwelt verändert, neue Herausforderungen entstehen. Um also ein Unternehmen von einer Graves-Stufe in eine höhere zu bewegen, ist es erste Aufgabe des Managements, die Mitarbeiter mit den neuen Herausforderungen vertraut zu machen und ihnen die Möglichkeit zu geben, darauf maßvoll zu reagieren.

Überlegen Sie jetzt für sich selbst, für welche Aufgaben Sie Mitarbeiter welcher Entwicklungsstufe einsetzen würden.

„Ich nehme an, dass sich ein Mitarbeiter nur kurze Zeit, solange ein großes persönliches Problem akut ist, in der reaktiven Stufe befindet. Es macht also keinen Sinn, darüber langfristige Überlegungen anzustellen. Mitarbeiter der tribalistischen Stufe sind für Routineaufgaben prädestiniert. Dabei haben sie ausreichend Gelegenheit, Traditionen zu etablieren und Rituale zu pflegen. Nicht alle Menschen mögen Routineaufgaben. Es ist gut zu wissen, wem das gefällt.

Mitarbeiter der egozentrische Stufe sind offensichtlich so etwas wie der Fuchs im Hühnerstall. Ich denke, sie sind dort sehr wirkungsvoll, wo es genau um das Gegenteil von Routine geht, nämlich frischen Wind in eingefahrene Strukturen zu bringen. Zum Beispiel die Ideen aus der Ideenwerkstatt in die Praxis umzusetzen. Wir haben ein paar solcher Leute. Einen bedeutenden Titel müssten wir noch finden, so etwas wie Change Manager.

Der Chef der Buchhaltung ist als Protagonist der absolutistischen Stufe in seiner Abteilung sicher gut aufgehoben. Es geht um Genauigkeit und gere-

gelte Abläufe. Controlling wäre wohl auch eine passende Aufgabe für ihn. Die Menschen der materialistische Stufe würde ich immer dort einsetzen, wo es primär darum geht, materielle Ziele zu erreichen. Um aber die menschlichen Ressourcen nicht zu verspielen, wäre es sinnvoll, solche Mitarbeiter mit anderen der personalistischen Stufe zu koppeln. Zwischen den beiden würden wahrscheinlich manchmal Funken sprühen. Aber ich kann mir vorstellen, dass wenn sie sich zusammengerauft haben, dieses Team langfristig erfolgreich sein kann.

Mitarbeiter der systemischen Stufe sind wahrscheinlich dann Gold wert, wenn es darum geht, in einem Bereich Neuland zu betreten. Ideen zu entwickeln, wie wir mit unseren Partnern einen informationstechnischen Netzverbund herstellen und damit das Tagesgeschäft vereinfachen können, und diese Ideen dann auch umzusetzen, das wäre so eine Aufgabe. Mit einem klar formulierten Ziel und dem nötigen Gestaltungsfreiraum ausgestattet, könnte dieser Mitarbeiter seine Kreativität voll ausspielen. Bei diesen Menschen ist es wesentlich, den Zielrahmen richtig zu dimensionieren. Nicht zu groß, um im Rahmen der Unternehmensstrategie zu bleiben, und auch nicht zu klein, um ihm den nötigen Spielraum zu erhalten."

CLUSTERN
Wie viel ist eins?

Da war der Mann, der alles richtig machte. Und das 60 Stunden in der Woche. Schon seit zwanzig Jahren. Trotzdem blieb ihm der echte Erfolg versagt. Er dachte bei sich: „Wenn ich doch nur mehr Zeit hätte! Dann könnte ich es schaffen." In seiner Verzweiflung richtete er sein Wort an Gott und er sprach: „Lieber Gott, gib mir mehr Zeit. Ich habe viel zu wenig Zeit, all das zu tun, was ich tun muss und möchte. Das einzige, was ich mir von dir wünsche, ist mehr Zeit." Und Gott sprach: „Ich habe dir alle Zeit der Welt gegeben. Jede Sekunde, die ich erschaffe, landet bei dir. Gib der Zeit mehr Mensch!"

Lernen Sie mit Clustern richtig umzugehen und Sie kennen das Geheimnis des 48-Stunden-Tages.

Den richtigen Menschen die richtige Position. Das ist das Tagesgeschäft des Managers. Doch was sind „richtige Positionen"? Wir definieren Cluster als einen klar umrissenen Arbeitsbereich mit präzise definierten Zielen. Innerhalb des Clusters hat der jeweilige Mitarbeiter Entscheidungshoheit. Um über uns selbst hinauswachsen zu können, müssen wir lernen, ein größeres Ganzes durch seine Teile (das Unternehmen durch einzelne Cluster, Cluster durch einzelne Ziele) zu definieren und dann dafür zu sorgen, dass sich ein Mitarbeiter mit den passenden Eigenschaften innerhalb der durch den Cluster festgelegten Grenzen voll entfalten kann.

Wie esse ich einen Elefanten?

Wahrscheinlich streben Sie in Ihrem Unternehmen auch größere Ziele an. Sie wissen, wie man einen Elefanten verspeist? Ganz einfach: Bissen für Bissen. Die Kunst ist, Ihre großen Cluster in Ziele zu unterteilen und diese so zu definieren, dass Sie sich einer positiven Realisierung sicher sein können. Und wie geht das? Wie hauchen Sie den Zielen Realisierungschancen ein? Wie können Sie Fortschritte kontrollierbar machen? Mit einem Wort: Was sind die Bausteine für erfolgreiches Clustern?

„Im Drange der Geschäfte ist es sehr leicht, Ziele falsch zu formulieren."
Alfred hatte vor ein paar Tagen das Glück gehabt, mit einer bedeutenden
Persönlichkeit Kontakt aufnehmen zu können. Ihn als Kunden zu gewin-
nen, sah Alfred als große Chance. Ohne lange zu überlegen hatte er dem
ersten Verkäufer, den er telefonisch erreichen konnte, den Auftrag gegeben,
diesem potentiellen Kunden ein Angebot zu erstellen. „Schicken Sie ihm so
rasch wie möglich ein wirklich gutes Offert." Alfred hatte diesen Auftrag
später bereut. Er konnte nicht behaupten, der Mitarbeiter habe schlechte
Arbeit geleistet. Das Ergebnis entsprach dem Zielrahmen, den Alfred mit
diesem Satz formuliert hatte. Um wirklich rasch zu sein, hatte dieser ein
Standardoffert genommen, es für diesen potentiellen Kunden adaptiert und
die Preise so herabgesetzt, dass kein Verhandlungsspielraum mehr blieb.
Das war auch der Fallstrick im nachfolgenden Verkaufsgespräch gewesen.
Der Mann hatte fest mit einem Nachlass gerechnet und deshalb schließlich
abgelehnt. Die Enttäuschung wog schwerer als jedes gute Verkaufsargu-
ment. Alfred musste sich eingestehen, unprofessionell gehandelt zu haben.

Was sind die Kriterien für eine gelungene Zielbildung? Um ein Ziel gelungen zu formulieren, sollten Sie einige wichtige Überlegungen anstellen:

Gegenwärtiger Zustand

Was ist die momentanen Situation? Was ist der Ausgangspunkt Ihres Zieles? Was ist am gegenwärtigen Zustand negativ? Überlegen Sie einmal, für
welche Ihrer Mitarbeiter diese Fragen wichtig sind.

„Ich bin zwar ein Mensch, der reizvolle Ziele anstrebt, aber ich kann mir
gut vorstellen, dass für Menschen mit Weg-von-Orientierung damit der
Motivator bestimmt wird. Diese Frage kümmert sich um das Warum sol-
cher Menschen."

Um den Weg bestimmen zu können, reicht es nicht, das Ziel zu kennen. Sie
müssen auch wissen, von wo Sie starten.

„Was war die Ausgangssituation bei diesem missglückten Versuch einer
Kundengewinnung? Es bestand die Chance auf einen Prestigekunden. Er
wäre eine gute Referenz für weitere Kunden gewesen. Und die Konkurrenz
war auch bereits dabei, Kontakt herzustellen. Alles in allem eine Situati-
on, in der es hieß, schnell und professionell zu agieren."

Zielzustand

Nun, da wir am Start stehen, können wir das Ziel ins Auge fassen. Dabei gilt es, vier Kriterien zu beachten.

1. Realistisch

Ist das Ziel, das Sie anstreben erreichbar? Liegt es im Handlungsspielraum Ihres Unternehmens und der Mitarbeiter, die Sie damit beauftragen? Erwarten Sie von ihnen, mit einem Sprung einen Viertausender erklimmen zu können? Seien Sie mutig, aber verlangen Sie nichts Unmögliches. Viele positive Errungenschaften der Gegenwart sind nur deswegen real, weil jemand den Mut hatte, etwas zu tun, was bisher undenkbar war. Finden Sie den goldenen Mittelweg zwischen Vorsicht und Übermut, etwas das auch den Hauch von Pioniergeist trägt. Natürlich können Ihre Mitarbeiter auch einen Viertausender besteigen. Aber nur mit der richtigen Ausrüstung und Schritt für Schritt.

2. Positiv formuliert

Formulieren Sie das Ziel positiv. Das hat mehrere Gründe. Ihr unbewusstes Denken kennt keine Negationen. Wenn Sie sagen: „Ich möchte nicht mehr rauchen", speichern Sie daher unbewusst: „Ich möchte rauchen." Ich fordere Sie jetzt auf, nicht an einen blauen Elefanten mit gelben Punkten zu denken. Sind Sie meiner Aufforderung nachgekommen? Oder hatten Sie vielleicht doch ein Bild dieses obskuren Tieres vor Augen?
Sie haben Ihren Ausgangszustand bereits im ersten Schritt definiert. Wenn Sie Ihr Ziel negativ formulieren, beschreiben Sie damit die gegenwärtige Situation noch einmal mit anderen Worten. Sie nehmen damit Menschen mit Hin-zu-Orientierung den Motivator. Wenn Sie also aufhören wollen zu rauchen, dann stellen Sie sich die Frage: „Was möchte ich stattdessen tun?"

3. Messbar

Sie werden am Ende des Weges wissen wollen, ob das, wo Sie sich nun befinden, Ihr Ziel ist. Geben Sie sich nicht zufrieden mit:
Ich möchte bis Ende des Jahres meine Auftragslage verbessern.
Wir müssen im nächsten Quartal die Rücktrittsquote senken.
Wir sollten trachten, besser zu sein als die Konkurrenz.
Solche Aussagen spiegeln eine Tendenz wieder. Sie sind aber keine Ziele, die Sie messen können. Wenn Sie in der Zielformulierung Vergleiche anstellen, dann nur mit dem gegenwärtigen Zustand. Denn den haben Sie ja bereits definiert. Machen Sie den Vergleich messbar. Das könnte etwa so lauten:

Wir wollen die Rücktrittsquote im nächsten Quartal gegenüber dem letzten Quartal um zehn Prozent senken.

Beschreiben Sie das Ziel mit allen Fakten, die überprüfbar sind: Wo, wann und mit wem wollen Sie am Ziel sein?

Achten Sie darauf, dass es auch wirklich von Ihnen, Ihren Mitarbeitern oder Ihrem Unternehmen abhängt, das Ziel zu erreichen. Eine Formulierung wie: „Ich möchte, dass mich Kunde A nächstes Jahr mit mehr Aufträgen beglückt" ist ein legitimer Wunsch, aber kein legitimes Ziel, weil es vollständig vom Kunden A abhängig ist. Wünsche gehen in Erfüllung oder auch nicht. Ziele liegen in Ihrer Hand.

4. Sinnvoll

Um messen zu können, brauchen wir Informationen. Sie wissen, wie Sie Informationen aufnehmen. Das Werkzeug sind Ihre Sinnesorgane. Beschreiben Sie Ihr Ziel daher sinnesspezifisch. Was wollen Sie am Ende des Weges sehen, hören, fühlen, riechen oder schmecken? Welche Art von Informationen werden es sein, die Sie wissen lassen, dass Sie erfolgreich waren?

Erfolg stärkt das Selbstbewusstsein. Geben Sie sich und Ihren Mitarbeitern die Chance, den Erfolg wirklich zu genießen. Vergleichen wir einmal zwei Situationen:

Das Ziel lautet: Ich möchte im nächsten Monatsbericht in der Spalte „Aufträge, Vergleich zum Vormonat" „+ 10 %" lesen können.

Situation 1: Die Controlling-Abteilung teilt Ihnen telefonisch mit, sie haben 11 % mehr Aufträge.

Situation 2: Sie halten den Monatsbericht in der Hand und lesen in der Spalte „Aufträge, Vergleich zum Vormonat" „+ 11 %". Wahrscheinlich nehmen Sie freudestrahlend einen Rotstift zur Hand und ringeln die Zahl kräftig ein, marschieren dann zu Ihren Mitarbeitern und zeigen Ihnen stolz den Bericht. Das ist Ihre Motivation für weitere zukünftige Erfolge.

„Was also hätte ich meinem Mitarbeiter sagen sollen? Realistisch, positiv, messbar und sinnvoll? Der Mitarbeiter ist jung und ohne große Erfahrung. Er kann noch schwer abschätzen, was ein gutes Angebot in unserem und im Sinne des Kunden ist. Ich hätte ihm also die Spanne vorgeben sollen. Um ihm diese Mechanismen zu erläutern, wäre die Zeit zu kurz gewesen. Der Auftrag hätte also lauten können: ‚Ich möchte Sie um 10:00 Uhr mit einem Offert für diesen Kunden in meinem Büro sehen. Kalkulieren Sie den Preis für eine Spanne von 15 %.' Damit hätte ich ihn nicht überfordert."

Der Weg

Sie haben jetzt in Ihrer Landkarte Start und Ziel eingetragen. Nun zeichnet sich für Sie auch der Weg ab. Ist er begehbar? Werden Ihre Mitarbeiter die Wegstrecke in der vorgegebenen Zeit schaffen? Oder ist es der Sprung über den Viertausender? Schneiden Sie den Tiger in Happen, die Ihre Mitarbeiter bewältigen können.

Sie erinnern sich an das T.O.T.E.-Modell und die Disney-Strategie. Diese Modelle sind deswegen erfolgreich, weil sie als Regelkreis funktionieren. Die Prozesse werden mehrmals durchlaufen und festigen so von Mal zu Mal das Ergebnis. Jeder Durchlauf im Regelkreis hält Sie am richtigen Weg. Nützen Sie ihn daher möglichst oft. Schaffen Sie eine sinnvolle Zahl von Etappenzielen auf Ihrem Weg, kontrollierbare Meilensteine. Jeder Meilenstein gibt Ihnen Gewissheit. Und wieder gilt es, den goldenen Mittelweg zu finden. Zu viele Meilensteine erzeugen ineffizienten Aufwand, zu wenige erhöhen das Risiko.

Die Summe aller Wege zu unseren Zielen bildet unser Leben. Ich denke die Frage, ob Sie Ihr Leben mit Spaß und Freude erfüllt sehen wollen, erübrigt sich. Ein Mittel für Spaß und Lust an und bei der Arbeit ist, bereits bei der Planung des Weges daran zu denken. Welche Möglichkeiten haben Sie, die Tätigkeit Ihrer Mitarbeiter nicht nur sinnvoll, sondern auch lustvoll zu gestalten? Oder gehören Sie zu jenen Menschen, die der Meinung sind, im Büro sei Lachen fehl am Platz?

Ausrüstung

Haben Ihre Mitarbeiter das richtige Schuhwerk für den langen Weg? Haben sie das Kletterwerkzeug um den Berg zu besteigen? Stellen Sie sich dazu zwei Fragen:

Erste Frage: Welche Ressourcen fehlen möglicherweise, um den Weg zu beschreiten? Verfügen die betreffenden Mitarbeiter über ausreichende Fähigkeiten? Haben sie alle Informationen und Hilfsmittel, die sie dabei brauchen? Haben die Mitarbeiter ein Motiv, das ausreicht, die Arbeit gerne zu tun? Und stimmen ihre Rahmenbedingungen? Es nützt wenig, wenn Ihre Mitarbeiter alles haben, was sie brauchen, jedoch Kollegen aus anderen Abteilungen, die zuarbeiten sollen, dazu nicht bereit sind. Natürlich kann es zu den Aufgaben der Mitarbeiter zählen, Widerstände zu bereinigen. Aber Sie als Manager sind der Wegbereiter!

Zweite Frage: Welche Ressourcen sind bereits vorhanden, um den Weg zu gehen? Welche Menschen in Ihrem Unternehmen oder in Ihrer Abteilung haben genau die Fähigkeiten, die dafür notwendig sind? Wo ist entsprechende Erfahrung bereits vorhanden? Welche Hilfsmittel sind verfügbar, um den Erfolg zu unterstützen?

„Genau das war der wunde Punkt meines Vorgehens. Ich nahm mir nicht die Zeit, darüber nachzudenken, ob der Mitarbeiter alle Fähigkeiten in ausreichendem Maß hat und welche Unterstützung er dabei braucht. Dabei geht es eigentlich um wenige Minuten Zeitaufwand, die für den Erfolg oder Misserfolg entscheidend sind."

Gütesiegel

Wie können wir die Qualität unseres Zieles prüfen? Indem wir wie in einem Review vier Fragen stellen. Zwei davon sind recht ungewöhnlich, und genau das macht den Erfolg dieser Qualitätsprüfung aus. Stellen Sie sich die Fragen genau in dieser Reihenfolge:

1. Was ist positiv am derzeitigen Zustand?

Wenn Sie dieser Fragen nachgehen, werden Sie bald überrascht merken, dass es sinnvolle Antworten darauf gibt. Jeder Zustand hat auch seine positiven Seiten, sonst wären Sie nicht dazu gekommen. Die Frage objektiviert in gewissem Maß auch die Sicht auf Ihr Bemühen. Macht es auch wirklich Sinn, diese Situation zu verändern?

„Diese Frage hätte ich mir stellen müssen, bevor ich daran ging, den Schwerpunkt des Provisionssystems auf die neuen Produkte zu verlagern. Mir wäre frühzeitig bewusst geworden, dass es auch Nutznießer des bestehenden Systems gibt, nämlich jene Verkäufer, die sich nur schwer umstellen können. Ich hätte von da weg bereits Lösungen dafür finden können und hätte Reibungen vermieden und nicht einen guten Verkäufer verloren."

2. Was ist negativ am Zielzustand?

Jedes Ding hat zwei Seiten. Veränderung hat nicht nur positive Aspekte. Beantworten Sie diese Frage aus zwei unterschiedlichen Positionen: Was ist für Sie bzw. Ihr Unternehmen am Zielzustand negativ? Welche Nachteile handeln Sie sich zugleich mit den Vorteilen ein? Beantworten Sie diese Frage trotz Ihrer möglicherweise euphorischen Stimmung ehrlich. Erkunden Sie, welche Nachteile Sie am Zielort in Kauf zu nehmen haben. Es ist immer besser, es vorher zu wissen als zu spät.
Und nun fragen Sie sich: Was am Zielzustand ist negativ aus Sicht der anderen? Welche Nachteile müssen dadurch andere Menschen, andere Unter-

nehmen, Ihre Kunden oder Partner in Kauf nehmen? Und wie schwer wiegend sind diese Nachteile für die anderen? Ihr Versprechen gilt, solange Sie denken können: Jede Veränderung, die ich anstoße, hat das Metaziel, auf dieser Welt mindestens eine Win-Win-Situation mehr zu schaffen. Sie sind nur dann langfristig erfolgreich, wenn Sie im Sinne aller Beteiligten handeln.

3. Was ist negativ am derzeitigen Zustand?

Ich denke, die Beantwortung dieser Frage wird Ihnen leicht fallen. Sie konstruieren damit den Raketenantrieb, der Sie mit großer Kraft vom Start weg drückt.

4. Was ist positiv am Zielzustand?

Eine Frage ganz nach Ihrem Herzen. Das ist der Magnet, der Sie unwiderstehlich anzieht, hin zum Ziel.

Stellen Sie sich diese vier Fragen immer dann, wenn Sie Ihr Ziel formuliert haben. Geben Sie Ihren Zielen das Gütesiegel des NLP.
Stellen Sie sich jetzt diese Fragen im Zusammenhang mit den Zielen, die Sie vorhin formulierten.

Zukunft bauen

Wir greifen wieder einmal auf Ihr bereits vorhandenes NLP-Wissen zurück. Sie erinnern sich an die Reise über Ihrer Zeitlinie in die Zukunft. Sie hatten auf dieser Reise Gelegenheit, eines Ihrer Ziele mit den zugehörigen Etappen in der Zukunft zu etablieren. Das ist auch jetzt der nächste Schritt. Manifestieren Sie alle Ihre Ziele in Ihrer Zukunft, so wie Sie es schon kennen. Denn sie liegt in Ihrer Hand, Sie sind ihr Architekt.
Sorgen Sie auch dafür, dass Ziele, die Sie gemeinsam mit Ihren Mitarbeitern festlegen, in deren Zukunft präsent sind. Dazu reichen wenige Worte. „Und wenn uns jetzt allen klar ist, was wir tun wollen, können wir uns vielleicht jetzt schon vorstellen, wie es wohl wäre, wenn wir es geschafft haben und ich Ihnen bei der Projektabschlusssitzung verkünden kann, dass wir pünktlich, im geplanten Kostenrahmen und mit der geforderten Qualität fertig geworden sind. Wenn wir danach gemütlich beisammen sitzen, werden wir stolz auf unsere Leistung zurückblicken können und die Highlights Revue passieren lassen."

Alfred spürte deutlich, wie intensiv sich das gesammelte Wissen bereits miteinander verknüpfte. Die NLP-Bausteine hatten sich für Alfred zu Kno-

ten eines Netzwerkes formiert. Und es war ihm, als sei 1 und 1 nicht mehr 2, sondern ein Vielfaches davon. Vielleicht lag es an der Struktur der Informationen oder an der Art und Weise des Vortrages durch den Seminarleiter.

„Wir haben gelernt, Aufgaben erfolgreich zu definieren und zu clustern. In Verbindung mit dem Wissen, wie meine Mitarbeiter denken und entscheiden, kann es nicht mehr so schwer sein, die richtigen Aufgaben den richtigen Mitarbeitern zu übertragen. Schließlich haben wir schon einige nützliche Modelle kennen gelernt. Diese Modelle reduzieren die Komplexität des Faktors Mensch auf ein sehr effizientes Maß. Sie sind auch für einen viel beschäftigten Manager gut zu handhaben. Ich habe aber nur dann Erfolg mit diesen Modellen, wenn ich sie täglich anwende, um damit Erfahrungen zu sammeln und die Neuronen meines Gehirns neu zu verschalten, die Anwendung zur Gewohnheit werden zu lassen."

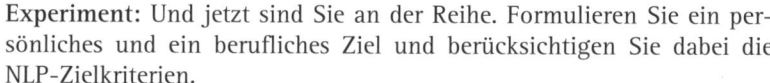

Experiment: Und jetzt sind Sie an der Reihe. Formulieren Sie ein persönliches und ein berufliches Ziel und berücksichtigen Sie dabei die NLP-Zielkriterien.

Topf und Deckel

Kennen Sie diese Art von Spielzeug für die ganz Kleinen? Eine Holzplatte, in die verschiedene Formen in unterschiedlicher Größe geschnitten wurden, Dreiecke, Kreise, Quadrate. Dazu gibt es bunte Holzstücke, die aufgrund ihrer Form jeweils in genau einen Ausschnitt passen. Kleinkinder, die damit zu spielen beginnen, nehmen eines dieser bunten Stücke und fahren damit über das Brett, sie versuchen durch Probieren, den richtigen Ausschnitt zu finden. Wenn Eltern zusehen, würden sie am liebsten helfend eingreifen, während das Kind unentwegt den passenden Ausschnitt sucht. Manche Kinder versuchen, das Holzstück mit Gewalt in eine Form zu pressen oder zu hämmern. Erleichterung erfasst alle Beteiligten, wenn das Baby es zufällig schafft, das Holzstück ins Brett einzusetzen. Irgendwann, nach vielem Experimentieren beginnt das Kind Zusammenhänge wahrzunehmen. Es betrachtet das Brett und das Holzstück genauer, sucht Ähnlichkeiten und erkennt. Es ordnet zu und paßt ein, stellt Ordnung her. Stolz lacht es die glücklich strahlenden Eltern an. Wieder etwas Neues und Wesentliches gelernt.

> *Solche Menschen wie wir beide sterben zwar alle,*
> *aber sie werden nicht alt, solange sie leben.*
> *Ich meine damit, sie stehen immer noch neugierig wie*
> *Kinder vor dem großen Rätsel, in das wir mitten*
> *hineingesetzt sind.*
> *(Albert Einstein, Brief an Otto Juliusberger)*

Sie konnten schon eine Reihe von Geheimnissen über den Faktor Mensch lüften. Wie lässt sich dieses Wissen nützen, um die bunten und so unterschiedlichen Menschen auf dem Brett der Organisation in den passenden Cluster einzufügen, sodass allseits Zufriedenheit entstehen kann? Mitarbeiter versuchsweise Cluster einnehmen zu lassen, um herauszufinden, was paßt, oder sie gar in die richtige Form zu hämmern und zu pressen ist wohl nicht der richtige Weg. Was aber sind die Strukturen, die ausschlaggebend sind, dass Mitarbeiter und Cluster ein harmonisches Ganzes bilden?

Die Neuro-Logischen Ebenen im Cluster

Um zu erkennen, ob ein Mitarbeiter oder Bewerber der Richtige für einen Cluster ist, ob er ihn voll und ganz ausfüllen kann und sich dabei wohl fühlt, müssen Sie erkennen, was er ist und wie er ist. Das „Was", also sein Ich, seine Identität, beschreibt sich in Form seiner Neuro-Logischen Ebenen. Das „Wie", damit meine ich die Art und Weise, Informationen aufzunehmen und zu verarbeiten, entscheiden seine Wahrnehmungsfilter und Denkstrategien.
Ihre Mitarbeiter sollten die Aufgabe und was damit in Zusammenhang steht, schätzen können, sie muss das Erfüllungskriterium mindestens eines Wertes ihrer Wertehierarchie sein. Wie Sie wissen, sind Werte der Brennstoff der Rakete, sie treiben uns zu neuen Taten. Geld ist oft nur ein mittelbarer Wert, ein Mittel zum Zweck, um sich die Beschaffung von Erfüllungskriterien anderer Werte wie „die Welt erkunden" oder „ein schönes Zuhause" leisten zu können. Sie erinnern sich an das Graves-Modell. Nur eine der Entwicklungsstufen, die materialistische, strebt primär nach Wohlstand und Reichtum. Um langfristige Motivation für eine Aufgabe zu erreichen, sollten auch noch andere Werte im Spiel sein, die Interesse an der Arbeit verursachen. Werte, die mit Selbstverwirklichung, Lust am Erfolg und Grundinteresse an der Aufgabe zu tun haben. Sodass die Mitarbeiter auch dann noch leuchtende Augen haben, wenn das Gehalt nicht ganz hohe Erwartungen erfüllt. Geld ist eher Hygienefaktor als ein Motivator. Dass die Bezahlung stimmt, wird vorausgesetzt, das alleine gibt noch nicht den Kick.

Das „Was" hat Einfluss auf das „Wie". Wenn ein Mitarbeiter zu Ihnen sagt: „Chef, das kann ich nicht!", dann glauben Sie ihm oder überzeugen Sie ihn vom Gegenteil. Überredung ist ein Garant für Erfolglosigkeit. Menschen, die fest daran glauben, etwas nicht zu können, haben Recht damit. Die höheren Neuro-Logischen Ebenen strukturieren die Ebenen darunter. Ohne Glaube können auch nicht die entsprechenden Fähigkeiten und Handlungsmodelle wachsen. Sie haben große Chancen auf Erfolg, wenn der Mitarbeiter vom Gelingen überzeugt ist. Der Glaube versetzt Berge, auch solche geschäftlicher Natur. Geben Sie Mitarbeitern den Vorzug, die kongruent, also in verbaler und nonverbaler Übereinstimmung bestätigen, vom Erfolg Ihrer Mission überzeugt zu sein. Der Glaube gibt ihnen auch die Kraft, fehlende Fähigkeiten zu erwerben oder für eine pragmatische Ergänzung oder einen Workaround fehlender Ressourcen zu sorgen. Hire for attitude and train for skills. Die so genannten Soft skills sind die eigentlichen Hard skills!

Das Graves-Modell mit seinen sieben Entwicklungsstufen macht Ihnen die Komplexität, die Neuro-Logischen Ebenen zu berücksichtigen, effizient handhabbar. Sie haben sich bereits darüber Gedanken gemacht, Menschen welcher Entwicklungsstufe für welchen Cluster gut geeignet sind. Interessant ist darüber hinaus zu überlegen, wer mit wem „kann". Bilden Sie für sich selbst jetzt ein Gedankenmodell dazu, damit es Ihnen in beruflichen Situationen, wo es hilfreich sein kann, bereits fertig im Kopf zur Verfügung steht.

„Sei vorbereitet und handle spontan!" Damit bin ich bisher gut gefahren. Das hat wohl auch mit diesem Satz des Seminarleiters am Beginn des Seminars zu tun: ,Dein Unbewusstes ist stärker als du denkst.' Zuerst gebe ich meinem Unbewussten das Material zur Verarbeitung. Mein Unbewusstes macht heimlich ein sinnvolles Werkzeug daraus und gibt es mir zur Hand, wenn ich es dringend brauche. Meist hat dieses Werkzeug mit dem Herzen zu tun, manchmal ist es auch so etwas wie ein scharfes Skalpell. Also, lieber Alfred, gib deinem Unbewussten den Stoff, damit es dir später hilfreich sein kann."

Es ist mir nicht zweifelhaft, dass unser Denken zum größten Teil ohne Verwendung von Zeichen (Worten) vor sich geht und dazu noch weitgehend unbewusst.
(Albert Einstein)

„Wesentlich für diese Frage ist wohl, dass sich Menschen der reaktiven, egozentrischen, materialistischen und systemischen Stufe eher an sich selbst als an den anderen orientieren. Sie kommen wahrscheinlich besser mit Zielen zurecht, bei denen sie auf sich allein gestellt sind, weil es ein abgekoppeltes Ziel ist oder weil eine Führungsfunktion damit verbunden ist. Entscheidungsträger sind manchmal sehr einsam, das muss man aushalten können. Das heißt aber sicher nicht, dass diese Menschen nur alleine arbeiten können. Der Egozentrische braucht Menschen hinter sich, wenn er in der ersten Reihe steht, der Materialistische braucht loyale Mitarbeiter für seinen Erfolgstrip und der Systemische hätte nichts mehr, was er retten könnte. Das heißt, diese Menschen sind so wie alle anderen in Systeme eingewoben, allerdings in anderen Rollen als Menschen der anderen drei Stufen. Sie kommen zu Zeiten auch einsam zurecht. Und sie sorgen in ihrem Bestreben für Veränderung. Die besondere Herausforderung des Managers ist es daher, diese Menschen permanent mit Zielen zu versorgen, denn sie sind die Wegbereiter zum Erfolg. Ich werde die Energie der Zielarbeit vornehmlich auf Mitarbeiter dieser vier Stufen ausrichten. Menschen der tribalistischen, absolutistischen und personalistischen Stufe sind viel mehr im System der Abteilung oder des Projektteams integriert. Sie haben nicht vor, sich durch Macht- oder Erfolgsstreben von den anderen besonders abzuheben. Sie sind Mitglied der Gruppe, in die sie Rituale, Regeln, Harmonie und Menschlichkeit bringen und sie damit stärken und festigen, und sie sind der Garant für Stabilität, für dauerhaft gute Arbeit. Wenn die Ablauforganisation zufrieden stellend eingerichtet ist und die Menschen zusammengefunden haben, sollten solche Teams zu Selbstläufern werden.

Je länger ich über das Zusammenwirken der Graves-Stufen untereinander nachdenke, umso mehr erkenne ich die Nützlichkeit dieses Systems. Ich würde zum Beispiel nicht einen Egozentrischen mit einem Personalistischen auf Dauer wirken lassen. Die Sicht auf Beziehung und Menschen ist zu gegensätzlich. Macht und Humanität bilden nur schwer Allianzen. Leichter ist es bei Absolutistischen und Personalistischen. Solange Regeln und Ordnungsschema human sind, haben die beiden kein Problem miteinander. Es kracht erst, wenn Regeln die Menschlichkeit missachten. Wie die Geschichte mit dem Buchhaltungschef zeigt."

Das Disney-Modell im Cluster

Das zweite Modell, um zu erreichen, dass sich Menschen ihren Mustern entsprechend in eine Aufgabe harmonisch einfügen, sind die vier Positionstypen, die Walt Disney in seiner Kreativitätsstrategie nützte. Jeder dieser Typen mit seinen Stärken und Schwächen macht in bestimmten Aufgaben mehr Sinn. Ihr Wissensfortschritt gibt Ihnen bereits die Möglichkeit, aus dem Bestehenden Neues zu generieren. Nehmen Sie sich jetzt die Zeit dazu.

„Der Kontext der Kreativitätsstrategie ist Innovation. Dementsprechend haben die vier Typen weniger mit Aufrechterhaltung im Unternehmen und mehr mit Entwicklung zu tun. Initiatoren sind die weitsichtigen Vordenker. Sie sind als Vorgesetzte Leitfiguren, sie zeichnen die Vision. Initiatoren wären sicher auch ein wichtiger Bestandteil strategischer Stäbe. Wenn sie Führungsaufgaben übernehmen, würde ich ihnen einen Menschen zur Seite stellen, der die Vision auf den Boden bringt, sie konkret Gestalt werden lässt." Alfred beeindruckte heute noch, was aus seiner Idee, den Vertrieb noch besser zu unterstützen, geworden war. Seine Vision war in zwei Worte gefasst: „Multimediale Präsentation". Seine Verkäufer hatten jetzt eine CD zur Verfügung, welche dem Kunden die Produktpalette mit allem, was mit Bild und Ton möglich ist, darbot. „Unsere Kunden begreifen damit weit schneller und klarer, worum es geht, was die Vorteile und Möglichkeiten sind. Dazu hatte es eines Menschen bedurft, der aus diesen beiden Worten Sinn zu machen verstand, nämlich sinnesspezifischen Sinn.*

Zwei Worte hatten gereicht, um aus der Vision strukturierte Gestalt werden zu lassen. Das macht eben die Qualität des Kreativen aus. Solche Menschen gehören in Planungsabteilungen. Mit diesen Fähigkeiten lassen sich leicht und schnell Projekte grob strukturieren und Pläne entwerfen. Und sie sind wahrscheinlich der ideale Stellvertreter des Visionärs. Realisten sind die Menschen an der ‚Werkbank'. Sie machen aus der Grobplanung ein detailliertes Konzept, nehmen das Funktionieren in der Realität vorweg. Es sind sicher auch die richtigen Leute, wenn es gilt, ein neues Verfahren auszuprobieren, auf Praxistauglichkeit zu testen. Und nun zum ‚Advocatus diaboli', dem Kritiker. Im Planungsprozess richtet er seinen Blick in die Zukunft und erkennt möglicherweise auftretende Probleme. Er hat seinen festen Platz in jeder Planungsabteilung und der Qualitätssicherung. Überall dort, wo etwas neu entwickelt werden soll, sind die vier in ausgewogener Zusammensetzung und in der richtigen Reihenfolge zu Wort kommend ein ideales Team, wie die Erfolge unserer Ideenwerkstatt beweisen."

Metaprogramme im Cluster

Und nun zum dritten Modell, das Ihnen hilft, für den Topf den richtigen Deckel zu finden. Einige der Metaprogramme, die Sie bereits kennen, haben große Bedeutung, wenn es darum geht herauszufinden, wer in welcher Aufgabe gerne gute Arbeit leisten wird. Jede Aufgabe verlangt eine etwas andere Art und Weise, Informationen aufzunehmen und zu verarbeiten. Für Ihre Überlegungen möchte ich Ihnen eine paar Denkanstöße mit auf den Weg geben:

Sie wissen, die Richtungsorientierung eines Menschen (ob er sich von einem unangenehmen oder schlechten Zustand weg bewegen möchte oder ihn eher ein Ziel anzuziehen vermag) bestimmt die Art der Motivation. Diese Denkstrategie ist unabhängig vom Inhalt der eigentlichen Aufgabe und ist damit eher wichtig, wenn es um Motivation als um Aufgabenzuteilung geht.

Ähnliches gilt für die Zeitorientierung. Sie bestimmt, wie sich ein Mensch im Hier und Jetzt verhält, assoziiert im Augenblick oder dissoziiert, als Herr des Zeit-Überblicks. Manchmal ist es für einen Manager interessant zu wissen, dass Menschen, die in der Gegenwart assoziiert sind, ihre Ressourcen stark aus der Vergangenheit schöpfen können, und von der Zeit dissoziierte Menschen ihren Blick stärker in die Zukunft richten. Organisationstalente, die neue Strukturen und Abläufe gedanklich in die Zukunft stellen sollen, sind daher wahrscheinlich eher unter den von der Zeit dissoziierten Menschen anzufinden. Im Augenblick assoziierte Menschen sind in der Aufgabe stärker konzentriert, lassen sich weniger ablenken. Aufgaben, die mit präziser Terminplanung und Termineinhaltung verbunden sind, werden von den in der Zeit Assoziierten oder deren Umgebung oft unangenehm erlebt.

Der Aktionsfilter, also ob die überwiegende Bereitschaft eher im Handeln oder eher im Reflektieren liegt, wirkt sich in allen Aufgaben ähnlich aus. Die für erfolgreiches und flexibles Agieren bestmögliche Variante ist in vielen Fällen, zuerst kurz zu überlegen, dann rasch zu handeln und im Weiteren zwischen Aktion und Reflexion häufig zu wechseln. Sie wissen, je kürzer die Feedback-Schleife Ihres Tuns, umso sicherer bleiben Sie auf Kurs. So wie exzellente Kommunikation wird exzellentes Handeln durch permanentes Umschalten zwischen Operation und Test (im Sinne des T.O.T.E.-Modells) bestimmt. Menschen, deren Schwerpunkt das Handeln ist, verändern gerne und viel. Immer wenn kleine oder große Veränderungsprozesse in Ihrem Unternehmen anzustoßen sind, sollten Sie auf solche Mitarbeiter zurückgreifen. Wenn es hingegen gilt, Erreichtes abzusichern, zu überdenken und zu optimieren, kommen die Denker ins Spiel. Wie so oft sollten Sie

ein ausgewogenes Verhältnis dieser Ausprägungen in allen Unternehmens-
bereichen anstreben.

Jene Metaprogramme, die ich jetzt noch nicht erwähnte, spielen in jeder
Personalauswahl eine eminente Rolle. Sie bei der Aufgabenzuschneidung zu
beachten, ist ein großer Gewinn für Ihr Unternehmen, weil es jedem Einzelnen Ihrer Mitarbeiter die Chance gibt zu tun, was er wirklich gut kann. Mit
einem Hammer Klötze in Holzformen zu schlagen, hinterlässt nur Splitter,
die wehtun. Die Klötze zerspringen oder bleiben in der Form verkeilt
stecken, werden jedenfalls unbrauchbar. Suchen Sie die richtige Form. Nehmen Sie die Menschen in Ihre Hände, betrachten Sie sie in Ruhe und erkennen Sie dabei die Gemeinsamkeiten. Das Erkennen von Mustern ist für das
Kleinkind ein Schritt zum Erwachsenwerden. Auch Sie können an und in
Ihrer Aufgabe wachsen.

> *Man muss seine Jugend überwinden,*
> *wenn man wieder Kind sein will.*
> *(Friedrich Nietzsche)*

„Wie löse ich diese Aufgabe, ähnliche Muster bei Aufgaben und Mitarbei-
tern zu finden, wohl am besten? Ähnlichkeiten leicht zu erkennen, ist ja
auch ein Metaprogramm. Ich denke, für Manager ist es generell hilfreich,
mehr Gemeinsamkeiten zu erkennen als Unterschiede. Es geht permanent
um dieses Thema: Visionen kreieren heißt auch Komponenten, die vorher
selbständig für sich da standen oder anders geordnet waren, zu etwas
Neuem zusammenzufügen. Ich habe das Schlagwort ‚Multimedia' genom-
men und intuitiv erkannt, dass es etwas mit unserer Vertriebsaufgabe zu
tun hat, und schon war unsere Präsentations-CD geboren. Partnerschaften
zu bilden bedeutet, gemeinsame Richtungen zu erkennen und zu nützen.
Konsens herstellen ist nichts anderes, als den Aktionsrahmen um gleichar-
tige Ziele zweier Standpunkte zu spannen. Die Aktion mit dem Chef der
Buchhaltung hätte ein gutes Modell für Konsens werden können. Unser
beider Bestreben ist, dass die Provisionsabrechnung zuverlässig und richtig
funktioniert. Ich hätte durchaus zulassen können, kurzfristige Auszahlun-
gen als Sonderfälle zu reglementieren. Das hätte gut in meinen Zielrahmen
gepasst, wäre kein Widerspruch zu meinen Intentionen gewesen. Ich hätte
ihm das als Konsens anbieten können. Ich wählte jedoch die indirekte
Konfrontation."

Alfred riss sich aus diesen Gedanken. Der Satz: „Es gibt keine Fehler, nur
Feedback" gab ihm wieder Sicherheit.

„If people only knew how much respect they get for standing up and taking the blame, especially when it's not their fault, more of them would do so."
(Horst Bergmann, Kathleen Hurson, and Darlene Russ-Eft, authors of „Everyone a Leader")

„Konsens herzustellen nimmt für meine Verkäufer ebenfalls großen Raum ein. Sie suchen im Verkaufsgespräch die Gemeinsamkeiten von Produktnutzen und den Erfüllungskriterien der Werte des Kunden. Wenn sie sich auf Unterschiede konzentrieren, würden sie kaum zu vernünftigen Angeboten kommen. Ich glaube, überall dort, wo es in der Aufgabe primär um Menschen geht, sind Gemeinsamkeiten gefragt. Wahrscheinlich hat das mit der ungeheuren Komplexität des Faktors Mensch zu tun. Da hilft nur die Strategie, Muster wahrzunehmen, so wie es Graves mit seinem Modell tat.
Der Fokus auf Unterschiede ist dort sehr nützlich, wo es darum geht, Fehler und Abweichungen rasch zu erkennen. Controlling oder Qualitätsprüfung sind passende Aufgaben für solche Menschen. Dort sind sie erfolgreich.
Menschen mit prozessorientiertem Handlungsfilter sind gut aufgehoben, wo feststehende Abläufe definiert und zu befolgen sind. Im Strategiestab wären sie wahrscheinlich unglücklich. In Projekten werden sie dann gerne arbeiten, wenn das Prozedere klar ist, also etwa die Projektkosten zu verwalten oder das Berichtswesen zu pflegen. Optionale Menschen sind eher für kreative Aufgaben geeignet, sie sehen Möglichkeiten. Sie arbeiten gerne in Planungsprozessen. Ihr Problem kann sein, dass sie sich nicht für einen Weg entscheiden können, weil sie das als Einschränkung empfinden würden. Insbesondere dann, wenn sie extern referenzieren, also stark auf die Meinung anderer angewiesen sind. Dann gibt es nicht nur viele Wege, sondern auch viele Meinungen. In meinem Team sind optional und prozessorientiert denkende Verkäufer erfolgreich. Prozessorientierte haben ein Rezept für jeden Kundentyp und jede Situation. Optionsorientierte Verkäufer nützen ein Set an Möglichkeiten. Das müssen wir in Zukunft bei der Ausbildung intensiver unterscheiden. Standardgespräche sind nur für Prozessorientierte eine sinnvolle Unterstützung, für Optionsorientierte sollten sie bestenfalls eine ungefähre Leitlinie darstellen.
Das primäre Interesse ist einfach zuzuschneiden. Interesse an Menschen ist für Verkäufer, Manager und Führungskräfte unerlässlich. Dem Mana-

ger muss aus sich heraus klar sein, worum es in seiner Aufgabe zuallererst geht. Besonders für Verkäufer kommt noch hinzu, dass sie viele Referenzerfahrungen mit anderen Menschen brauchen, um in jeder Situation aus dem Verhaltensrepertoir das Richtige zu zeigen. Diese Erfahrungen gewinnen sie nur, wenn sie gerne viel mit Menschen zu tun haben.

Für Manager ist interne Referenz ein entscheidendes Kriterium. Letztendlich muss ich manchmal einsame Entscheidungen treffen können. Extern Referenzierende würden daran verzweifeln. Entscheidungen kann man mir nicht abnehmen, wenn ich der Verantwortliche bin. Für Verkäufer ist wohl beides wichtig. Sie müssen gut in Kontakt mit sich selbst sein und im Verkaufsgespräch rasch entscheiden können, was zu tun ist. Andererseits müssen sie auch imstande sein, die Meinungen und Standpunkte der Kunden zuzulassen. Ein permanenter Wechsel ist wahrscheinlich eines der Erfolgskriterien eines exzellenten Verkäufers.

Bleibt noch die Chunkgröße. Ein Manager, der vorwiegend ins Detail verliebt ist, wird es sicher schwer haben. Ich muss den Überblick über meinen doch recht großen Verantwortungsbereich bewahren können, grobe Zusammenhänge und Wechselwirkungen der anderen Abteilungen untereinander und mit meinem Geschäft wahrnehmen und große Ideen entwickeln können. Die Details passieren danach, das muss ich an meine Mitarbeiter weitergeben können. Am Detail orientierte Führungskräfte haben wahrscheinlich oft Probleme, richtig zu delegieren, besonders dann, wenn sie auch noch stark intern referenzieren, also die Meinung anderer schwer zulassen können.

Detailorientierung ist ein wesentliches Kriterium, wenn es um den starken Realitätsbezug geht. Die Vision ist global, die Realität ein Meer von Details. Entwicklungsarbeit sollte daher diesen Weg vom Großen ins Kleine auch in Bezug auf Mitarbeiterbeteiligung gehen. Zuerst kommen die sehr global Orientierten zum Einsatz, dann immer mehr Detailorientierte. Wobei es wichtig ist, mit den Ergebnissen immer wieder zum großen Ganzen zurückzukehren, um die Übereinstimmung zu prüfen."

All die bisherigen Überlegungen haben Ihnen bereits deutlich gemacht, wie wichtig es für gute Kommunikation ist, die Metaprogramm-Ausprägungen des Gesprächspartners zu kennen. Wie bei allem Neuen ist der Einstieg das Schwierigste. Ich gebe Ihnen daher einen Hilfe zur Hand, sodass es Ihnen leicht fallen wird, die relevanten Metaprogramme Ihres Gegenüber rasch und einfach zu identifizieren. Dazu finden Sie im Anhang unter „Metaprogrammfragen" eine Liste mit einzelnen Fragen, die Sie in die Lage versetzen, innerhalb von fünf Minuten Smalltalk die wichtigsten Metaprogramme Ihres Gegenübers zu erkennen. Wer fragt gewinnt!

Experiment: Verwenden Sie die Metaprogrammfragen zuerst einzeln und dann in Kombination, um ganz gezielt die bevorzugten Metaprogramm-Ausprägungen Ihrer wichtigsten Mitarbeiter kennen zu lernen. Beginnen Sie dann damit, Ihre Kommunikation Ihren Erkenntnissen anzupassen und beobachten Sie die Verbesserungen im Verständnis.

Das sind die Unterscheidungen. Machen Sie sich auf den Weg. Treffen Sie Menschen und finden Sie heraus, wie sie denken. Permanentes Üben ist der Weg zum Erfolg. Nur so werden Sie zum Experten für Menschen. Gehen Sie jetzt gleich in Gedanken in die Zukunft und finden Sie dort mindestens drei Gelegenheiten, diese Testfragen auszuprobieren. Sie können sich jetzt schon darauf freuen.

„Metaprogramme, Disney-Positionen und Neuro-Logische Ebenen. Diese vereinfachende Modellbildung scheint mir ausreichend Komplexität zuzulassen, sodass die Wirklichkeit nicht zu sehr verzerrt wird und ich zugleich die Sicherheit habe, mein Handwerk gründlich auszuüben. Ausüben ist genau das richtige Wort. Denn es hat wirklich sehr viel mit Üben zu tun!"

Alfred dachte an seine frühere Sekretärin, von der er überzeugt gewesen war, sie würde ihren Beruf gut ausfüllen. Sie entsprach vollständig seinen Vorstellungen. Nachträglich betrachtet konnte er gut erkennen, wo in diesen Modellen sie ihren Platz hatte. Sie war ein detailorientierter Realisierer, konnte mit ihrer Zeit gut umgehen und plante und organisierte nach seinen Vorgaben sehr akribisch Veranstaltungen oder Meetings. Sie hatte eine feste Meinung und war ein bisschen wie die Mutter der Abteilung gewesen. Jeder hatte mit seinem großen oder kleinen Problem zu ihr kommen und sie anweinen können. Vieles hatte sie damit bereinigt und in Bewegung gesetzt. Der Erfolg dieses Wirkens hatte Alfred dermaßen beeindruckt, dass er einen ausgebildeten Coach zur noch intensiveren Weiterführung dessen, was seine Sekretärin informell eingeführt hatte, eingesetzt hatte. Das Resultat war verheerend gewesen. Seiner Sekretärin war damit eine wesentliche Identifikation verloren gegangen. Sie hatte sich mit der verbliebenen Aufgabe auch deutlich unterfordert gefühlt und konsequenterweise nach einigen Monaten das Unternehmen verlassen. Der neue Coach hatte nie Fuß fassen können, zu sehr war bei den Mitarbeitern die Aufgabe des Seelendoktors mit dieser Frau verknüpft gewesen. Damit hatte niemand gewonnen. Nur Alfred hatte daraus gelernt.

Panta rhei

Die richtige Aufgabe zu finden allein ist zu wenig, um die Arbeit Ihrer Mitarbeiter für das Unternehmen in einen WIN-WIN-Rahmen zu stellen, sodass beide daraus Nutzen ziehen. Mihaly Csikszentmihalyi fand ein Zauberwort, das symbolisiert, was die bisher noch fehlende Komponente ausmacht, um diesen Rahmen zu sichern. Er nennt diesen Zustand der fast entrückten Begeisterung für die Aufgabe, der sehr viel mit Glück zu tun hat, „Flow".

Viktor Frankl sagt dazu: „Peile keinen Erfolg an – je mehr du es darauf anlegst und ihn zum Ziel erklärst, umso mehr wirst du ihn verfehlen. Denn Erfolg kann wie Glück nicht verfolgt werden; er muss erfolgen ... als unbeabsichtigte Nebenwirkung, wenn sich ein Mensch einer Sache widmet, die größer ist als er selbst."

Csikszentmihalyi sagt, Flow ist der Zustand, wenn Körper und Seele eines Menschen bis an die Grenzen angespannt sind, in dem freiwilligen Bemühen, etwas Schwieriges und Wertvolles zu erreichen. Welche Möglichkeiten haben Sie als Manager, mit den NLP-Bausteinen Ihren Mitarbeitern eine Brücke zwischen Können und Herausforderung zu bauen, sodass sie von da aus möglichst lange und intensiv im „Fluss" sein können?

Wir erreichen damit schon fast den letzten Stein des magischen Dreiecks, der nicht nur deswegen besondere Bedeutung hat. Er fasst gleichzeitig auch alles zusammen, was Sie an Möglichkeiten zur Hand haben, um den Menschen, die Sie in Ihrem Beruf umgeben – und das müssen nicht nur Ihre Mitarbeiter sein –, das zu geben, was in Ihrer Macht steht, um das Leben besser werden zu lassen. Die Brücke, die Sie bauen, soll nicht nur Flow ermöglichen, sie soll auch alles Trennende verbinden und damit ein geschlossenes, sich selbst unterstützendes System Ihres Unternehmens möglich machen.

Jeden Tag denke ich unzählige Male daran,
dass mein äußeres und inneres Leben auf der Arbeit
der jetzigen und der schon verstorbenen Menschen beruht,
dass ich mich anstrengen muss, um zu geben im gleichen
Ausmaß, wie ich empfangen habe und noch empfange.
(Albert Einstein)

Wenn Flow also jener Zustand ist, der sich für Ihre Mitarbeiter als tiefes, glückhaftes Erleben der Arbeit manifestiert und dessen Ergebnis nicht einfach gut, sondern exzellent ist, was können dann Sie als Manager dafür tun? Was haben Sie zur Hand, um Ihre Mitarbeiter in diesem exzellenten Zustand zu halten?

Alfred hatte schon einiges über diesen Begriff gehört und konnte etwas damit anfangen. Er erlebte Flow dann besonders intensiv, wenn er mit seinem Partner Schach spielte. Da konnte er alles, was um ihn herum geschah, vergessen. Er nahm nur mehr seinen Partner und das Schachbrett wahr. Alles andere war nicht mehr vorhanden. Die Spannung des Spiels, die große Herausforderung jeder Partie – sein Partner war eine Klasse für sich – versetzten ihn jedes Mal in einen tranceähnlichen Zustand, den die Freude, mit klugen und geschickten Zügen seinem Partner Paroli bieten zu können, noch vertiefte. Ein ähnliches Gefühl entwickelte sich in Alfred, wenn er mit einem seiner Kollegen neue Pläne schmiedete. Er wusste, dass das eine seiner Stärken war.

Was sind die Voraussetzungen für Flow? Wodurch entsteht dieser Zustand? Das Spannungsfeld zwischen der Herausforderung und den Fähigkeiten ist der Boden, auf dem Flow wächst. Auf diesem Feld gibt es allerdings nur einen schmalen Streifen, der diese üppige, grüne Vegetation des Zustandes, ihm Flow zu sein, zulässt.

Überlegen Sie einmal. Sie bitten einen Mitarbeiter, im Bereich der Versandlogistik einen Teil der Ablauforganisation so zu überarbeiten, dass die Lieferzeiten um einen Tag verkürzt werden können. Wovon hängt es ab, ob dieser Mitarbeiter die Aufgabe als interessante Herausforderung oder als schwere Bürde wahrnimmt? Er muss es können und er muss glauben, dass er es kann. Wenn den Mitarbeiter nicht Gewissheit oder ein Mindestmaß an Hoffnung erfüllt, dieser Aufgabe gewachsen zu sein, wird ihn die Angst packen. Er fühlt sich von dieser Aufgabe bedroht. Er wird solange keine Freude für diese Arbeit entwickeln können, solange er nicht ausreichend Ressourcen und Fähigkeiten zur Hand hat, um hoffnungsvoll an die Aufgabe heranzugehen. Im Gegenteil, Angst blockiert, erzeugt Stress und lässt irgendwann einmal Wut über denjenigen entstehen, der ihm diese Belastung angetan hat. Eine üble Situation und ein starker Unruheherd in Ihrer Organisation ist entstanden.

Nehmen wir an, Ihr Mitarbeiter, dem Sie diese Aufgabe gaben, erledigt solche Dinge schon seit Jahren. Und darüber hinaus gewöhnlich in noch weit größerem Stil und mit höherer Komplexität. Das Ergebnis dieses Auftrags ist Langeweile. Die Aufgabe hat keinen Reiz für ihn. Abgesehen davon wird dieser Mitarbeiter den Eindruck entwickeln, dass seine Fähigkeiten nicht genügend geschätzt werden. Aufgabe und Fähigkeiten sind nicht ausgewogen, sie stehen in keinem sinnvollen Größenverhältnis zueinander. Dieser Mitarbeiter kündigt früher oder später innerlich. Die Arbeit macht keinen Sinn mehr für ihn.

„Ein Schachspiel mit einem Anfänger macht keinen Spaß. 10–15 Züge und die Partie ist zu Ende. Vielleicht würde ich höflichkeitshalber noch eine zweite Partie spielen und mich dann vom Schachbrett abwenden. Mit einem Großmeister Schach zu spielen, wäre eine ähnliche Situation mit verteilten Rollen. Ich würde den Meister bewundern, mich für das kurze und eindrucksvolle Spiel bedanken und mich auf die nächste Herausforderung mit meinem Partner freuen.“

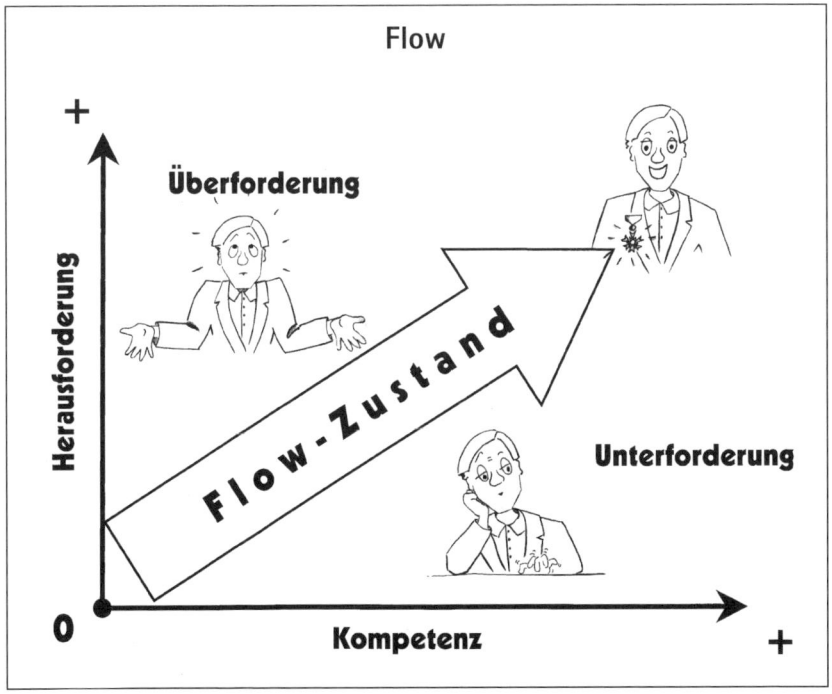

Es wächst der Mensch mit seinen größern Zwecken.
(Schiller, Wallenstein, Prolog)

Dort wo die Herausforderung die Fähigkeiten ein wenig überragt, ist der Boden fruchtbar, sodass Exzellenz wachsen kann. Wir Menschen sind bestrebt dazuzulernen. Etwas mehr zu wollen, als zu können, macht Sinn. Das ist das Wesen des Menschen. Zu große Herausforderungen versetzen die Menschen in den Dschungel der Angst, zu geringe erzeugen Leere und Langeweile.

Der Streifen für Flow wird breiter, wenn das Umfeld paßt. Wenn der Mitarbeiter mit dem „Wofür" und „Mit wem" kongruent ist. Denken Sie also an diese beiden Steine des magischen Dreiecks, Vision und Organisation. Wenn Sie das bereits geklärt haben, tun Sie sich jetzt viel leichter. Einem Mitarbeiter eine Aufgabe zu übertragen, die für ihn keinen Sinn macht, oder ihm Kollegen an die Seite zu stellen, mit denen er einfach nicht kann, sind keine guten Voraussetzungen für Flow.

Ihre Aufgabe als Manager ist es, die Tätigkeit Ihrer Mitarbeiter permanent in diesem Streifen grüner, üppiger Vegetation zu halten. Nur dann sind Ihre Mitarbeiter glücklich.

Das ist das Ziel, und nun zum Weg. Was können Sie als Manager dazu beitragen?

Experiment: Ich möchte Sie nun bitten zu überlegen, was Sie tun können, um Überforderung, und damit das Entstehen von Angst zu vermeiden.

Alfred wusste da schon eine Antwort. Die Frage des Seminarleiters: „Wie verspeist man einen Elefanten?" sollte dabei die Gedanken in die richtige Richtung leiten. Wenn der Mitarbeiter Angst vor dem Elefanten hat, dann zerteile ihn einfach in kleine Happen, die er Stück für Stück bewältigen kann. Wenn Alfred ahnte oder wusste, dass ein Mitarbeiter von einer Aufgabe überfordert sein würde, strukturierte er sie in kleinere Abschnitte und beauftragte ihn damit sequentiell. Seine neue Sekretärin hatte Alfred mit dieser Taktik daran gewöhnt, für ihn Events zu organisieren. Er hatte für sie zu Beginn die Aufgabe in kleinere Arbeitspakete geteilt: den Ort festlegen, das Programm beschreiben, die Teilnehmerliste erstellen, das Catering klären und so weiter. Damit war die Aufgabe für sie überschaubar geworden. Sie hatte sich selbst aufgrund ihrer ersten Erfahrungen eine Tätigkeitsliste zusammengestellt und arbeitete inzwischen vollkommen selbständig.

„Ich werde das magische Dreieck befragen, mit welchen NLP-Bausteinen ich Mitarbeiter darüber hinaus noch vor Überforderung schützen kann. Bereits der erste Stein ‚Vorbild' bietet mir dazu einige Möglichkeiten. Wie in

jedem guten Gespräch wird es wichtig sein, darauf zu achten, die Welt des Mitarbeiters zu akzeptieren und so weit wie möglich zu verstehen. So wie ich mich selbst und meine Art und Weise zu denken erforscht habe, sollte ich die Landkarten und das Denken dieses Menschen erforscht haben. Das ist die Voraussetzung für Rapport. Und Rapport ist die Grundbedingung für den Erfolg jedes sachlichen Gespräches."

Alfred erinnerte sich an seine Angewohnheit, seine Mitarbeiter am Oberarm zu nehmen und dabei ein paar aufmunternde Worte an sie zu richten. Ein Kollege, mit dem er gut befreundet war, hatte ihm erzählt, welche große positive Wirkung diese Geste für seine Mitarbeiter hatte. „Damit habe ich offensichtlich ein stärkendes und zuversichtliches Gefühl in meinen Mitarbeitern verankert. Großartig. Ich sollte diese Geste, die bisher mein Ausdruck von Wohlwollen war, in Zukunft präziser handhaben.

Das T.O.T.E.-Modell halte ich ebenfalls für eine starke unterstützende Komponente. Eine sehr kurze Abfolge von Aktivität und Standortbestimmung gibt den Mitarbeitern Gewissheit, auf Kurs zu sein. Jede Testphase gibt auch mir die Möglichkeit, positives Feedback und damit mehr Sicherheit zu geben.

Wenn die Überforderung durch fehlende Ressourcen auf der Ebene der Fähigkeiten verursacht wird, könnte die Zauberwand helfen, auf den Monitoren neue Fähigkeiten und Verhaltensmuster zu erwerben und zu integrieren. Die Methode kann ich zum Nutzen der Mitarbeiter leicht vermitteln.

Schließlich hilft auch eine präzise Zielformulierung, die mit der Aufgabe verbundene Unsicherheit zu bereinigen und Klarheit über das gewünschte Ergebnis zu geben. Gerade da ist es notwendig, die einzelnen Schritte zum Erfolgen sauber zu definieren. Jedes erreichte Teilziel stärkt und motiviert zum nächsten Schritt. Das sind die kleinen Häppchen Elefant."

Genauso gefährlich wie Überforderung ist Unterforderung. Langeweile lähmt und frustriert. Dabei könnte es so gut laufen. Es ist genau die richtige Arbeit für diesen Menschen. Er erfüllt alle Voraussetzungen, hat alle Fähigkeiten und alles Wissen. Doch die Aufgabe ist zu einfach. Sie macht keinen Sinn, weil die Herausforderung fehlt.

Experiment: Was können Sie tun, um die Selbstmotivationskräfte eines solchen Menschen wieder zu aktivieren? Wie holen Sie ihn wieder ins Boot oder noch besser: Wie vermeiden Sie Unterforderung? Denken Sie nach.

„Also. Ich werfe wieder einen Blick auf das magische Dreieck, um mich zu orientieren. In diesem Fall sind sehr viele Voraussetzungen für Flow bereits erfüllt – Fähigkeiten und Verhaltensmuster sind vorhanden, ebenso der Glaube, es zu können. Ich muss diesmal etwas in die andere Seite der Waagschale legen, um auszugleichen. Die Schale der Herausforderung sollte sogar noch ein wenig mehr nach unten ziehen als die der Fähigkeiten.

Wer keine Angst vor dem Elefanten hat, für den werde ich ihn auch nicht zerteilen. Der soll ihn ganz verspeisen. Ich kann dann positives Feedback geben, wenn das Mahl zu Ende ist. Im Laufe des Mahls häufiges Feedback zu geben, würde das große Maß seiner Kompetenz nicht genügend würdigen. Je kompetenter jemand ist, desto selbständiger soll er agieren.

Als Dessert zu seinem Mahl könnte ich ihm noch einen Mix neuer Ziele kredenzen, den er sich selber mit der Disney-Strategie zusammenstellt. Er kann damit die Aufgabe, sollte sie noch immer zu wenig herausfordernd sein, umfangreicher gestalten."

Alfred wurde in diesem Augenblick bewusst, wie praxisorientiert er nun die Bausteine des magischen Dreiecks bereits handhabte und wie sehr er bereits in der Lage war, das Gelernte nicht nur für sich selbst, sondern auch für seine Mitarbeiter zu nützen.

Ich freue mich, wie versiert Sie sich bereits auf den Pfaden des magischen Dreiecks bewegen können. Damit machen Sie es zu Ihrem Werkzeug.

Ich möchte Ihnen jetzt noch einen Baustein ans Herz legen, mit dem viele gute Menschen anderen in kritischen Situationen helfen, und der trotz seiner Wirksamkeit oft zu wenig gewürdigt und genützt wird.

COACHEN
How much pleasure can you stand?

In Kalifornien hatte ich einmal ein interessantes Gespräch mit dem Trainer eines Delphinariums, sein Name ist Jason. Als wir am Beckenrand standen und die Tiere beobachteten, wie sie sich verspielt im Wasser bewegten, erzählte mir Jason, wie er mit seinen Freunden, den Delphinen umgeht. Er sagte, er steht einfach am Basinrand und beobachtet seine Delphine, wie sie sich im Wasser tummeln. Wenn einer der Delphine etwas Außergewöhnliches tut, etwas das für das Publikum wie ein Kunststück aussieht, belohnt ihn Jason mit einem oder zwei Fischen. Delphine sind schlaue Wesen, sie merken daher rasch, weswegen sie belohnt werden, wiederholen das Kunststück und fordern anschließend von ihrem Trainer gleich die Belohnung ein. Dann geht Jason ein Stück weiter: Es gibt keine Belohnung mehr, wenn die Delphine das schon bekannte Kunststück zeigen, sondern nur mehr dann, wenn sie ein neues Kunststück erfinden, also eines, das sie vorher noch nie zu Wege gebracht haben. Ab hier beginnt für die Delphine generatives Lernen. Sie lernen etwas über den Prozess des Lernens. Sie lernen Alt und Neu zu unterscheiden. Ein Delphintrainer, der bei Jason gelernt hatte, machte all das richtig und hatte trotzdem nicht annähernd denselben Erfolg im Umgang mit den Tieren. Jason nahm das zum Anlass, um über seine Methode noch mal nachzudenken. Er verglich seine Arbeit mit der seines Schülers, der anscheinend alles richtig machte. Wo lag der Fehler? Der einzige Unterschied, der ihm auffiel, war, dass er, Jason, den Delphinen manchmal ohne besonderen Grund ein oder zwei Fische gab. Einfach weil er sie über ihre „Arbeitsbeziehung" hinaus als Freunde schätzt. Sehr schnell stellte sich heraus, dass dies der entscheidende Unterschied war. Seither nennt er seine Delphine zwischendurch „Beziehungsfische" – als Ausdruck seines Respekts für die Tiere, mit denen er arbeitet.

Offene, kongruente Neugier!

Solange Sie diese bei Ihren Mitarbeitern finden, wissen Sie, wo Sie stehen. Neugier ist ein Zeichen von Anteilnahme, von Beteiligt sein. Neugierige Mitarbeiter sind integrierter Teil des Unternehmens und der Aufgabe. Wenn die Neugierde fehlt, hat der Mitarbeiter innerlich gekündigt, er leidet – und Ihr Unternehmen leidet mit.

Oft stehen Ihre Mitarbeiter vor Problemen oder Situationen, die sich sehr unangenehm auswirken, aber nicht oder nicht rasch genug zu bereinigen sind. Ein festgefahrenes Projekt, ein abgesprungener Kunde, ein Geschäft, das im letzten Augenblick geplatzt ist. Es gibt im Beruf viele Situationen, die uns wehtun. Solche Ereignisse reduzieren das Selbstwertgefühl und die Selbstmotivation. Daher gilt es für eine Führungskraft, seine Mitarbeiter zu unterstützen, wenn derartige Reaktionen drohen. Aber wie?

Wir müssen darüber Bescheid wissen, wie aus einzelnen Erfahrungen Bedeutungszusammenhänge gemacht werden, und wir müssen in der Lage sein, problemhafte Realitätskonstruktionen wieder auf das zu reduzieren, was sie einmal waren, nämlich: singuläre Ereignisse in der Wirklichkeit, die wir in unserer bestimmten Art und Weise zu einer Erfahrung zusammengesetzt haben!

Wichtig ist, dass man nicht aufhört zu fragen.
Neugier hat ihren eigenen Seinsgrund. Man kann nicht
anders als die Geheimnisse von Ewigkeit, Leben oder
die wunderbare Struktur der Wirklichkeit ehrfurchtsvoll
zu bestaunen. Es genügt, wenn man versucht,
an jedem Tag lediglich ein wenig von diesem
Geheimnis zu erfassen. Diese heilige Neugier
soll man nie verlieren.
(Albert Einstein)

Und plötzlich ist alles anders

Edison hatte eine Vision. Er wollte für die Menschen Licht erfinden, das nicht rußt, keine Gefahrenquelle darstellt und nicht permanent versorgt werden muss. Er hatte eine grobe Vorstellung, wie es gehen kann, es gab jedoch unzählige Möglichkeiten, die zum Ziel führen könnten. Er wählte den

Weg, die untauglichen Varianten durch Versuche auszuschließen. Nach Tausenden mühsam unternommenen Tests wurde er gefragt, ob er denn nicht schon total frustriert über so viele Misserfolge sei. Edison blickte sein Gegenüber ungläubig an und meinte: „Wieso Misserfolge? Ich bin in der glücklichen Lage, bereits Tausende Varianten als nicht praktikabel erkannt zu haben."

Gregory Bateson liebte es, mit seiner Tochter zu philosophieren. Sie gab ihm durch ihre kindliche und klare Art zu denken oft Rätsel zu knacken. Eines Tages, als Vater und Tochter wieder einmal liebevoll diskutierten, fragte sie: „Sind Väter immer klüger als ihre Kinder?" Bateson antwortete: „Natürlich, Väter sind immer klüger." Sie blickte ihn eine Zeit lang ruhig an und fragte dann: „Wer hat eigentlich die Glühbirne erfunden?" „Das war Edison", antworte Bateson. Die Tochter überlegte einige Sekunden und meinte schließlich: „Wieso hat dann nicht Edisons Vater die Glühbirne erfunden?"

Der Konstruktivist Heinz von Förster sagte: „Nur jene Fragen, die prinzipiell nicht beantwortbar sind, können wir beantworten." Er meinte damit, dass Fragen, die beantwortbar sind, bereits beantwortet sind, weil sie in einem klar definierten Rahmen stehen. Es gibt nur eine sinnvolle Antwort auf die Frage, wie viel zwei mal zwei ist. Die Frage steht im Rahmen unseres dezimalen Zahlensystems. Doch selbst in diesem klaren und präzise definierten System sind nicht alle Fragen prinzipiell beantwortbar. Der deutsche Mathematiker Christian Goldbach fand 1742 etwa folgende Regelmäßigkeit: Jede gerade Zahl ist die Summe zweier Primzahlen. Diese Vermutung konnte bis heute nicht bewiesen werden. Es gibt also noch keine Antwort darauf. Es gibt viele Vermutungen über die Entstehung des Universums. Keiner von uns war dabei. Theorien wurden aufgestellt, die sich mehr oder weniger auf Fakten stützen. Aber wir wissen die wahre Antwort nicht. Das heißt, wir können für uns eine Antwort finden. Das hat einen Vorteil und einen Nachteil. Der Vorteil ist, wir haben den Freiraum, eine der vielen möglichen Antworten als die für uns passende anzuerkennen. Der Nachteil ist, wir tragen dafür die Verantwortung. Denn jede Antwort hat Folgen. Sobald wir eine Antwort als die richtige akzeptiert haben, wird sie in unseren Köpfen gleichsam zur Wirklichkeit. Wir bilden auf Basis dieser Annahmen weitere Konzepte und Gedankengebäude. Wenn Sie von einem Menschen annehmen, er habe Ihnen etwas gestohlen, auch wenn dafür kein Beweis vorliegt, so werden Sie alles, was Sie von diesem Menschen wahrnehmen, so interpretieren, dass es in diesen Rahmen paßt: Der Blick scheint verdächtig, sein Verhalten wird zur insgeheimen Suche nach einer weiteren Gelegenheit ... Ganz leicht vergessen wir dabei, dass ganz alleine wir für diese Annahmen verantwortlich sind.

Sobald Ihnen das bewusst geworden ist, stellt sich die Frage: „Welche Antwort kann ich verantworten?" Nun, es ist jene Annahme, die für Sie und alle Beteiligten nützlich ist.
Wenn Sie mit Ihrem Auto durch die Stadt fahren, gelangen Sie zu Ampeln, die manchmal grün und manchmal rot sind. Sie haben die Freiheit anzunehmen, dass es eine Gesetzmäßigkeit gibt: „Immer wenn ich zur Ampel komme, wird sie rot." Die Folge kann sein, dass Sie sich schlecht fühlen, weil dunkle Mächte Ihnen böses wollen. Sie werden Ihrem schlechten Gefühl vielleicht auch Ausdruck verleihen und Ihrem Beifahrer mürrische Antworten geben. Sie tragen dafür die Verantwortung. Sie können die roten Ampeln auch als Gelegenheiten sehen, Ihrem Beifahrer in Ruhe einen freundlichen Blick zuzuwerfen. Sie tragen mit Ihren Annahmen und Sichtweisen die Verantwortung dafür, wie Sie sich fühlen und auf die Umgebung wirken. Sagen Sie nicht: „Ich kann ja nicht anders." Nur Roboter und Hampelmänner können nicht anders.
Was können Sie also tun, wenn jemand zu Ihnen sagt: „Immer wenn ich zum Abschluss kommen will, vertagt der Kunde die Entscheidung"? Die Sprache ist der Zauberstab, der Ihrem Gegenüber den Weg zeigt, die Dinge anders, in positivem Rahmen zu sehen.

„Wenn ich das Beispiel mit der roten Ampel richtige verstanden habe, könnte ich darauf antworten: ‚Sie wissen dadurch, dass der Kunde noch nicht nein gesagt hat – und damit stehen alle Chancen offen, dass Sie beim nächsten Termin zu einem positiven Abschluss gelangen.' Mein bester Verkäufer sagt gerne: ‚Mir ist nichts zu blöd. Ich gehe auch hundertmal zum Kunden, solange er nicht nein gesagt hat.' Mit meiner Antwort weise ich dem Mitarbeiter den Weg in diese erfolgreiche Richtung."

Hinhaltende Aussagen von Kunden sind Nichterfüllungsbedingungen für den Wert, den der Verkäufer seinen Fähigkeiten und seiner Kompetenz beimisst. Der Verkäufer will Erfolg, der Kunde verweigert ihn, weil er andere Ziele hat. Sie können das, was geschehen ist, nicht rückgängig machen. Sie können alledem aber eine andere Bedeutung geben. Eine Bedeutung, die mit den Werten, dem Selbstwert und dem Erfolgsstreben im Einklang ist. Sie können auch etwas sagen, das dem Ansatz von Edison entspricht: „Sie wissen jetzt, dass dieses Vorgehen keinen Erfolg brachte. Sie können es nun ausschließen und das nächste versuchen. Damit sind Sie dem Erfolg ein schönes Stück näher gerückt."

Bedeutungs-Reframing

Wir nennen dieses Modell, aus der schädlichen Annahme eine nützliche zu machen, Bedeutungs-Reframing. Sie zeigen, dass die Nichterfüllungsbedingung von Wert A zugleich die Erfüllungsbedingung von Wert B ist, wobei Wert B in der Wertehierarchie des Betreffenden zumindest so hoch angesiedelt ist wie Wert A.

Alfred dachte an die ersten Arbeitserfahrungen seines jetzigen Topverkäufers. Er hatte ihn damals eingestellt, weil er ihn gefühlsmäßig für den Richtigen hielt, obwohl er keinerlei Praxiserfahrung hatte. Bald darauf zweifelte Alfred für kurze Zeit an seiner Wahl. Sein Mitarbeiter sagte: „Immer wenn es Richtung Abschluss geht, bekomme ich kalte Füße." Offenbar war bei ihm „Richtung Abschluss gehen" eine Nichterfüllungsbedingung für den Wert „Sicherheit". Alfred hatte damals geantwortet: „Wenn es Richtung Abschluss geht, heißt das doch auch, dass Sie bisher im Verkaufsprozess Ihre Arbeit richtig gemacht haben, nicht wahr?" Und im gleichen Moment veränderte sich die Mimik seines Mitarbeiters. Er verließ ihn dankend und machte seinen Weg. Alfred hatte offenbar „Richtung Abschluss gehen" intuitiv als Erfüllungsbedingung für den Wert „seine Arbeit richtig machen" gedeutet. Unbewusst war ihm damals schon klar, was er jetzt gezielt überprüfen konnte: Der Wert „Sicherheit" war in der Wertehierarchie seines Mitarbeiters tiefer angesiedelt als der Wert „seine Arbeit richtig machen". Alfred wusste, dass sein Mitarbeiter bereit war, etwas zu riskieren, wenn es darum ging, „seine Arbeit richtig zu machen".

Experiment: Sie haben wahrscheinlich einige ähnliche Aussagen von Mitarbeitern im Ohr, die ohne Bewusstsein der Verantwortung über diese Annahmen und ihre Folgen getroffen wurden. Sie sind leicht erkennbar, weil sie in den Rahmen: „Immer wenn ... dann ..." passen.

Schreiben Sie eine dieser Aussagen auf und legen Sie fest, für welchen Wert der geschilderte Sachverhalt eine Nichterfüllungsbedingung darstellt.

Danach finden Sie drei Möglichkeiten, wie dieser Sachverhalt gleichzeitig auch eine Erfüllungsbedingung von einem oder mehreren Werten sein kann, die zumindest genauso hoch in der Wertehierarchie der Betreffenden angesiedelt sind.

Wiederholen Sie das mit zwei weiteren einschränkenden Glaubenssätzen mit der Struktur „Immer wenn ... dann ...".

Kontext-Reframing

Das zweite Reframing-Muster macht sich die Tatsache zunutze, dass Informationen alleine noch keine Bedeutung haben. Bedeutung entsteht erst, wenn Information kontextualisiert wird, das heißt, in einen bestimmten Zusammenhang gestellt wird.

Zwei historische Beispiele helfen uns, das besser zu verstehen: Nachdem Victor Hugo „Les Miserable" geschrieben hatte, zog er sich aufs Land zurück, um abzuwarten, wie sich verkaufte. Seine finanzielle Situation war damals sehr prekär und er war auf gute Verkaufszahlen angewiesen. Nach einem Monat schickte er seinem Verleger einen Brief. Darin war nur ein einziges Zeichen, nämlich: „?" und sein Verleger antwortete in einem ebenso kurzen Brief mit „!". Im Kontext der angespannten finanziellen Situation Victor Hugos war klar, was sein Brief bedeutete, und mit der Antwort des Verlegers wusste er, dass er ein paar finanzielle Sorgen los war. Der gleiche Briefverkehr ist auch aus einem anderen Kontext überliefert: Giacomo Casanova schrieb an eine Comtesse „?" und sie antwortete genauso mit „!". Ohne jetzt Hugos Verhältnis zu seinem Verleger genau zu kennen, meine ich, dass der identische Briefverkehr doch gänzlich unterschiedliche Bedeutung hatte. Information bekommt erst Bedeuteng, wenn sie kontextualisiert wird.

Besonders geeignet ist das Kontext-Reframing bei allen Problemmeldungen mit der Struktur: „X ist zu ..." Im betrieblichen Kontext kann uns das begegnen als: „Ihre Kosten im ersten Halbjahr sind zu hoch!" In diesem Beispiel könnte der vom Sprecher angenommene Kontext der der Plankosten für das erste Halbjahr sein. Der Wert für den die aktuelle Kostenhöhe anscheinend eine Nichterfüllungsbedingung ist, wird wohl „wirtschaftlicher Erfolg" sein. Indem wir den Kontext verändern, wird sich auch die Bedeutung des genannten Faktums verändern: „Was Sie zu Hohe Kosten nennen, sind Investitionen, die uns im ersten Halbjahr eine 150%ige Erfüllung des vorgegebenen Deckungsbeitrages gebracht haben." Wir haben dabei zweierlei getan: Wir haben den Kontext des Sachverhaltes verändert und die damit einhergehende Bedeutungsveränderung des Faktums durch eine angemessene Umbenennung (zu hohe Kosten -> Investitionen) auch nach außen vollzogen. Damit wurde der Sachverhalt sofort zu einer Erfüllungsbedingung des gleichen Wertes, nämlich „wirtschaftlicher Erfolg".

„Das wendete ich erst vor kurzem an." Ein überaus engagierter Verkäufer hatte Alfred sein Leid geklagt. Er hatte vor nicht allzu langer Zeit ins Großkundengeschäft gewechselt. Die anfänglichen Misserfolge hatten ihn

stark verunsichert. Schließlich war ihm doch ein Abschluss geglückt, der jedoch seine Erwartungen bei weitem unterschritt. „Jetzt ackere ich seit drei Monaten. Für diesen kleinen Auftrag ist das zu lang." Alfred hatte ihm daraufhin vorgerechnet, dass er damit einen Umsatz erbracht hatte, den er in einem gleich großen Zeitraum mit Kleinkunden bisher nie geschafft hatte. „Indem ich den Auftrag in den Kontext des Kleinkundengeschäftes stellte, fühlte er sich wieder erfolgreich."

Wir nennen dieses Modell Kontext-Reframing, weil wir dabei den problembedeutenden Sachverhalt in einen solchen Kontext stellen, in dem er sofort zu einer Erfüllungsbedingung für den gleichen oder einen zumindest ebenso hohen Wert wird.

Experiment: Erinnern Sie sich an ähnliche Aussagen von Mitarbeitern mit der Struktur: „X ist zu ...".

Schreiben Sie eine dieser Aussagen auf und legen Sie fest, für welchen Wert der geschilderte Sachverhalt eine Nichterfüllungsbedingung ist.

Danach finden Sie drei Kontexte, in denen dieser Sachverhalt eine Erfüllungsbedingung von einem oder mehreren Werten sein kann, die zumindest genauso hoch in der Wertehierarchie der Betreffenden angesiedelt sind.

Wiederholen Sie das mit zwei weiteren einschränkenden Glaubenssätzen mit der Struktur „X ist zu ..."

Nicht jedes Reframing, das Sie für unnützliche Annahmen konstruieren, ist gleich wirksam. Wenden Sie das T.O.T.E.-Modell an, dann sind Sie erfolgreich:

Test: Bestimmen Sie das Ziel des Reframing.

Operate: Flechten Sie in Ihr Gespräch das erste Reframing ein.

Test: Beobachten Sie sehr genau die Reaktion des Mitarbeiters auf Ihr Reframing. Wenn Sie nur geringfügige Veränderungen wahrnehmen, sind Sie noch nicht richtig gelandet.

Operate: Schenken Sie das zweite Reframing.

Test: Wenn es erfolgreich war, merken Sie es sofort. Die Physiognomie Ihres Gegenübers verändert sich deutlich.

Exit: Gratulation!

Das innere Team

Jeder von uns hat Gewohnheiten oder Verhaltensweisen, die wir als störend, unangemessen oder sonst wie negativ bewerten. Viele Raucher sprechen immer wieder darüber, damit aufhören zu wollen. Es kostet Geld und sie wissen, dass es extrem den Körper belastet. Sie versuchen immer wieder und mit allen möglichen Tricks davon loszukommen. Der Erfolg ist meistens von kurzer Dauer, nach einigen Monaten lassen sie sich wieder dazu verführen.

Alfreds Sekretärin. Es machte sie verrückt, wenn Dinge auf ihrem Schreibtisch nicht ordentlich ausgerichtet waren. Dieser Ordnungssinn kostete sie viel Zeit. Immer wieder landete ein Brief, ein Bericht, eine Rechnung oder ein Ordner auf ihrem Schreibtisch. Sie musste es sofort gerade rücken oder einordnen. Schieflage konnte sie nicht akzeptieren. Natürlich machten sich ihre Kolleginnen und Kollegen einen Spaß daraus und legten Dinge absichtlich irgendwie auf ihrem Schreibtisch ab. Sie litt nicht nur unter diesen Hänseleien, ihr Ordnungssinn selbst machte sie verrückt. Aber sie konnte eben nicht anders.

Wenn ein Mitarbeiter ein Problem hat, dessen Ursprung in seiner Persönlichkeit liegt, ist die beste Lösung jene, die er selbst findet. Sollten also Ihre Versuche, der Problemsituation Ihres Mitarbeiters einen neuen Rahmen zu geben, wenig erfolgreich sein, so lassen Sie es einfach ihn selbst tun. Das Unbewusste der Menschen hat unerschöpfliche Ressourcen zur Verfügung. Es ist für ihn daher ein Leichtes, unter Ihrer professionellen Anleitung das Problem zu lösen. Wählen Sie, um den Prozess auszuprobieren, eine Gewohnheit oder einfach etwas, von dem Sie loskommen wollen, es aber bisher nicht schafften. Nach dieser ersten Erfahrung können Sie als Führungskraft und Coach Ihre Mitarbeiter in ähnlichen Situationen gut unterstützen.

„Das Thema Kundenbesuche." Alfred wusste, wie wichtig es war, ab und zu die Hauptkunden zu besuchen. Er hatte hervorragende Verkäufer und Account Manager. Dennoch sind diese Besuche durch das Top-Management notwendig, um den Kunden zu zeigen, dass sie wichtig genug genommen werden, und auch um den Verkäufern den Rücken zu stärken. Dennoch drückte sich Alfred immer wieder davor. Es kostete viel Zeit, oft musste er sogar längere Reisen auf sich nehmen. Und ein Teil in ihm sträubte sich, so viel Aufwand auf sich zu nehmen, nur um schließlich eine Stunde Smalltalk zu pflegen.

Experiment: Ich erkläre Ihnen jetzt die einzelnen Schritte. Durchlaufen und erleben Sie anschließend diesen Prozess.

1. Schritt: Problemverhalten genau bestimmen
Was genau stört Sie? Stört es Sie immer oder nur in bestimmten Situationen?

2. Schritt: Verantwortung bestimmen
Welcher Teil Ihrer Persönlichkeit ist für dieses Verhalten verantwortlich? Da es offensichtlich ein Für und ein Wider zu diesem Thema gibt, stehen Teile Ihrer Persönlichkeit dahinter, die gegensätzlicher Meinung sind. Ein Teil will, dass Sie nicht mehr rauchen. Ein anderer Teil lässt Sie dessen ungeachtet immer wieder zur Zigarettenpackung greifen. Werden Sie sich jetzt dieses Teils Ihrer Persönlichkeit bewusst, der für das Verhalten oder die Gewohnheit die Verantwortung trägt.

3. Schritt: die positive Absicht erkennen
Ihr Unbewusstes und alle Teile Ihrer Persönlichkeit handeln in ihrem Sinn positiv. Sie wollen erreichen, dass es Ihnen gut geht. Was also ist der positive Gedanke, den dieser Teil Ihrer Persönlichkeit hat, um Sie auf diese Art und Weise handeln zu lassen? Was sind die Vorteile dieser Gewohnheit? Denken Sie ausführlich darüber nach. Nehmen Sie Kontakt mit dem Teil auf, der die Verantwortung für dieses Verhalten trägt, und lassen Sie ihn sprechen. Manchmal stecken mehrere positive Absichten dahinter. Es ist jedoch immer zumindest eine da. Keine Ausnahmen.

4. Schritt: Konferenz
Aus der Disney-Strategie wissen Sie, ein Teil Ihrer Persönlichkeit ist besonders kreativ, er hat die Ideen. Mit diesem Teil gilt es jetzt Kontakt aufzunehmen.
Und nun stellen Sie diesem Teil folgende Aufgabe: Finde Möglichkeiten, die positive Absicht auf eine andere, neue Art und Weise zu erreichen. Welche Verhaltensweisen gibt es noch, um das gleiche zu erhalten? Wenn der kreative Teil Ihrer Persönlichkeit allzu viele Möglichkeiten findet, um sie sich zu merken, schreiben Sie sie auf. Lassen Sie keine Idee fallen. Und lassen Sie jetzt den Kritiker aus dem Spiel.
Wer ist am kompetentesten, jene drei Möglichkeiten davon auszuwählen, die mit größter Sicherheit zur positiven Absicht führen? Das kann wohl nur der sein, der sich auch bisher darum kümmerte. Lassen Sie also den Teil Ihrer Persönlichkeit wählen, der bisher für Ihre alte Gewohnheit Verantwortung trug. Er wird die besten herausfinden.

5. Schritt: Ökologie
Sind Sie als Gesamtpersönlichkeit mit diesen drei Möglichkeiten einverstanden, gehen Sie mit Ihren Werten konform? Sind Sie mit allen
drei Möglichkeiten kongruent?
Kann auch Ihre Umwelt damit einverstanden sein oder würden Sie anderen damit in die Quere kommen? Neben der Frage der Ethik Ihres
Handelns wären Sie mit den drei Möglichkeiten auch nicht erfolgreich,
wenn Sie damit in Konflikt mit Ihrer Umgebung geraten würden. Also
prüfen Sie jetzt genau.

6. Schritt Zukunft
Finden Sie in Ihrer Zukunft Gelegenheiten, die neuen Verhaltensweisen
auszuprobieren, möglichst bald, die beste Gelegenheit ist jetzt. Nützen
Sie die nächste Chance, den Platz des abgelegten alten Verhaltens mit
den neuen Verhaltensmöglichkeiten auszufüllen.
Und nun viel Spaß dabei.

„Na dann, Ärmel aufgekrempelt.

1. Schritt:
*Mein Problem lautet: Ich kann mich nicht dazu überwinden, unsere zehn
Top-Kunden zu besuchen. Wenn mich meine Verkäufer daran erinnern,
schiebe ich alle möglichen und unmöglichen Argumente vor. Bereits der
Gedanke daran, dass es wieder an der Zeit wäre, verursacht einen unange-
nehmen Druck im Magen. Darum schiebe ich es immer auf die Seite.*

2. Schritt:
*Zwei Dinge sind dafür verantwortlich. Ein Teil in mir achtet sehr darauf,
die Zeit, die ich für den Beruf aufwende, nie ausufern zu lassen. Der Teil
hat große Bedeutung für mich. Er ist der Hüter meiner Freizeit, die ich
meiner Familie, meinen Freunden und mir selber widme. Ich habe ihn selber ins Leben meiner Persönlichkeit gerufen und bin ihm sehr dankbar
dafür, wie gut er auf mich achtet. Er tut das sehr rigide, daher gilt es
manchmal Konflikte mit anderen Interessen auszufechten. Das ist auch
hier der Fall.*
*Und da ist noch etwas anderes. Ein Teil meiner Persönlichkeit sagt: ‚Wel-
chen Sinn macht es, mit jemandem Smalltalk zu führen, zu dem du keine
persönliche Beziehungen hast?‘ Die beiden Teile sind sich natürlich einig.
Der Teil, der meine Freizeit hütet, sagt: ‚Das kostet berufliche Zeit, die
nicht effizient genützt ist. Also Hände weg!‘ Der andere Teile braucht einen Grund, um mit anderen Menschen zu reden. Er ist offensichtlich dann*

automatisch gegeben, wenn eine persönliche Beziehung besteht. Ist das nicht der Fall, muss ein sachliches Thema vorhanden sein. Interessant. Dessen war ich mir bisher gar nicht zu bewusst.

3. Schritt:
Die positive Absicht des Freizeitwächters ist klar. Ich will auch gar nicht, dass er damit aufhört. Er trägt Sorge dafür, dass jede Stunde meines Lebens Sinn macht.
Was aber ist die gute Absicht dieses anderen Teils meiner Persönlichkeit? Worum sorgt er sich? Etwas ganz tief in mir drin sagt: ‚Du brauchst Schutz. Nimm nur Kontakt mit Menschen auf, von denen du weißt, wie sehr sie dir gewogen sind. Alles andere bedeutet latente Gefahr. Nur wenn es aus beruflichen Gründen notwendig ist, lasse es zu.'
Diese Schutzfunktion war mir bisher nicht bewusst. Diese Art zu denken gibt mir Einsichten in meine Persönlichkeit, die mir bisher verschlossen waren. Sich darauf einzulassen ist eine tolle Erfahrung.
Schutz und Freiraum sind also die positiven Absichten meines bisherigen Handelns.

4. Schritt:
Und nun zu meiner Kreativität. Sie wird dann am aktivsten, wenn ich im Raum auf und ab gehe und in die Luft schaue. Also Kreativität, finde andere Möglichkeiten, neue Verhaltensweisen, die es mir unter Wahrung der guten Absichten erlauben, meine zehn Top-Kunden zu besuchen.
Zuerst das Problem des Zeitsbedarfs. Ich könnte die Kunden zu mir einladen, sie könnten das Unternehmen besuchen und dabei nicht nur mich, sondern auch viele andere Kollegen und Mitarbeiter kennen lernen, die mithelfen, dass die Kunden zufrieden sind. Das können einzelne Besuche sein, wir könnten aber auch bei uns einen Event veranstalten, zu dem wir alle Top-Kunden gleichzeitig einladen. Zu denen, die nicht kommen können oder wollen, fahre ich mit dem Auto. Ich leiste mir dazu einen Fahrer. Dann kann ich während der gesamten Fahrt arbeiten. Mit Laptop und Handy ist das heute kein Problem mehr.
Und nun zum Schutzbedürfnis. Meinem kreativen Teil fallen offensichtlich ein paar wirkungsvolle Sätze ein: ‚Wie hättest du wohl mit dieser Maxime, mit Menschen nur Kontakt aufzunehmen, wenn es sachlich sinnvoll ist, deine Frau kennen gelernt? Erinnere dich: Du sprachst einen fremden Menschen an, und das ohne beruflichen Kontext. Mach das wieder rückgängig.'
Und dann noch: ‚Welchen Schutz meinst du genau? Denkst du, der Kunde wird auf dich mit der Axt losgehen oder dich heillos blamieren, weil er ja mit der Leistung deines Unternehmens vollständig unzufrieden ist?'

Das hat gewirkt. Es ist gut zu wissen, dass es Teile in meiner Persönlich-keit gibt, die unbewusst permanent auf mich achten. Sie schützen mein Leben. Und es ist auch gut zu erkennen, wann diese Schutzfunktion übers Ziel schießt. Eine wichtige Erkenntnis.

5. Schritt:
Die Wege, die mein kreativer Teil fand, sind gangbar. Sie helfen mir Zeit sparen und niemand kann ein Problem damit haben. Die Lösung, die Kun-den zu uns einzuladen, ist sogar wirkungsvoller, die Bindung zu uns wird dadurch noch enger. Ich muss nur darauf achten, die Kosten für den Event in einem vernünftigen Rahmen zu halten. Diese Lösung ist nicht nur für mich, sondern auch für das Unternehmen eine bessere. Wenn die Kunden dabei auch noch Spaß haben, ist es eine dreifache WIN-Situation. Hervor-ragend.

6. Schritt:
Ich rufe gleich meine Sekretärin an. Sie soll ein erstes Konzept machen. Ich finde die Idee toll. Eine schwere Last fällt von mir ab.
Morgen werde ich außerdem gleich versuchen, auch meiner Sekretärin diesen Prozess näher zu bringen, damit sie andere Lösungen für ihren übermäßigen Ordnungssinn findet. Das ist neben Reframing ein wesentli-cher Baustein, um Mitarbeitern in unangenehmen oder kritischen Situatio-nen zu helfen und da wären wir wieder bei meiner coachenden Funktion als Manager!"

Fragen sind die Antwort

Der Chef der Personalabteilung war für Alfred in diesem Sinne ein Vorbild. Er lieh jedem Mitarbeiter, der persönliche Probleme hatte, sein Ohr. Und die Leute wussten und nützten das. Alfred hatte ihn schon ein paar Mal beobachtet. Er hörte ruhig und konzentriert zu, wiederholte manches, um sicher zu gehen, das Problem richtig verstanden zu haben. Und dann stell-te er einfach nur ein paar Fragen. Man konnte dann bald wahrnehmen, wie sich die Physiognomie des Mitarbeiters plötzlich änderte. Er galt als der Coach im Unternehmen.

Kennen Sie den Ausspruch: „Es gibt keine dummen Fragen, nur dumme Antworten?" Ich bin da nicht ganz dieser Meinung. Fragen sind ein mächti-ges Instrument in der Kommunikation. Sie können mit Fragen das Gespräch steuern, das Denken Ihres Gesprächspartners in eine bestimmte Richtung lenken. Falsche Fragen führen die Menschen mitunter noch tiefer in das Problem hinein, verstärken es noch. Sie richten damit viel mehr Schaden als Nutzen an. Eine dieser Fragen ist „Warum". Es liegt uns auf der Zunge, wenn ein Mitarbeiter sagt: „Ich fühle mich übergangen", zu fragen „Warum fühlen Sie sich so?" Die einzig mögliche Reaktion auf diese Frage sind Rechtfertigungen. Rechtfertigungen zementieren den Mitarbeiter in seinem Gedankengebäude noch mehr ein. Er wird sich schuldig fühlen und heftig argumentieren, warum er keinen anderen Weg zur Verfügung hat, als den, welchen er gewählt hat. Das ist die falsche Frage. Umgekehrt können richtige Fragen Menschen in kürzester Zeit zu neuen Denkprozessen anleiten, welche die Lösung bereits in sich tragen. Viele gute Gründe, sich mit diesem Thema näher auseinander zu setzen!

Ich möchte Ihre Aufmerksamkeit noch einmal auf die Sprachmuster des berühmten Hypnotherapeuten Milton Erickson richten. Sie erinnern sich noch, wie wir mit bestimmten Sprachmustern den Haremswächter Bewusstsein beschäftigten, um das Tor zum Unbewussten öffnen zu können. Genau das tut der Mitarbeiter, der mit persönlichen Problemen zu Ihnen kommt, permanent selbst. Es gibt nur einen wesentlichen Unterschied. Wenn Sie Milton Patterns in der Kommunikation einsetzen, suchen Sie Zugang zum Unbewussten, um so den Menschen zu positiven Denkprozessen anzuleiten. Der problembeladene Mitarbeiter tut genau das Gegenteil.

Erinnern Sie sich an unser Kommunikationsmodelle. Informationen, die an unser Sinnessystem gelangen, durchlaufen physische und psychische Filter, bevor sie in unseren Köpfen als Erfahrungen repräsentiert werden. Diese Repräsentationen haben mit der Wirklichkeit nichts mehr zu tun. Sie sind Verzerrungen, Tilgungen und Verallgemeinerungen des Erlebten. Die so veränderten Erfahrungen sind aber das Material, mit dem wir denken. Manchmal verursachen diese Veränderungen Schuldgefühle, Ängste, Vorhaltungen, Zweifel oder Verzweiflung. Die Denkprozesse sind Einbahnstraßen oder ein Teufelskreis, gehen jedenfalls in die falsche Richtung. In keinem Fall kann sich der Mitarbeiter selbst helfen. Aufgabe des Managers als Therapeut ist es in diesem Fall, diese Sprachmuster aufzubrechen und wahrnehmungspezifisch zu machen, sodass der Mitarbeiter erkennt, was das eigentliche Problem ist. Das ist bereits der erste Schritt heraus aus der Einbahnstraße hin zu Lösungsansätzen. Sind diese Denkmuster einmal aufgebrochen und als negativ erkannt, können Sie im nächsten Schritt, wie Sie es bereits gelernt haben, das Denken Ihres Klienten durch positive Sprachmuster in die richtige Richtung lenken. Das ist der Weg. Wir nennen dieses NLP-Modell, das Ihnen die richtigen Fragen zur Hand gibt, das Metamodell. Es ist ein Modell, das Meta-Sprachmuster identifiziert und aufdeckt.

Verzerrungen:

Ursache – Wirkung:

➤ Der Mitarbeiter sagt:
„Mein Kollege macht mich verrückt mit seinen ständigen Nörgeleien."

➤ Ziel der Intervention:
Der Mitarbeiter hat sich auf die Wirkungsseite des Systems begeben. Er erkennt nicht, dass er Ursache sein kann. Die richtige Frage zielt also darauf ab, dem Mitarbeiter wieder klarzumachen, dass er die Verantwortung dafür trägt, wie er sich fühlt. Er hat es in der Hand, sein Denken und Fühlen zu beeinflussen. So wie er sich fühlen möchte, kann er sich fühlen. Das gilt es klarzumachen.

➤ Frage:
„Wie gelingt es Ihnen, dass das Verhalten des Kollegen Sie die Wahl treffen lässt, verrückt zu werden?"

In dieser Frage steckt die Vorannahme, dass der Mitarbeiter Wahlfreiheit hat. Er kann nicht anders, als darüber nachzudenken, wieso er ausgerechnet den schlechtesten aller Wege wählte und was denn ein besserer sein könnte. Ihr nächster Schritt wird es sein, ihn dabei positiv zu unterstützen.

Komplexe Äquivalenz:

➤ Der Mitarbeiter sagt:
„Mein Chef beachtet mich nicht, ich mache die Arbeit nicht gut genug für ihn."

➤ Ziel der Intervention:
Der Mitarbeiter interpretiert seine Wahrnehmungen negativ. Ohne sich im Klaren zu sein, dass Wahrnehmungen die Wirklichkeit verzerren, schloss er, dass sein Chef mit seiner Arbeit nicht zufrieden ist. Oft sind es Nebensächlichkeiten, die zu diesem Schluss führen. Dem Mitarbeiter ist gar nicht bewusst, wie es dazu kam. In vielen Fällen ist das also keine Gleichung, sondern eine Ungleichung. Lassen wir es den Mitarbeiter also wahrnehmungsspezifisch überprüfen.

➤ Frage:
„Woher wissen Sie, dass das Nichtbeachten durch Ihren Chef bedeutet, das er Ihre Arbeit nicht gut genug findet?"

„Haben Sie schon einmal jemanden, dessen Arbeit Sie gut fanden, nicht beachtet?"

Die erste Frage wird den Mitarbeiter verunsichern. Sie wird sein Denkmodell aufbrechen. Das könnte eine gute Gelegenheit sein, ihm zu raten, den Chef doch einmal zu Fragen. Die zweite Frage lässt den Mitarbeiter Gegenbeispiele für sein Denkmodell finden. Wahrscheinlich waren Sie auch schon einmal in der Lage, jemandes Arbeit toll gefunden zu haben, ohne es entsprechend zu würdigen.

Gedankenlesen:

➤ Der Mitarbeiter sagt:
„Die Leute in unserem Team können mich nicht leiden."

➤ Ziel der Intervention:
Das ist eine Interpretation. Dem Mitarbeiter ist das aber nicht bewusst. Er weiß nicht, dass die Wirklichkeit und die in unseren Köpfen gespeicherte Repräsentation sehr wenig miteinander zu tun haben. Wählen wir also eine Frage, die das den Mitarbeiter erkennen lässt.

➤ Frage:
„Woher wissen Sie, dass Sie die Leute in Ihrem Team nicht leiden können?"

Diese Frage lässt den Mitarbeiter nach Argumenten suchen, die ihn zu diesem Schluss führten. Ihre Aufgabe dabei wird es sein, sie sinnesspezifisch zu machen. Darüber hinaus eröffnet diese Frage dem Mitarbeiter die Möglichkeit, mehr Wahrheit zu bekommen, indem er sein Problem mit den Leuten seines Teams bespricht. Vielleicht war die Interpretation seiner Wahrnehmung doch nicht ganz richtig.

Verlorener Performativ:

➤ Der Mitarbeiter sagt:
„Es ist schlecht, Fehler zumachen."

➤ Ziel der Intervention:
Der Mitarbeiter trifft eine Wertung, bei der derjenige, der die Wertung gemacht hat, unerwähnt bleibt. Solche Sätze sind leicht gesagt. Der sie sagt, drückt sich aber vor der Verantwortung. Ist das wirklich seine Meinung oder einfach ein übernommener Glaubenssatz? Wenn der Mitarbeiter erst einmal darüber nachzudenken beginnt, steht für Sie der Weg offen, dem Mitarbeiter dabei zu helfen, auch über den Glaubenssatz selbst nachzudenken. Sie wissen, welche Möglichkeiten Sie dabei haben: Metaphern, Reframing und die Spezialform des Reframing in sechs Stufen.

➢ Frage:
„Wer sagt, dass es schlecht ist, Fehler zumachen?"

„Woher wissen Sie, dass es schlecht ist, Fehler zumachen?"

Die erste Frage entdeckt die Quelle, die zweite lässt den Mitarbeiter über seine Glaubensstrategie nachdenken.

Präsuppositionen:

➢ Der Mitarbeiter sagt:
„Wenn mein Chef wüsste, wie sehr ich darunter leide, würde er das nicht tun."

➢ Ziel der Intervention:
In diesem Satz stecken drei Vorannahmen. Alle drei gilt es aufzudecken. Denn die Voraussetzungen, damit die Aussage wahr sein kann, werden nicht explizit erwähnt.

➢ Frage:
„Woher wissen Sie, dass er es nicht weiß?"

Wie beim Gedankenlesen machen wir auch hier den Mitarbeiter aufmerksam, dass Repräsentation und Wirklichkeit nie ident sind. Lassen Sie den Mitarbeiter die Argumente, die er findet, sinnesspezifisch präzisieren. Das ist der erste Schritt zu erkennen, wieweit er in seinem Denken von der Wirklichkeit entfernt ist.

➢ Frage 1:
„Wie stellen Sie es an, darunter zu leiden?"

Sie zeigen dem Mitarbeiter damit, dass er Ursache sein kann und Wahlmöglichkeiten zur Verfügung hat. Denn wenn er die Frage sinnvoll beantworten will, muss er darüber nachdenken, warum er gerade diesen Weg gewählt hat. Damit weiß er, dass es auch andere gibt.

➢ Frage 2:
„Was genau tut Ihr Chef?"

Die Frage zwingt den Mitarbeiter, die Aussage zu präzisieren. Oft stehen Anlass und Wirkung in keinem vernünftigen Verhältnis zueinander. Mit dieser Frage kann der Mitarbeiter beginnen, darüber bewusst nachzudenken.

Generalisierung:

Universalquantoren:

➤ Der Mitarbeiter sagt:
„Mein Chef hört mir nie zu."

➤ Ziel der Intervention:
Ein beliebtes Spiel: der Chef hörte ihm ein oder zwei Mal nicht zu, schon wird ein „immer" oder „nie" daraus. Der Satz lässt noch dazu die Frage offen, was der Mitarbeiter erreichen möchte. Oft ist das den Menschen auch nicht klar.

➤ Frage:
„Hört er Ihnen wirklich nie zu?"
„Was wäre, wenn er Ihnen zuhören würde?"

Die erste Frage lässt den Mitarbeiter erkennen, das seine Aussage nicht immer zutrifft. Und damit ist das Problem schon einmal nicht mehr so groß. Die zweite Frage lässt den Mitarbeiter darüber nachdenken, was sein eigentliches Ziel ist. Sie können ihm dabei helfen, dieses Ziel nach NLP-Kriterien zu formulieren. Damit gelangt es in seinen Handlungsspielraum und wird für ihn auch erreichbar.

Modaloperatoren:

➤ Der Mitarbeiter sagt:
„Ich muss mich ständig um meinen Kollegen kümmern."
„Ich kann meinen Kollegen doch nicht alleine lassen."

➤ Ziel der Intervention:
Der Mitarbeiter machte in seiner Vergangenheit einmal die Erfahrung, dass es sinnvoll und richtige war, einem Kollegen in einer bestimmten Situation zu helfen. Das war gut. Verallgemeinerungen sind es jedoch nicht immer. Machen Sie den Mitarbeiter darauf aufmerksam.

➤ Frage:
„Was würde geschehen, wenn Sie sich nicht um ihn kümmern?"
Der Mitarbeiter wird nun versuchen, Katastrophenszenarien auszumalen. Leiten Sie in an, realistisch darüber nachzudenken, um ihn erkennen zu lassen, wovor er sich fürchtet.

Tilgungen:

Nominalisierungen:

➤ Der Mitarbeiter sagt:
„Ich wünsche mir mehr Anerkennung."

➤ Ziel der Intervention:
Der Wunsch des Mitarbeiters wird ein ewiger bleiben, solange er sich nicht klarmacht, was er unter Anerkennung versteht. Anerkennung ist ein Wert, der durch seine Erfüllungskriterien erst präzisiert wird.

➤ Frage:
„Was genau verstehen Sie unter Anerkennung?"
„Wie wissen Sie, dass Sie Anerkennung haben?"

Achten Sie darauf, dass alles, was der Mitarbeiter jetzt darauf antwortet, wahrnehmungsspezifisch ist. Lassen Sie ihn ein NLP-Ziel formulieren. Und er wird es erreichen.

Unspezifizierte Verben:

➤ Der Mitarbeiter sagt:
„Sie hat mich missachtet."

➤ Ziel der Intervention:
Wieder einmal erkennt der Mitarbeiter nicht den Unterschied zwischen Repräsentation und Wirklichkeit. Was haben seine Filter aus der Wahrnehmung gemacht? Was bedeutet missachten?

➤ Frage:
„Wie genau hat sie Sie missachtet?"

Lassen Sie jetzt keine Verallgemeinerungen, Tilgungen und Verzerrungen zu. Wahrnehmungsspezifische Formulierungen sind gefragt. Der Mitarbeiter soll mit seinen Gedanken der Wirklichkeit ein wenig näher rücken. Manchmal wird dadurch aus dem Tiger ein Hase.

Einfache Tilgung:

➤ Der Mitarbeiter sagt:
„Ich bin frustriert."

➤ Ziel der Intervention:
In dieser Aussage fehlen eine Menge Informationen. Lassen Sie ihn die Ur-

sache erkennen. Wenn er sie einmal gefunden hat, ist die Lösung nahe. Und Sie können dabei helfen. Andernfalls bleibt Frustration ein unausweichliches Gefühl.

➤ Frage:
„Worüber sind Sie frustriert?"

Der Mitarbeiter wird Sie jetzt möglicherweise mit einer Reihe von Problemen überhäufen. Ihre Aufgabe dabei ist es, den Mitarbeiter aus der Problemorientierung in die Lösungsorientierung zu leiten. Die Frage ist der Auslöser dafür.

Fehlender Bezugsindex:

➤ Der Mitarbeiter sagt:
„Man hört mir einfach nicht zu."

➤ Ziel der Intervention:
So ein Satz ist leicht gesagt. Der Mitarbeiter lässt offen, wer konkret ihm nicht zuhört.

➤ Frage:
„Wer genau hört Ihnen nicht zu?"

Sobald der Mitarbeiter die Täter präzisiert hat, stehen Ihnen eine Reihe von Möglichkeiten offen, therapeutisch zu intervenieren. Sie können erkennbar machen, dass es auch Menschen gibt, die ihm zu hören. Sie können ihm zeigen, dass er es in der Hand hat, sich so zu verändern, dass man ihm eher zuhört. Manchmal wird auch unbewusst die Bedeutung des Problems überzeichnet. Die Frage ist das Tor zum therapeutischen Raum.

Vergleichende Tilgung:

➤ Der Mitarbeiter sagt:
„Sie ist einfach besser."

➤ Ziel der Intervention:
Der Mitarbeiter vergleicht zwar, nennt aber nicht den Bezug. Oft ist das auch dem, der die Aussage trifft, nicht klar.

➤ Frage:
„Sie ist besser als wer?"
„Sie ist besser worin?"
„Sie ist besser, verglichen mit wem oder womit?"

Sie wissen schon: Sobald der Mitarbeiter konkret darüber nachdenkt und präzise Antworten gibt, öffnet sich der therapeutische Raum.

> **Experiment:** Solche Sätze, wie wir sie eben besprochen haben, hören Sie wahrscheinlich mehrmals täglich. Erinnern Sie sich zurück. Finden Sie für jedes dieser Metamodel-Muster ein Beispiel. Schreiben Sie es auf und formulieren Sie dazu die richtigen Fragen. Das ist der Weg, diese Fragen dann parat zu haben, wenn ein Mitarbeiter zu Ihnen kommt und um Hilfe bittet.

Wenn Sie als Manager und Coach Ihre Mitarbeiter unterstützen, gibt es eine wichtige Regel zu beachten. Helfen Sie nur, wenn Sie von Mitarbeitern gleichsam als Klient den Auftrag bekommen haben zu helfen. Wir Menschen lieben manchmal das Drama. Es ist Teil unseres Lebens. Wenn wir uns immer nur gut fühlen, wissen wir nicht mehr, was Glück ist. Insofern haben Probleme und negative Gefühle eine wichtige Aufgabe in unserem Leben. Ohne sie ist Glück nicht erkennbar. Erst wenn die Mitarbeiter genug haben von diesem negativen Gefühl, wenn es ihnen zu viel wird, möchten sie davon loskommen. Dann können Sie helfen. Handeln Sie nie ohne Auftrag!

Ähnliche Fragen hatte auch der Chef der Personalabteilung gestellt. Jetzt verstand Alfred, wie einfache Fragen einen derart massiven Wechsel der Physiognomie verursachen können.
Alfred wurde einmal mehr bewusst, wie praxisorientiert er nun die Bausteine des magischen Dreiecks bereits handhabe. Er war glücklich über diese Veränderung und er war gespannt, was jetzt noch kommen würde.

Der Anfang

„*Unmittelbar nach dem Ende des Seminars werden wir das Projekt starten.*"

Es würde „Unternehmen NLP" heißen. Er hatte das O.K. der Geschäftsleitung, alle Geschäftsbereiche einzubeziehen. Ziel war herauszufinden, was im Unternehmen mit den NLP-Bausteinen neu gestaltet werden kann, um erfolgreich zu sein. Ein Schwerpunkt sollte sein, die Aufgabenverteilung der Mitarbeiter neu zu überdenken. Unter Berücksichtigung der NLP-Modelle sollten Arbeitsplatzbeschreibungen erstellt und mit den Ergebnissen von Mitarbeiterbefragungen abgeglichen werden, um die Menschen dort einzusetzen, wo sie beste Voraussetzungen erfüllen und bestmöglich gefordert sind. Er würde gemeinsam mit dem Personalchef den Menschen die Methode und die gute Absicht für alle Beteiligten bewusst machen. Die Kriterien für die Personalaufnahme sollten ebenfalls neu gestaltet und die Planungsprozesse des Unternehmens auf die Disney-Strategie ausgerichtet werden.

Ein weiterer Schwerpunkt war die NLP-Ausbildung der Führungskräfte im Unternehmen. Als Vorbild würden sie das erworbene Wissen anwenden und als Mulitplikatoren weitergeben.

Der Assistent des Personalchefs hatte Alfred gefragt, ob er sich Gedanken gemacht habe, wie sie das finanzieren sollten. Alfred hatte geantwortet, dass sich das Projekt bereits rechnet, wenn drei Mitarbeiter davor bewahrt werden können, in die innere Emigration zu flüchten.

Alfred hatte die Ideenwerkstatt bereits beauftragt, erste Ansätze auszuloten, was mit Hilfe des magischen Dreiecks in der Beziehung zu ihren Kunden und anderen Partnern verändert werden könnte. Er dachte etwa an eine genaue Charakterisierung der Kunden nach den NLP-Modellen, um die Kommunikation zu verbessern, und die NLP-konforme Formulierung gemeinsamer Visionen und Ziele. Ein für Alfred interessanter Ansatz war, aufgrund der Werte und Erfüllungskriterien der Kunden die Produktlinie als Nische neu zu definieren, um damit langfristig den Markt zu sichern. Alfred wollte weg von der herkömmlichen Produktorientierung hin zu einer stabilen Werteorientierung. Denn Wertezyklen sind wesentlich länger als Produktzyklen. Er hatte das Team dazu ausreichend über die Bausteine und ihre Wirkungsweisen informiert. Ihre erste Reaktion war der dringende Wunsch gewesen, mehr darüber zu erfahren. Das hatte Alfred auch vor.

„Das ist erst der Anfang. Wir werden damit gemeinsam neue Wege be-
schreiten. Wir müssen den Mut haben, neue Verhaltensweisen zu finden
und auszuprobieren. Die Anforderungen ändern sich permanent, wir müs-
sen da mithalten können, sonst erstarren wir."
Alfred hatte erkannt, dass Probleme nur bestehen, solange man die Wahl-
möglichkeiten zu handeln nicht wahrnehmen kann. „Handeln ohne Wahl-
möglichkeiten ist wie der Marsch durch einen langen, finsteren Tunnel. Es
geht nur vor oder zurück, ohne Verzweigungen. Den eigenen Handlungs-
spielraum zu erkennen und zu nützen unterscheidet Menschen von trivia-
len Maschinen."

Ihre Lager sind nun mit NLP-Bauelementen gefüllt. Sie können frei nach
Ihrem Willen auf sie zugreifen. Wände und Deckenelemente, um den Raum
Ihres Hauses zu strukturieren, in Räume und Abteilungen zu clustern,
Türen, die verbinden, Energiequellen, um alle, die da leben, mit Ressourcen
zu versorgen, und Fenster, um die Sicht zu den anderen zu eröffnen.
Jeder von Ihnen wird diese Elemente zu einem anderen Zweck nützen.
Denn jeder von Ihnen hat seine eigene Geschichte zu erzählen. Und doch
wird sich eines gleichen: Ihre Behutsamkeit und Umsicht als NLP-Meister
und Ihre ethische Grundhaltung, damit im großen Sinn die Zahl der Win-
Win-Situationen zu vermehren.
Jetzt ist für Sie der Anfang gekommen. Von da weg ist viel mehr möglich
als vorher denkbar war.

WER AUF GUTEN RAT HÖRT, IST WEISE

Ist innere Ruhe erstrebenswert?

Sie werden vielleicht zwei Antworten darauf geben wollen. Ein Teil Ihrer Persönlichkeit wird sagen: „Vorsicht, das könnte von meiner Umgebung missverstanden werden." Ruhe wird in Unternehmen oft mit „zu wenig zu tun haben" gleichgesetzt. Die Aura aggressiver Manager ist permanente Unruhe und Gehetztheit. Symptome sind übervolle Terminkalender, zu Terminen zu spät kommen, oft mehrere Dinge gleichzeitig tun wollen, Ungeduld und Mangel an Toleranz (man selbst könne es besser). Die Gesellschaft verknüpft diese Symptome gerne mit der großen Bedeutung dieser Person im Unternehmen, sodass sie manchmal auch gerne als Fahne vor dem Wind getragen werden.

Ein zweiter Teil Ihrer Persönlichkeit verspürt wahrscheinlich großen Drang nach innerer Ruhe. Menschen, die Ruhe ausstrahlen, werden bewundert und beneidet. Man ist auch gerne in ihrer Gesellschaft, um ein wenig davon zu genießen. Angesichts solcher Typen wirken gestresste Manager oft unzulänglich und schwach.

Stress, Hektik und Ungeduld übertragen sich genauso wie innere Ruhe auf die Menschen der näheren Umgebung und zeigen dort ihre Wirkung. Stress lässt uns Menschen seit Urzeiten nur zwei Wege offen: Kampf oder Flucht, alles andere ist nicht denkbar. Innere Ruhe gibt den Gedanken Raum, sich zu entfalten. Angesichts der immer kürzeren Veränderungszyklen haben Sie als Manager die Freiheit, neu zu denken, dringend nötig.

Der erste Schritt zu innerer Ruhe ist, die positive Absicht, die hinter dem ruhelosen Verhalten steckt, anzuerkennen und zu würdigen.

„... und aus dem Tunnel herauszufinden, um zu erkennen, dass es auch andere, bessere Wege gibt, der eigentlichen Absicht des bisherigen Weges zu folgen. Genau das war vor einigen Jahren noch mein Problem. Ein Termin jagte den anderen, ich hielt mich für jede Kleinigkeit verantwortlich, geriet in Rage, wenn jemand nicht nach meinen Vorstellungen funktionierte oder zu langsam war."

Dieses Verhalten hatte sich auch im Privatleben fortgesetzt. Autofahrer, die aus seiner Sicht zu langsam fuhren oder Verkehrsregeln missachteten, wurden von Alfred beschimpft (auch wenn sie es gar nicht hören konnten). Wenn seine Frau mitgefahren war, hatte sie dieses Verhalten mit einem verstörten Blick und Kopfschütteln quittiert.

„Das ist lange her. Inzwischen habe ich gelernt. Erfolg lässt sich weder durch Perfektionismus noch durch übergroßes Arbeitspensum und Ungeduld herbeiführen, er kommt von selbst, wenn Begeisterung, Verständnis und Harmonie im Spiel sind. Ich bin heute bei deutlich geringerem Zeitaufwand erfolgreicher als damals."

Was sind die Voraussetzungen innerer Ruhe? Was machen solche Menschen anders?

Lassen Sie mich ein paar Geschichten erzählen: Eine alte Frau griff zitternd zum Hörer, rief die Notrufnummer der Polizei und sagte mit tonloser Stimme: „Bitte kommen Sie. Mein Enkelsohn ist tot." Als die Beamten ihre Wohnung betraten, sahen sie die Oma, die das tote Kind in ihren Armen wiegte. Sie hatte es mit einem Polster erstickt. Im Verhör erklärte sie, sie hätte keine andere Wahl gehabt. Die Welt sei nicht gut genug für diesen kleinen strahlenden Engel.

Ein Mord in guter Absicht? Sie denken jetzt, die alte Frau war natürlich verwirrt. Sie haben Recht. Jeder Mensch, der in einer Situation nur einen Ausweg sieht, ist in gewissem Maß verwirrt. Der momentane seelische Zustand verweigert die Sicht auf den Handlungsspielraum.

Ein junger Mann betrat einen kleinen Selbstbedienungsladen, ging rasch zum Regal mit Bierdosen, fasste sich ein Sixpack und steuerte an der Kassa vorbei dem Ausgang zu. Der Kassier, der ihn schon beim Eintreten ins Visier genommen hatte, versperrte ihm den Weg und stellte ihn erbost zur Rede. Der junge Mann geriet in Panik, versetzte ihm einen Tritt, die beiden begannen zu raufen und verkeilten sich ineinander. Als der Kassier auch noch zu schreien begann, zog der Räuber ein Messer, stach mehrmals brutal auf den Überfallenen ein und rannte ins Freie, direkt in die Arme eines Polizisten.

Das vordergründige Motiv dieser gemeinen Tat war der Wunsch nach einem Sixpack Bier. Sie denken jetzt vielleicht: „Das ist eine verrückte Welt, wegen so einer Kleinigkeit einen Menschen fast zu töten." Das dachten andere auch. Um diese verrückte Welt verstehen zu lernen, fragten sie daher den jungen Mann: „Was wäre gewesen, wenn Sie das Sixpack Bier gehabt hätten?" Ohne viel zu überlegen, antwortete er:

„Dann könnte ich mich zumachen und allen Blödsinn um mich vergessen."

„O.K., und was hätten Sie dann, wenn Sie sich ordentlich zugemacht haben?"

„Dann würde ich vielleicht einmal meine Freundin nicht verprügeln. Sie geht mir sonst total auf die Nerven."

„Und was hätten Sie, wenn Sie Ihre Freundin nicht mehr verprügeln müssen?"

„Was weiß ich. Dann könnten wir ins Kino gehen oder irgendwo rumhängen."

„Und was hätten Sie dann?"

„Das wäre einmal eine Gelegenheit, ihr zu sagen, dass sie total O.K. ist ... dass ich ... sie mag."

„Und dann?"

„Wir könnten es uns richtig gut gehen lassen."

„Und?"

„Dann weiß sie, dass ich sie liebe!"

Sie haben Recht, die Welt ist verrückt. Ein Mann stiehlt aus Liebe zu einer Frau ein Sixpack Bier und sticht den Kassier fast tot. Er kommt für lange Zeit ins Gefängnis, die Frau will nichts mehr von ihm wissen. Das Ergebnis ist von seiner Absicht so weit weg, wie die Erde vom Mond.

Die für Sie wichtigste Erkenntnis daraus ist, dass der junge Mann mit seinem Verhalten einer allgemein gültigen Grundregel folgt. NLP-Trainer besuchten Gefängnisse und fragte dort viele Schwerverbrecher auf ähnliche Art und Weise, was die Absicht ihrer Untat gewesen war. In jedem dieser Fälle war die höchste Absicht verbunden mit Werten wie Liebe, Harmonie oder Friede. Die höchste Absicht jedes Menschen ist immer positiv.

Die Menschen folgen damit einer Regel der Systemtheorie: Selbstorganisierende Systeme streben nach Anpassung. Das heißt, es gibt ein immanentes Bestreben, wichtige Elemente im System zu optimieren, mit dem Ziel, harmonisches Gleichgewicht herzustellen. Demnach ist die höchste Absicht jeden Handelns und Reagierens in einem System adaptiv. Diese Regel findet in der menschlichen Entwicklung ihre Bestätigung. Wir wissen, dass ältere Menschen oft abgeklärter sind als junge. Sie folgen der kybernetischen Regel. Je höher die Entwicklungsstufe des Graves-Modells ist, in dem sich die Menschen befinden, umso größer ist das System, in dem sie harmonisierend wirken. Die reaktive Stufe hat den kleinsten Rahmen, nur das Ich ist Bestandteil, die tribalistische Stufe bezieht bereits die Familie oder den Clan mit ein. Menschen der systemischen Stufe denken und wirken global. Und je höher die Graves-Stufe, umso leichter fällt es den Menschen, Wege zu finden, die der eigentlichen guten Absicht geradewegs entgegenkommen. Wie lässt sich das aber unter einen Hut bekommen? Letzten Endes streben wir alle nach Harmonie, und doch geschehen permanent böse Dinge.

Das ist möglich, weil es zwei Dinge sind, die nichts miteinander zu tun haben. Wir vermischen sie nur und glauben, es sei eines. Das eine ist die Handlung, sie kann im Sinne des Systems gut oder schlecht sein. Das andere ist die höchste Absicht, die immer gut ist.

Dies ist die erste grundsätzliche Erkenntnis: Verhalten und Absicht haben oft nichts miteinander zu tun. Und es ist wichtig, sie klar voneinander zu unterscheiden.

Warum folgen wir Menschen dann in unserem Verhalten nicht der positiven Absicht? Wieso sind wir keine Engel?

Unser größtes Problem dabei ist: Wir erkennen oft zu wenige Wahlmöglichkeiten. Insbesondere in kritischen oder festgefahrenen Situationen bekommen wir den Tunnelblick und sehen nur mehr einen Weg. Meistens ist es derselbe Weg, den wir in ähnlichen Situationen immer gehen. Der Mensch ist eben ein Gewohnheitstier.

Der junge Mann, der den Kassier des Supermarktes mit seinem Messer fast tötete, wusste in dem Moment keinen anderen Weg, seiner Freundin Liebe zu schenken. Der Autofahrer, der scheinbar zu langsam vor Ihnen fährt, gibt sein Bestes. Auch wenn er Sie damit vielleicht ärgern möchte, es steckt letztendlich positive Absicht dahinter. Vielleicht möchte er Sie auf diese Art und Weise dazu bewegen, die Geschwindigkeitsbegrenzung einzuhalten oder den Sicherheitsabstand zu beachten. Oder er wagt es nicht, schneller zu fahren, weil er unsicher ist und niemanden verletzten möchte. Was er tut, ist der beste Weg, der ihm momentan zur Verfügung steht. Der Mitarbeiter, der gerade nicht Ihre Erwartungen erfüllt, tut was in seinem Handlungsspielraum möglich ist.

Das ist die zweite grundsätzliche Erkenntnis: Jeder Mensch tut das in seinem aktuellen Handlungsspielraum Bestmögliche.

Wenn das so ist, liegt es an Ihnen, diese Tatsache einfach zu akzeptieren. Sie können entscheiden, ob Sie es dabei belassen wollen oder ob Sie helfen, die Verhaltensmöglichkeiten zu vermehren, um aus dieser Sackgasse herauszufinden.

Es geht also nicht mehr um Schuld und Sühne, um böse Absicht und Ahndung von Fehlverhalten. Das ist das, was Kurzsichtige zu erkennen glauben. Es geht einzig darum, das unpassende Verhalten von der eigentlichen Absicht zu trennen, die Absicht zu würdigen und dann zu helfen, Verhaltensweisen zu erkennen, die eher zum Ziel führen.

Wo bleiben da Zorn, Ungeduld und Intoleranz? Solche Gefühle sind von hier aus nicht mehr wahrnehmbar.

Manche Menschen wissen das. Es sind jene, von denen man sagt, sie strahlen innere Ruhe aus, die sich auf die Umgebung überträgt, sodass in dieser

Ruhe Wege sichtbar werden, die vorher nicht denkbar waren, Wege die zum Erfolg führen. Die bisher höchste Entwicklungsstufe der Menschen nach dem Modell von Graves glaubt nicht mehr, dass die anderen dumm oder gemein sind. Sie haben sich zu bedeutenden und einflussreichen Elementen des Gesamtsystems entwickelt, das wesentlich zum optimalen Funktionieren dieses Systems beiträgt, indem sie ihre höhere Absicht direkt und unmittelbar anstreben und trachten, mit ihrem Tun stets die Zahl der Win-Win-Situationen zu vermehren.

Wie bei jedem Denkmodell stellt sich auch hier für Sie die Frage: Welchen Nutzen habe ich, wenn ich dieses Modell in meine Neuro-Logischen Ebenen integriere? Sie können sich die Frage jetzt selbst beantworten oder sich den Rat dieser Menschen holen.

„Eine wichtige Schlussfolgerung aus diesem Modell ist, dass es auf Dauer keinen Sinn macht, gegen andere in Wettkampf zu treten, der Gewinner, der Überlegene sein zu wollen, Macht auszuüben. Das macht uns langfristig zu Verlierern. Wir entsprechen mit diesem Repertoir an Verhaltensweisen frühen Entwicklungsstufen eines Systems, das gerade deswegen noch nicht reibungslos funktioniert. Es ist für uns alle an der Zeit, uns weiterzuentwickeln. Denn es ist Platz genug auf dieser Welt, uns alle zu Gewinnern zu machen."

Die höhere Absicht eint uns Menschen. Das ist das Seil, an dem wir alle ziehen müssten. Wir haben noch viel zu tun!

Die Mittel, um neue Verhaltensweisen wahrnehmbar zu machen, sind die NLP-Bausteine. Sie sind Modelle exzellenter Menschen, die damit in sehr unterschiedlichen Lebensbereichen erfolgreich waren und sind. Sie sind wie der Rat eines weisen Menschen.

WER WAGT, HAT SCHON GEWONNEN

„Ähnliche Gedanken halfen mir, mich vom ungeduldigen Hitzkopf zu dem zu entwickeln, was ich jetzt bin. Nur in dieser Klarheit und Präzision habe ich das Modell bisher noch nicht zu Ende gedacht. Sonst hätte ich in der Situation mit dem Chef der Buchhaltung gleich ein Verhalten gewählt, das WIN WIN möglich macht. Es sollte mir nicht allzu schwer fallen, das Modell vollständig zu integrieren. Jetzt geht es nur noch darum, jede Gelegenheit zu nützen, den Verhaltensspielraum meiner Mitarbeiter zu erweitern.“

Kennen Sie dieses Gefühl: „Eigentlich wäre das eine Gelegenheit, das Gelernte anzuwenden. Vielleicht ist es aber jetzt nicht die optimale Gelegenheit. Ich werde also warten.“

Auf die optimale Gelegenheit zu warten, ist die beste Art, zum perfekten Theoretiker und zum miesen Praktiker zu werden. Lernen ist beides. Es ist wie zwei Seiten einer Münze. Mit nur einer Seite haben Sie nichts gewonnen. Packen Sie jede sich bietende Gelegenheit beim Schopf und probieren Sie aus.

Schwarzenegger, der muskelbepackte Filmschauspieler, wurde einmal gefragt, wie er zu seinem berühmten Bizeps gekommen sei. Er antwortete in seinem typischen von der österreichischen Muttersprache durchwachsenen Amerikanisch: „Seit Jahrzehnten bewege ich meine Arme täglich sehr oft gegen sehr große Widerstände.“ Der Interviewer hätte sich eine romantischere Antwort gewünscht, stattdessen bekam er aber die Wahrheit.

Wenn Sie jemandem gegenüberstehen, beobachten Sie die Augen und andere Zugangshinweise wie Tonalität, Haltung, Körpersprache und Wortwendungen, um den VAKOG-Typ zu erkennen. Mit welchen Metaprogrammen filtert Ihr Gegenüber die Informationen? Ist er ein Initiator, Träumer, Realist oder Kritiker? In welcher Graves-Stufe befindet er sich? Lassen Sie diese Beobachtung zur Routine werden. Das macht Sie stark und erfolgreich.

Der Weg des NLP-Meisters ist mit genützten Gelegenheiten gepflastert. Die Steine des magischen Dreiecks sind Ihr Wegweiser zum Erfolg. Finden Sie damit sich selbst und Ihren Lebensweg und lassen Sie viele Menschen daran teilhaben.

WIE MAN WIRD, WAS MAN IST

Ich wollte, man finge damit an, sich selbst zu achten:
alles andere folgt daraus.
(Friedrich Nietzsche)

Achten Sie auf Ihre Gefühle, sie erzeugen Ihre Gedanken.

Achten Sie auf Ihre Gedanken, sie erzeugen Ihre Handlungen.

Achten Sie auf Ihre Handlungen, sie erzeugen Ihre Gewohnheiten.

Achten Sie auf Ihre Gewohnheiten, sie erzeugen Ihren Charakter.

Achten Sie auf Ihren Charakter, er ist Ihr Schicksal.

Sokrates sagte: „Wir sind, was wir immer wieder tun."

Wenn Sie dauerhaft erfolgreich sein wollen, dann müssen Sie die Gewohnheiten eines erfolgreichen Charakters entwickeln. Wenn Sie Gewohnheiten eines erfolgreichen Charakters entwickeln wollen, dann achten Sie auf Ihr Fühlen, Denken und Handeln im Hier und Jetzt! Und nichts beeinflusst es so sehr wie die Fragen, die wir uns stellen. Nehmen wir ein alltägliches Problem. Vielleicht können auch Sie abends manchmal nicht einschlafen. Gedanken über Ereignisse des abgelaufenen Tages schwirren in Ihrem Kopf herum, wollen sich nicht beruhigen lassen. Immer wieder kreisen Sie um dasselbe Problem, ohne Ende und Lösung. Dieser negative Prozess wird zum Teufelskreis, immer tiefer ziehen Sie die Gedanken in Ihre negative Gefühlswelt hinein. Das hält wach. Sie schlafen erst ein, wenn Sie davon vollkommen erschöpft sind. Dabei ist die Lösung ganz einfach, wenn wir an die vorherigen Argumente denken. Es gilt doch bloß, die richtigen Fragen zu stellen:

Die Abendfragen

Was habe ich heute alles getan?

Was habe ich heute für mich, für mein Leben getan?

Welchen Beitrag habe ich für andere geleistet?

Was habe ich heute gelernt?

Beantworten Sie sich jeden Abend vor dem Einschlafen diese Fragen. Sie sind nicht nur dazu geeignet, diesen Tag in Ruhe und Frieden zu Ende zu bringen. Sie geben Ihrem Unbewussten auch Stoff, den nächsten Tagen so zu gestalten, dass Sie Gelegenheit haben, aktiv nach Ihren Werten, Visionen und Zielen zu leben.

Und wie steht es mit dem Morgenfrust? Haben Sie auch manchmal Mühe, am Morgen aufzustehen, wenn Sie die falschen Fragen quälen? Fragen wie: „Oh Gott, was wird heute wieder auf mich zukommen?" Diese Frage motiviert Sie bestenfalls dazu, die Decke noch höher über den Kopf zu ziehen und den blöden Wecker vom Nachtkästchen zu stoßen. Warum sehen wir manche Tage als Qualen und nicht als Geschenk? Richtig! Auch am Morgen können wir mit richtigen Fragen unser Leben positiv beeinflussen:

Die Morgenfragen

Worüber in meinem Leben bin ich glücklich?

Worauf in meinem Leben bin ich stolz?

Wofür in meinem Leben bin ich dankbar?

Wofür kann ich mich in meinem Leben begeistern?

Was in meinem Leben finde ich aufregend und spannend?

Wofür in meinem Leben stehe ich ein?

Wen liebe ich und von wem werde ich geliebt?

Was ist zu tun und was davon möchte ich heute tun?

„Ich werde diese Fragen auf ein großes Blatt Papier schreiben, es einrahmen und über meinem Bett aufhängen. Diese Fragen sind hervorragend. Jede Frage enthält mindestens eine positive Vorannahme. Damit leiten sie mein Unbewusstes an, positiv und lebensbejahend zu denken, und das ist mein Ziel."

Sie sehen, wie leicht es ist, mit richtigen Fragen das Fühlen, Denken und Handeln im Hier und Jetzt in die gewünschten Bahnen zu lenken.

Da Sie mir bis hierher gefolgt sind, wissen Sie es bereits: NLP ist keine Sammlung von Werkzeugen, mit denen man an sich selbst oder anderen herummeiselt. Als Meisel werden die NLP-Bausteine zu schweren Klötzen, so funktionieren sie nicht. Sie werden damit nur dann erfolgreich sein, wenn Sie im Sinne Ihrer positiven Absicht handeln. Sie wissen ja: NLP baut auf einer ethischen Grundhaltung auf, die von Achtung und Wertschätzung der Menschen geprägt ist. Sie können als Architekt mit dieser Ethik und den NLP-Bausteinen stabile Häuser errichten, in denen sich die Menschen wohl fühlen und gemeinsam für sich und im Sinne eines größeren Ganzen wirken und erfolgreich sind. Das eine ist ohne das andere nicht möglich, Sie können nur das Ganze nehmen.

Also, fangen Sie an!

Der kleine Vogel

Ein junger Mann war eifersüchtig auf den Ruhm, den ein weiser Mann in seiner Stadt hatte. Wenn dieser von seinen Schülern umringt wieder einmal Hof hielt, wollte er ihn bloßstellen. Zu diesem Zweck ging er zu ihm, mit einem kleinen Vogel in seiner Faust, und fragte: „Nun sag mir, weiser Mann, dieser Vogel in meiner Hand, ist er tot oder lebendig?" Sein Plan war, die Antwort des Weisen jedenfalls falsch sein zu lassen. Hätte der Weise geantwortet „tot", hätte er die Faust geöffnet und den Vogel fliegen lassen. Wäre seine Antwort „lebendig" gewesen, hätte er die Faust kurz zusammengedrückt und den Vogel damit getötet. Die Augen aller Schüler waren auf den Meister gerichtet, als er milde lächelnd antwortete: „Mein junger Freund, es liegt nun ganz in deiner Hand."

Anhang

METAPROGRAMM-INTERVIEW

Richtungsorientierung: hin-zu/weg-von

Fragen:

Warum ist (Ziel oder Wert des Gesprächspartners) wichtig für Sie?
Was wird (Ziel des Gesprächspartners) für Sie möglich machen?

Antwort bei Hin-zu-Orientierung:

Der Gesprächspartner wird Ihnen mitteilen, was er dadurch erreicht, welchem größeren Ziel er dadurch näher kommt. Er wird Werte nennen, die damit erfüllt werden. Er wird dies in einer sehr bejahenden Art und Weise tun, vielleicht mit einem besonderen Leuchten in den Augen, mit begeisterter Stimme und aufrechter Haltung. Die gedankliche Ausrichtung liegt in der Zukunft.

Beispiel für Hin-zu-Orientierung:

Wenn ich erfolgreich bin, rücke ich meiner Beförderung wieder ein Stück näher. Ich habe dann das gute Gefühl, mit mir selbst zufrieden zu sein, und vielleicht kriege ich dadurch auch die Chance auf eine Gehaltserhöhung.

Antwort bei Weg-von-Orientierung:

Ihr Gesprächspartner nennt auf diese Frage Probleme und negative Situationen der Vergangenheit, die er künftig vermeiden will. Die Ausdrucksweise und Gestik ist geprägt von diesen negativen Zuständen. Manchmal können Sie abwehrende und ausgrenzende Handbewegungen beobachten.

Beispiel für Weg-von-Orientierung:

Dann müsste ich mich nicht mehr um diesen Routinekram kümmern und mein Chef würde mir nicht mehr in den Ohren liegen. Das würde uns helfen, aus dieser kritischen Situation herauszufinden.

Referenz: intern/extern

Fragen:

Woran erkennen Sie, dass Sie gute Arbeit geleistet haben?
Woher wissen Sie, dass Sie das gut gemacht haben?

Antwort für Referenz intern:

Die Antwort erfolgt aus dem eigenen Wissen, was gut oder schlecht ist. Der Maßstab für die Bewertung sind die eigenen Kriterien, Werte und Ziele. Die Haltung ist selbstsicher, aufrecht oder zurückgelehnt. Die Ausdrucksweise ist sicher und abschließend. Meinungen anderer werden bestenfalls als zusätzliche Informationen gehandhabt.

Beispiel für Referenz intern:

Ich weiß es einfach.
Ich hab die Erfahrung gemacht, dass das die beste Lösung ist.

Antwort für Referenz extern:

Ihr Gegenüber bezieht sich auf Meinungen, Feedback und Informationen anderer. Der Maßstab sind Werte, Kriterien und Ziele anderer Menschen. Möglicherweise ist er sich seiner Entscheidung nicht sicher. Er beruft sich auf andere, fragt Sie vielleicht sogar um Ihre Meinung dazu.

Beispiel für Referenz extern:

Ich weiß es, wenn meine Kunden mit mir zufrieden sind.
Wenn ich die Vorgaben meines Chefs erfüllt habe, weiß ich, dass es gut geklappt hat.

Aktivität: proaktiv/reflektiv

Frage:

Erzählen Sie ein wenig über (etwas, das dem Gesprächspartner wichtig ist).

Antwort für Aktivität proaktiv:

Ihr Gesprächspartner formt kurze, klare und direkte Sätze ohne Umschweife. Er beschreibt zumeist Handlungen. Manchmal erkennen Sie Zeichen von Ungeduld und Bewegungsdrang, wie Klicken mit dem Kugelschreiber oder Klopfen am Schreibtisch. Er spricht rasch und konzentriert.

Beispiel für Aktivität proaktiv:

Wir werden dieses Projekt erfolgreich zu Ende führen. Zuerst erstellen wir einen Aktionsplan. Dann bekommt jeder seine Aufgabe. Wir machen das schon.

Antwort für Aktivität reflektiv:

Ihr Gesprächspartners formuliert längere, oft Schachtelsätze. Die Tätigkeitswörter sind geprägt durch Analysen, Reflexion, Nachdenken, Überlegen und prinzipielle Fragen. Die Sätze werden immer wieder durch Pausen unterbrochen, um Gelegenheit zu haben, unterschiedliche Standpunkte und Überlegungen mit einzubeziehen.

Beispiel für Aktivität reflektiv:

Bevor wir daran gehen, dieses Projekt zu starten, sollten wir überlegen, in welchem Rahmen sich das Projekt eigentlich bewegt, was die Inhalte und vor allem auch die Nicht-Inhalte sind, welche kritische Erfolgsfaktoren zum Tragen kommen und was die Risiken des Projektes sein könnten.

Chunkgröße: global/Detail

Frage:

Erzählen Sie ein wenig über (etwas, das dem Gesprächspartner wichtig ist).

Antwort für Chunkgröße global:

Die Komponenten entsprechen stets großen Maßstäben. Der Gesprächspartner orientiert sich am Überblick zu einem Thema. Das Gesamtbild ist wichtig. Die Sätze sind einfach und ohne Details.

Beispiel für Chunkgröße global:

Das Unternehmen sollte sich neu positionieren. Der Markt hat sich verändert, dem sollten wir Rechnung tragen. Die Kunden sind an Schnickschnack nicht interessiert.

Antwort für Chunkgröße Detail:

Die Sätze sind länger und enthalten viele detaillierte Spezifika, wie genaue Uhrzeit, präzise Ortsangaben, genaue Aufzählung der Teilnehmer, Stimmungsbilder und Sequenzen eines Handlungsablaufes. Oft verliert sich der Gesprächspartner im Detail und vergisst dabei das eigentliche Gesprächsthema.

Beispiel für Chunkgröße Detail:

Wir sprachen gestern erst über dieses Thema mit meinen beiden Kolleginnen, Clara und Maria. Wir trafen einander zufällig in der Cafeteria, weil es da immer diese guten Mehlspeisen gibt, die nachmittags etwas preiswerter angeboten werden. Jürgen kam schließlich auch noch dazu.

Primäre Interessenfilter: Orte/Menschen/Dinge/ Informationen/Handlungen

Fragen:

Woran sind Sie bei Ihrer Arbeit besonders interessiert?
Was haben Sie im letzten Urlaub erlebt?

Beispiel für Interesse an Orten:

Das Schöne an meinem Beruf ist, dass ich viel herumkomme. Die Dienstreisen geben mir die Möglichkeit, die Welt kennen zu lernen. Ich war schon in einigen Hauptstädten Europas und ein paar Mal auch in den USA und in Kanada.

Beispiel für Interesse an Menschen:

Seit ich an mehreren Projekten arbeite, komme ich mit den unterschiedlichsten Menschen zusammen. Ein Projekt ist international besetzt. Es ist toll zu erleben, wie Menschen aus ganz unterschiedlichen Kulturkreisen gemeinsam an der Verwirklichung eines Zieles arbeiten. Da knüpfen sich Freundschaften.

Beispiel für Interesse an Dingen:

Haben Sie gesehen, wie toll die Kollegin ihr Büro eingerichtet hat? Der Stil der Bilder passt hervorragend in diesen Raum. Und die Accessoires sind geschmackvoll gewählt. Da könnte ich mich auch wohl fühlen.

Beispiel für Interesse an Aktivität:

Ich freue mich, in diesem Unternehmen etwas bewegen zu können. Ich kann selbständig agieren und meine Ideen ausleben. Gestern erst startete ich mit zwei Kollegen eine neue Initiative in Zusammenhang mit ..., die uns wieder ein gutes Stück weiter bringen wird.

Beispiel für Interesse an Informationen:

Ich habe einfach die Möglichkeit, ungeheuer viel zu lernen. Wir haben hier Zugriff auf so viele Quellen, die ich nützen kann. Übrigens, ich sah vorhin in Ihrer Hand einen interessanten Artikel, darf ich mir eine Kopie davon machen?

Vergleich: Unterschiede/Gemeinsamkeiten

Fragen:

Welche Beziehung besteht zwischen Ihrer Tätigkeit jetzt und im vergangenen Jahr?
Welche Beziehung besteht zwischen Ihrer jetzigen und ihrer früheren Tätigkeit?

Antwort für Vergleich Unterschiede:

Selbst wenn sie schon seit vielen Jahren im selben Unternehmen und mit derselben Aufgabenstellung tätig sind, werden diese Menschen primär Unterschiede wahrnehmen, auch wenn sie noch so klein sind.

Beispiel für Vergleich Unterschiede:

Ich mach jetzt etwas ganz anderes als vergangenes Jahr. Wir haben jetzt ein Computerprogramm, das mir die Abrechnung erleichtert. Außerdem habe ich einen neuen Chef bekommen.

Antworten für Vergleich Gemeinsamkeiten:

Sie werden Gemeinsamkeiten finden, auch wenn sie jährlich das Unternehmen oder die Tätigkeit wechseln.

Beispiel für Vergleich Gemeinsamkeiten:

Meine Aufgabenstellung ist seit vielen Jahren gleich geblieben. Im Grunde genommen hat alles mit Menschen zu tun. Vor zwei Jahren habe ich als Journalistin für eine Zeitung gearbeitet. Letztes Jahr wechselte ich zu einer Werbeagentur. Zuerst war ich da im Marketing, nun mache ich eigene Projekte.

Handlung: Option/Prozess

Fragen:

Aus welchen Gründen haben Sie Ihre jetzige Tätigkeit?
Aus welchen Gründen haben Sie Ihren letzten Urlaubsort ausgewählt?

Antwort für Handlung Option:

Sie erhalten eine Liste von Kriterien. Der Gesprächspartner wird vor Ihnen die vorhandenen Wahlmöglichkeiten ausbreiten und Ihnen wahrscheinlich auch erläutern, dass diese Entscheidung deswegen gut ist, weil sie auch weiterhin Optionen offen lässt.

Beispiel für Handlung Option:

Nun, ich dachte, es könnte für mich eine interessante Aufgabe sein, bei der ich mit vielen Menschen zu tun haben und in der Welt herumkomme. Und es ist ein Sprungbrett in mehrere Richtungen.

Antwort für Handlung Prozess:

Der prozessorientierte Gesprächspartner beantwortet diese Frage nicht als „Warum", sondern als „Wie". Er wird Ihnen genau schildern, was geschah, um zu dieser Entscheidung zu gelangen. Sein Blick richtet sich in die Vergangenheit.

Beispiel für Handlung Prozess:

Zuerst sah ich intensiv die Stellenanzeigen durch. Ich strich heraus, was interessant erschien und rief dort an. So konnte ich die offenen Möglichkeiten noch weiter einschränken. An die, die übrig blieben, richtete ich ein Bewerbungsschreiben. Ich erstellte eine Kriterienliste, mit deren Hilfe es leicht war, die letztendliche Entscheidung zu treffen.

Zeitorientierung: intime/through time

Frage:

Können Sie sich an den Zeitpunkt erinnern, als Sie das letzte Mal mit Ihren Kollegen viel Spaß hatten? Wann war das?

Antwort für Zeitorientierung intime:

Diesen Menschen fällt es leicht, sich sehr konkret und genau an Ereignisse der Vergangenheit zu erinnern. Sie werden Ihnen genau sagen können, wann das war, und werden keine Mühe haben, sich sehr rasch in diese Situation zu assoziieren.

Beispiel für Zeitorientierung intime:

Klar, das war ziemlich genau vor zwei Monaten an einem Freitag. Wir standen alle beisammen und Karl ließ einen Witz vom Stapel, der war nicht von schlechten Eltern. Ich sehe es heute noch vor mir, wie wir uns alle tot lachten.

Antwort für Zeitorientierung through time:

Menschen, die von der Zeit dissoziiert sind, speichern vergangene Erfahrungen in Clustern. Sie fassen Ereignisse, die mit Spaß oder einem anderen Thema zu tun haben, in der Erinnerung zu einer Gestaltung zusammen. Dementsprechend schwer tun sie sich, sich an ein einzelnes Erlebnis genau zu erinnern. Sie werden also nur ungefähre Auskunft bekommen, wann dieses Ereignis stattfand, und auch keine genaue Beschreibung. Das Erlebnis wird erzählt, als wäre es beobachtet worden.

Beispiel für Zeitorientierung through time:

Warten Sie einmal. Ja, das war vor ungefähr vierzehn Tagen, denke ich. Da stand eine ganze Gruppe beisammen und jemand machte einen Witz. Die Leute lachten wie verrückt.

CHECKLISTE SUBMODALITÄTEN

Visuell:

Anzahl der Bilder

dissoziiert/assoziiert

wo im Raum?

Abstand

3D oder flach

farbig/schwarzweiß

Farbintensität

bewegt/still

eingerahmt/Panorama

Form

Größe in Relation zur Realität

horizontale/vertikale Perspektive

Helligkeit in Relation zur Realität

Vordergrund/Hintergrund

Kontrast

Auditiv:

Anzahl der Laute

Abstand/Lokalisierung im Raum

Musik/Geräusche/Stimme

mono/stereo

Geschwindigkeit in Relation zur Realität

Klarheit

Tonhöhe

Lautstärke intensiv/reduziert

Kinästhetisch:

still/bewegt, von wo nach wo

Druck

Dauer

Ort/Ausdehnung

Intensität

Temperatur

Feuchtigkeit

Struktur

Olfaktorisch/gustatorisch:

süß/sauer

bitter

salzig/aromatisch

verbrannt/scharf

GLOSSAR

Als-ob-Rahmen

So zu tun, „als-ob" etwas schon geschehen ist, von dem man wünscht, dass es geschehen sollte, um zu testen, wie man sich dann fühlt, ob es wert ist, sich dafür überhaupt anzustrengen usw. Auch um von dieser Lösung rückwärts gehend einen Weg zu finden, der zu dieser Lösung führt. Diese Technik wirkt kreativitätsfördernd.

Fragetechnik, mit deren Hilfe man versucht, eine kognitive Strategie, über die ein Klient vermeintlich nicht verfügt, auszulösen.

Dies wird im Deutschen auch als Konjunktivmanöver bezeichnet.

Ankern

Beim Ankern verbindet sich ein äußerer Stimulus mit einem inneren Vorgang (ähnlich dem klassischen Konditionieren); sobald der externe Stimulus erfolgt, wird ein bestimmter innerer Zustand hervorgerufen;
Anker können in jedem Repräsentationssystem etabliert werden; damit können sowohl positive als auch negative Zustände kontrolliert werden.

Assoziation, assoziiert sein

In einer Erfahrung sein. Durch die eigenen Augen sehen, mit den eigenen Ohren hören usw. Bei einer Erinnerung bedeutet assoziiert sein, dass man sich an die betreffende Situation so erinnert, als ob man in dem erinnerten Ereignis jetzt wieder drin wäre – im Gegensatz zu dissoziiert sein (sich von außen sehen).

Generelle Wahrnehmungsposition, bei der alles aus der Perspektive der eigenen Person erlebt wird: die Person sieht sich selbst in der Vorstellung nicht; das Gegenteil ist Dissoziation.

Auditiv

Das innere und äußere Hören betreffend.

Augenzugangshinweise

Bestimmte Augenbewegungen zeigen das bei Denkprozessen jeweils bevorzugte Sinnessystem (Repräsentationssystem) an.

Ausgedehnte Zitate

Sprachmuster, in dem mehrere Rahmenhandlungen ineinander verschachtelt sind.

Backtrack

Das „Zurückgehen" auf dem gleichen Weg, d. h. etwas wiederholen oder zusammenfassen, indem man die Schlüsselwörter und den Tonfall des oder der anderen (Gesprächspartner) benutzt.

Bedeutungs-Reframing

Wenn der Klient einen Sachverhalt „a" als Nichterfüllungsbedingung eines Wertes „A" erlebt und darauf mit negativen Gefühlen reagiert, kann mit einem Bedeutungs-Reframing interveniert werden. Es wird ein Glaubenssatz angeboten mit der Struktur „Komplexe Äquivalenz" (siehe dort) und dem Inhalt: Der Sachverhalt „a" ist auch eine Erfüllungsbedingung für Wert „B", wobei Wert „B" in der Wertehierarchie des Klienten zumindest gleich hoch angesiedelt sein muss wie Wert „A". Wird dieser Glaubenssatz übernommen, war das Reframing erfolgreich.

Chunkgröße (Abstraktionsniveau)

Gibt die logische Ebene an, auf der über etwas gesprochen wird.

Chunking/Chunks

Seine Wahrnehmung verändern, indem man eine logische Ebene hinunter- oder hinaufgeht.
Einen Schritt hinaufgehen heißt, auf eine höhere (allgemeinere) Ebene gehen, die (unter anderem) das beinhaltet, womit man sich gerade befasst.
Einen Schritt hinuntergehen heißt, auf eine niedrigere Ebene gehen, um ein konkretes Beispiel für das zu finden, womit man sich gerade beschäftigt; dieses Beispiel kann ein einzelnes Mitglied einer (logischen) Klasse oder ein Teil eines (übergeordneten) Ganzen sein.

Circle of Excellence

Zustand der Exzellenz, der mit einem Anker verbunden ist.

Coaching

Mit gezielter Betreuung trainieren.

Cross-over Pacing

Spiegeln eines Aspekts der Körpersprache des Gegenüber mit einer anderen Art von Bewegung.

Disney-Strategie

Kreativitätsstrategie, die Robert Dilts von Walt Disney modellierte.

Dissoziation

Eine Person betrachtet in diesem Zustand ein Ereignis ihres Lebens vom Standpunkt eines Beobachters. Dabei erinnert und sieht sie sich selbst von außen als Akteur – sie dissoziiert sich von den Aktivitäten. Die emotionale Beteiligung ist reduziert.

Double Bind

Egal was man tut, die Falle bleibt zu.

Eingebettete Anweisung

Sprachmuster, bei dem in einem Satz eine direkte Anweisung an den Zuhörer verpackt ist.
Beispiel: „Ich sagte zu ihm: Höre mir jetzt genau zu!"

Einstellung

Die Einstellung eines Menschen ist die Summe seiner Werte und Glaubenssätze.

Erfüllungsbedingung

Ein Sachverhalt, der die Bedingungen eines Wertes erfüllt.

Exzellenz
Spitzenleistung bzw. ausgezeichneter, ressourcevoller Zustand.

Fähigkeit

Eine erfolgreiche Strategie, um eine Aufgabe zu erledigen.

Feedback

Die Rückmeldung darüber, wie sich eine Aktion im Hinblick auf das Ziel der Aktion ausgewirkt hat.

Feedback-Schleife

Das Ergebnis einer Abfolge von Aktion und Reaktion: Der Stimulus ruft eine Antwort hervor, die als Bestätigung der Beziehung dient.

Fehlender Bezugsindex

Einem Wort/Satz fehlt der Bezug zur tatsächlichen Begebenheit.

Flow

Assoziierter Zustand exzellenten und motivierten Verhaltens, in dem die Herausforderung die Fähigkeiten geringfügig übersteigt.

Framing

Etwas in einen gewünschten Wertzusammenhang stellen, um ihm eine andere Bedeutung zu geben.

Future Pace

Future pacing dient dazu, die Veränderungen, die während des Coachings errreicht wurde, auf andere Situationen anzuwenden. Hauptziel des Future Pacing ist die Schaffung neuen Verhaltens und neuer Ressourcen für die Zukunft (post-hypnotischer Befehl).

Gedankenlesen

Die Annahme einer Person, sie wüsste, was ein anderer denkt bzw. fühlt, ohne dass eine direkte Kommunikation über dieses Thema stattgefunden hat.

Generalisierender Referenzindex

Substantive im Plural, die sich ähnlich wie Universalquantoren auf alle Elemente einer Klasse beziehen.
Beispiel: „Deutsche sind gemütlich." Dieser Satz könnte auch heißen: „Alle Deutschen sind gemütlich."

Generative Veränderung

Generative Veränderungen sind solche, bei denen der Klient nicht nur das beklagte Symptom aufgibt bzw. verändert, sondern bei denen das Prinzip, das die jeweilige Veränderung ermöglicht hat, bewusst oder unbewusst als neue Verhaltensweise des Klienten erworben wird.

Glaubenssätze

sind Verallgemeinerungen über Ursachen und Bedeutungen in der Welt und uns selbst, die durch Schlussfolgerungen entstehen, sie werden nicht notwendigerweise durch empirische Daten unterstützt.

Glaubenssystem

ist eine Ansammlung einander unterstützender und stabilisierender Glaubenssätze.

Graves Modell

Das von Prof. Dr. Clare W. Graves entwickelte Modell der stufenweisen Entwicklung von Individuen, Organisationen oder Volksgruppen.

Gustatorisch

Das innere und äußere Schmecken betreffend.

Hypnotalk/integrative Suggestionen

Prozessorientierte Sprache auf der Basis des Milton-Modells; kunstvoll vage Sprachmuster, die es dem Klienten ermöglichen sollen, die seitens des Beraters angebotenen unspezifischen Formulierungen (Generalisierungen, Nominalisierungen, unspezifizierter Referenzindex etc.) mit eigenem Inhalt zu füllen.

Identität

Das Selbstbild, die Totalität des eigenen Seins, das, was jemand für sein Wesen hält.

Inhalts-Reframing

Einer Aussage eine andere Bedeutung verleihen, indem man einen anderen Teil des Inhalts fokussiert und fragt: Was könnte es noch bedeuten?

Beispiel: „Ich bin zu stur, wenn ich mit den Kollegen über das Projekt spreche!" —> „Du bist nicht zu stur, sondern du stehst zu deinen Prinzipien!"

Kalibrieren

Die Zuordnung des äußeren (externalen) Zustandes einer Person zu einer inneren (internalen) Verfassung.

Kinästhetisch

Das innere und äußere Fühlen betreffend.

Kommunikation

Verständigung untereinander – zwischenmenschlicher Verkehr, besonders mit Hilfe von Sprache, Zeichen etc.

Kompetenz

Sachverstand, Fähigkeiten. Zuständigkeit.

Komplexe Aquivalenz

(A = B); zwei Erfahrungen werden als synonym interpretiert. Beispiel: „Er kommt zu spät zu unserem Treffen, das bedeutet, dass es ihn nicht interessiert, was wir besprechen."

Kontext-Reframe

Ein Sachverhalt, der für den Klienten die Nichterfüllungsbedingung eines Wertes bedeutet, wird durch eine Neukontextualisierung (in einen anderen Zusammenhang stellen) zu einer Erfüllungsbedingung des Wertes.

Kriterium

Siehe Wert

Kriteriums-Äquivalenz

Siehe Erfüllungsbedingung

Kritische Submodalitäten

Diejenigen Submodalitäten, bei deren Veränderung sich über Synästhesie weitere Submodalitäten mitverändern.

Leading

Das Verändern des eigenen Verhaltens auf der Basis eines guten Rapports, sodass der andere automatisch (unbewusst) folgt.

Lead System (Leitsystem)

Das Repräsentationssystem, mit dem jemand Informationen findet, um sie dann bewusst werden zu lassen.

Neuro-Logische Ebenen

Hierarchisch gegliederte Ebenen des Denkens und Seins, die sich wechselseitig beeinflussen: Umwelt, Verhalten, Fähigkeiten, Glaubenssätze/Werte, Identität; sie basieren auf den logischen Ebenen des Lernens von G. Bateson. Etwas liegt auf einer höheren logischen Ebene, wenn es etwas anderes beinhaltet, mit umfasst, das auf einer niedrigeren Ebene liegt.

New Behavior Generator

Prozess, in dem sich der Klient die internen Ressourcen zugängig macht, um neues Verhalten zu generieren.

Matchen

Dazu passend, entsprechend.

Metamodell

Differenzierte Kategorisierung der Sprache. Fragetechniken, mit deren Hilfe sehr genaue, sinnesspezifische Informationen über kognitive Prozesse eingeholt werden können; Generalisierungen, Tilgungen und Verzerrungen sowie kognitive Strategien werden hinterfragt bzw. erfragt.
„Meta" ist aus dem Griechischen abgeleitet und bedeutet soviel wie „über" und „darüber hinaus"; wird auch im Sinne von „auf einer höheren, logischen Ebene" verwendet.

Metapher

Sprachliches Bild; ein Wort wird in einen anderen – als den üblichen – Zusammenhang gestellt, was durch sachliche, gedankliche oder bildhafte Ähnlichkeiten möglich ist.

Metaprogramme

Programme, die die eintreffenden Infomationen nach verschiedensten Gesichtspunkten sortieren, wie z. B. nach Ähnlichkeit oder Verschiedenheit, nach Vorlieben und Abneigungen. Informationen selbst hervorbringen.

Metaziel

Das Ziel, welches hinter oder über einem Ziel steht.

Milton-Modell

Dieses Modell benutzt auf kunstvolle Weise vage, unbestimmte Sprachmuster, um die Erfahrung eines anderen zu pacen und um Zugang zu seinen unbewussten „Ressourcen" zu bekommen.

Mismatching

In einer Kommunikationssituation bewusst andere Verhaltensmuster als das Gegenüber annehmen; Rapport brechen, zu dem Zweck einem Treffen oder einer Unterhaltung eine andere Richtung zu geben, sie zu unterbrechen oder zu beenden.

Modaloperator

Linguistische Bezeichnung für Verben, die ein anderes Verb näher bestimmen.

Modaloperator der Möglichkeit

Linguistische Bezeichnung für Verben, die etwas als möglich oder unmöglich qualifizieren: kann, kann nicht usw.

Modaloperator der Notwendigkeit

Linguistische Bezeichnung für Ausdrücke wie „sollte", „müsste" usw. (Regeln).

Modell

Eine durch Tilgung, Generalisierung und Verzerrung erzeugte Abbildung der Wirklichkeit.

Modelling

Eine kombinierte Methode aus standardisierter Beobachtung, standardisierten Interviews und strukturierten Experimentierens, um bewusste und unbewusste Strategien des Denkens, Fühlens und Handelns explizit und damit auch übertragbar zu machen.

NLP

„Eine Einstellung [Präsuppositionen] und eine Methode [Modelling], die eine Reihe von [NLP-]Techniken erzeugt" (zitiert nach einer persönlichen Mitteilung von Richard Bandler)

Nominalisierung

Verben, die zu Hauptwörtern gemacht werden.

Non-verbal

Bewusste oder unbewusste Kommunikationsform, die auf die verbale Sprache völlig verzichtet. Körpersprache.

Oberflächenstruktur

Ein linguistischer Fachausdruck für die gesprochene oder geschriebene Form eines Satzes. Diese Struktur ist abgeleitet von der Tiefenstruktur durch die Prozesse der Generalisierung, der Tilgung und der Verzerrung.

Ökologie

Die Beziehung zwischen einem Organismus und seinem Lebensraum. Im NLP wird dieser Ausdruck auch gebraucht, um die innere Ökologie zu bezeichnen, also die Beziehung eines Individuums zu seinen Strategien, Verhaltensweisen, Fähigkeiten, Werten und Glaubenssätzen, sowie die Widerspruchsfreiheit dieser internen Prozesse untereinander.

Ökologie-Check

Die systemische Gesamtheit eines in seine Umwelt eingebundenen Individuums; im Beratungsprozess des NLP werden die Auswirkungen einzelner Interventionen stets im Hinblick auf die Ökologie der Person überprüft. Beim Überprüfen der inneren Ökologie wird getestet, ob ein Ziel oder ein Ergebnis einer Intervention zum gesamten Organismus in einem ökologischen Verhältnis steht.

Olfaktorisch

Das innere und äußere Riechen betreffend.

Outframing von Glaubenssätzen

Prozess, in dem der Klient für einen angestrebten neuen Glaubenssatz einen passenden Rahmen definiert und ihn damit stabilisiert.

Pacing

Das Herstellen und Aufrechterhalten des Rapports mit einer anderen Person über eine gewisse Zeitspanne, indem man dem anderen in seinem Modell der Welt begegnet. Dabei können sowohl die Glaubenssätze als auch die Ideen und das Verhalten gepaced werden. Der Sprecher kann auch die Prädikate des primären Repräsentationssystems des Gesprächspartners verwenden.

Präsupposition

Eine Aussage, die wahr sein muss, um dem Nachfolgenden, auf das diese Aussage aufbaut, Sinn zu geben.

Rapport

Rapport ist im NLP der Oberbegriff für alle zwischenmenschlichen Prozesse, die eine gute Grundlage für Kommunikation darstellen.

Repräsentatiossystem

Der Mensch nimmt nicht nur durch die fünf Sinne wahr, sondern er repräsentiert und prozessiert die eingegangene Information dann auch damit. Die fünf Sinne sind Sehen, Hören, Fühlen, Riechen und Schmecken, die Eigenschaften sind: visuell, auditiv, kinästhetisch, olfaktorisch/gustatorisch (VAKOG).

Spiegeln

Siehe Pacing

Six Step Reframing

Prozess in sechs Stufen, in dem der Klient für ein angestrebtes Verhalten einen neuen Rahmen findet, der mit der positiven Absicht des ursprünglichen Verhaltens kongruent ist.

Stuck State

(Festgefahrener Zustand) Problem-Zustand, in dem eine Person festgehalten ist, oft begleitet durch ein Gefühl der Starre und Inflexibilität.

Submodalitäten

Dies sind die sinnesspezifischen Unterscheidungen, die wir innerhalb eines Sinnessystems treffen können. Wir können das, was wir sehen, hören, fühlen, riechen und schmecken, noch weiter differenzieren. So lässt sich beispielsweise das innere Bild einer vergangenen Erinnerung genauer erfragen und beschreiben: Ist es in Farbe oder schwarzweiß? Ist es groß oder klein? Gerahmt oder in Panorama-Ansicht? Ist es eher pastellfarben oder in grellen, intensiven Farben gehalten? Diese Art der Unterscheidung kann unabhängig vom eigentlichen Inhalt des Bildes gemacht werden.

Swish

Prozess, durch den die Submodalitäten der inneren Repräsentation von Ereignissen verändert werden, um damit den Klienten von einem Problemverhalten zu einem Zielverhalten zu führen.

Tilgung

Sprachmuster, in dem einzelne Elemente der vollständigen Aussage getilgt wurden.
Zum Beispiel: „Dieses Modell ist nützlich" (einfache Tilgung). „Der Motor läuft jetzt besser" (vergleichende Tilgung).

T.O.T.E.-Modell

Ein Modell aus der Kybernetik, das Miller, Galanter und Pribram entwickelten. Die Buchstaben bedeuten: Test – Operate – Test – Exit. Sie bezeichnen eine abgegrenzte Verhaltens-Sequenz, einen Prozess über vier Phasen.

Universalquantoren

Sprachmuster, die verallgemeinerte Mengen- oder Zeitangaben enthalten, wie z.B. immer, nie, keiner, jeder, alle.

VAKOG

Kurzformel der Sinnes- und Repräsentationssysteme, mit denen der Mensch Informationen aufnimmt und verarbeitet (visuell, auditiv, kinästhetisch, olfaktorisch, gustatorisch)

Verlorener Performativ

Sprachmuster, in dem der Akteur getilgt ist.
Beispiel: „Das ist nicht erlaubt."

Visuell

Das Sehen innerer und äußerer Bilder betreffend.

Vorannahme

siehe Präsupposition

Werte

sind kontextspezifische Richtlinien, die unseren Entscheidungen zugrunde liegen. Sprachlich werden sie als Nominalisierungen ausgedrückt, etwa mit „Liebe", „Karriere" oder „Freude".

Win-Win-Situation

Zustand eines Systems, in dem in Summe mehr Werte beteiligter Systemteile erfüllt werden als vor diesem Zustand.

Zeitlinie

Innere visuelle Repräsentation der Zeit entlang einer Linie, auf der vergangene und zukünftige Ereignisse räumlich installiert sind.

Literaturliste

BANDLER, RICHARD: Veränderung des subjektiven Erlebens, Junfermann, Paderborn 1987

BANDLER, RICHARD/GRINDER, JOHN: Metasprache und Psychotherapie. Struktur der Magie 1, Junfermann, Paderborn 1998

BANDLER, RICHARD/GRINDER, JOHN: Neue Wege der Kurzzeit-Therapie, Junfermann, Paderborn 1997

BANDLER, RICHARD/GRINDER, JOHN: Therapie in Trance. NLP und die Struktur hypnotischer Kommunikation, Klett-Cotta, Stuttgart 1998

BATESON, GREGORY: Geist und Natur. Eine notwendige Einheit, Suhrkamp, Frankfurt/Main 1987

BATESON, GREGORY: Ökologie des Geistes, Suhrkamp, Frankfurt/Main 1999

BRAUN, ROMAN: Aktuelle Informationen auf der Homepage: www.nlp.co.at

BRAUN, ROMAN: NLP – Eine Einführung. Kommunikation als Führungsinstrument, New Business Line, Ueberreuter Manager Edition, Wien 1999

CAMERON-BANDLER, LESLIE: Wieder zusammenfinden, Junfermann, Paderborn 1991

CHARVET, SHELLE ROSE: Wort sei Dank. Von der Anwendung und Wirkung effektiver Sprachmuster, Junfermann, Paderborn 1998

DILTS, ROBERT/BANDLER, RICHARD/GRINDER, JOHN/DELOZIER, JUDITH (Hrsg.): Strukturen subjektiver Erfahrung, ihre Erforschung und Veränderung durch NLP, Junfermann, Paderborn 1985

KORZYBSKI, ALFRED: Science and Sanity. An Introduction to Non-Aristotelian System, Institute of General Semantics, New Jersey/USA 1980

Danksagung

An Helmut Gawlas für seine wissenschaftliche Mitarbeit,
Monika Haberfellner für das Erstellen der Grafiken und die dauernde Reflexion,
Martina Druckenthaner für die Durchsicht des Manuskripts,
Otto Knapp als vorbildhafte Führungskraft und für den regen Gedankenaustausch.

An meine Lehrer für das Voranschreiten und Zeigen des Weges: Dr. Otto Smital, Paul Watzlawick, Richard Bandler, John Grinder und Bert Hellinger.

An meine Kollegen für den kreativen und vorbehaltlosen Austausch von Ideen: Joseph O'Connor, Robert Dilts, Robert McDonald, Wyatt Woodsmall, Tad James, Matthias Varga von Kibed, Hans Meyer.

An Viktoria Wunder für die aufopfernde Führung des Austrian Institute for NLP, wodurch ich Zeit und Energie hatte, dieses Buch zu schreiben.

Kontaktadressen

Um tiefergehende Fragen zu beantworten, um mehr über NLP und seine Anwendungsmöglichkeiten für Ihren persönlichen Erfolg zu erfahren, um Informationen über die Diplomausbildungen bis hin zum systemischen NLP-Trainer und NLP-Coach zu bekommen, wenden Sie sich direkt an den Autor:

Roman Braun
Austrian Institute for NLP
Linzer Straße 77
A-1140 Wien
Österreich

+43 1 985 61 50
roman.braun@nlp.co.at

REGISTER

Der Ton macht die Musik

Ingrid Amon

Mit Audio-CD

Die Macht der Stimme

Persönlichkeit durch Klang, Volumen und Dynamik

176 Seiten
Paperback
ISBN 3-7064-0686-1

Die Stimme des Menschen hat Macht: Unsere Wirkung auf andere hängt zu über einem Drittel vom Klang der Stimme ab und nur zu sieben Prozent vom Wortinhalt! Stimme offenbart Persönlichkeit, sie verrät das tatsächliche Befinden, Ängste und Stimmungen. Der Ton lässt hören, ob man nur Lippenbekenntnisse abgibt oder innerlich zu seinem Anliegen steht. Eine trainierte Stimme ist also die beste Voraussetzung für eine wirkungsvolle Präsentation, überzeugendes Auftreten und freies, ausdrucksvolles Sprechen. Mit präziser Sprechtechnik drückt man sich nicht nur klarer aus, sondern hinterlässt auch einen klangvollen Eindruck.

Dieser Ratgeber bietet ein kurzweiliges Training: Durch einfache, effektive Übungen im Buch und auf der beigefügten CD lernt der Leser, die Macht der Stimme zu nutzen.

*Nach ihrer Sprech- und Schauspielausbildung arbeitete **Ingrid Amon** als Sprecherin, Moderatorin und Hörfunkjournalistin u. a. beim ORF. Seit 1980 ist sie freie Trainerin für Sprechtechnik, Rhetorik und Präsentation. Sie trainiert Fernseh-Moderatoren und arbeitet als Beraterin für integrierte Entwicklung von Stimme, Körpersprache und Outfit.*

UEBERREUTER
WIRTSCHAFT

http://www.ueberreuter.at
http://www.ueberreuter.de

Scharfsinnige Strategien

Andreas Drosdek

Hagakure für Führungskräfte

Der Weg des Samurai

ca. 200 Seiten
Hardcover
ISBN 3-7064-0699-3

Hagakure – durch Jim Jarmuschs Film „Ghost Dog" derzeit in aller Munde – gibt wie kein anderes japanisches Strategiebuch die reine Lehre des „Weges der Krieger" wieder. Mit dem berühmten Satz „Der Weg des Kriegers liegt im Tod" gibt das Hagakure gleichzeitig das Motto für Management im Internetzeitalter vor: Dort, wo das Alte im Sterben liegt und sich täglich neue Möglichkeiten auftun, sind Menschen gefordert, die ohne Furcht vor dem Risiko ausziehen, um sich ein entscheidendes Stück der neuen Wirtschaftswelt zu erobern.

Wie man das mit strategischem Geschick und hoher Sozialkompetenz macht, ist ein immer wiederkehrendes Thema im Hagakure. Andreas Drosdek bereitet diese zeitlosen Weisheiten kompetent für Führungskräfte auf.

Dr. Andreas Drosdek gilt im deutschsprachigen Raum als Asienexperte. Sein Schwerpunkt liegt auf der Erforschung interkultureller Strategieansätze und neuer Denk- und Verhaltensweisen für Führungskräfte. Er ist Unternehmensberater und Trainer.

UEBERREUTER WIRTSCHAFT

http://www.ueberreuter.at
http://www.ueberreuter.de